KB215006

이 책은 앞으로 다가올 남북통일에 관한 담론을 세워나가는 단계 초기부터 신학적·정치적·문화적 기반 위에서 여성의 관점과 참여가 포함되어야 함을 보여준다. 여성통일신학은 한국교회의 남성 우월주의, 가부장 문화를 극복하기 위한 올바른 성서 해석과 더불어 치유와 돌봄, 사랑과 섬김을 기반으로 한다. 여성통일신학을 발전시켜 불우하고 차별적인 세상을 변화시키고 새로운 공동체를 구성하자고 요청하는 이 책은, 남북 분단의 암울한 현실과 성차별의 한계를 뛰어넘어 평화통일을 지향하고 양성평등의 공동체를 희망하는 여성과 남성 모두에게 인식의 지평을 넓히고 시대적 사명을 일깨우는 유익한 책이 되리라 확신한다.

강호숙 신학박사

지난 백여 년 동안 우리 민족은 주변 강국들의 각축 속에 말할 수 없는 고통과 모욕을 당하면서 살아왔다. 그리고 이것을 한반도의 지정학적 위치에 따른 숙명으로 받아들이곤 했다. 하지만 더 이상 우리가 처한 상황을 수동적으로 받아들이기 어려울 만큼 한민족의 능력과 의식이 발전하였다. 이제는 우리도 능동적으로 스스로의 운명을 개척해야 할 때다. 그러기 위해서는 남과 북의 통일처럼 절박한 과제가 없을 것이다. 한반도가 통일되어 남한과 북한의 뛰어난 인력과 북한의 풍부한 자원, 남한의 자본과 기술을 합쳐 국력을 신장한다면 일본 제국주의에 충분히 맞설 수 있고, 미국이나 중국도 우리를 함부로 대하지 못할 것이다. 따라서 통일은 우리 민족에게 주어진 이 시대의 지상명령이라 하겠다. 그런데도 남북의 정치 상황이나 정치인들의 행태를 보면 통일을 성취하겠다는 열정보다는 오히려 안보 위기를 조장하여 통일을 더욱 요원하게 만들고 강대국들의 제국주의적 정략에 편승하여 정권을 유지하려는 의지만 보일 뿐이라 한심스럽다는 생각을 금할 수 없다.

민족의 통일은 대단히 절박한 과제다. 하지만 그동안의 통일 담론에서 민족의 반을 차지하고 또 여러 면에서 민족의 앞날에 절대적 영향을 끼치고 있는 여성들의 목소리는 항상 가려지거나 주변으로 밀려났다. 통일 독일의 사례에서 보다시피 통일이 된다고 해서 반드시 여성의 지위와 삶이 나아진다는 보장은 없다. 통일이 여성에게도 유익한 사건이 되기 위해서는 여성들도 한반도의 통일 논의에 적극적으로 참여해 미래의 통일 한국이 진정으로 평등하고 서로 배려하는 사회가 되도록 노력해야 한다. 통일 운동은 여성운동과 함께, 또 여성운동은 통일 운동과 함께 가야 한다. 이 점에서 통일에 관심 있는 여성뿐 아니라 특히 남성들에게 이 책의 일독을 권하고 싶다.

저자는 예민한 통찰력을 가지고 여성신학적 관점에서 통일의 여러 가지 측면을 체계적으로 고찰한다. 또한 남북 여성의 삶을 신학적·정치적·문화적으로 분석하고 "통일 이후에 어떻게 하면 여성이 차별 없이 더 나은 삶을 누릴 수 있을까?" 하는 질문을 던지며 평화와 평등 공동체의 "공동 설립자"로서 여성의 적극적 역할을 강조한다. 『분단과 여성』은 여성의 입장에서 쓴, 몇 안 되는 통일신학 책이다. 이 책이 통일에 관심 있는 모든 이들, 특히 올바른 통일에 관심이 있는 모든 이에게 큰 도움이 될 것이라 확신한다. 이 책을 통해 더 많은 여성이 통일 운동에 더 능동적으로 참여하게 되기를 기대하며, 저자의 공헌과 노고에 감사한다.

민경석 미국 클레어몬트 대학원대학교 신학 교수

남북 분단의 현실 속에서 한국교회는 시민 사회와 함께 오랫동안 통일에 대한 비전을 품고 나아갈 길을 모색해왔다. 통일이 되면 정치, 경제, 사회, 문화의 모든 면에서 상황이 지금과는 크게 달라질 것으로 예측하는 사람이 많다. 특별히 이 책은 구체적인 자료를 토대로 독일의 통일 과정에서 여성들, 특히 구동독의 여성들이 어떻게 소외되고 더 열악한 상황에 부닥치게 되었는지를 분석한다. 그리고 더 나아가 근본적으로 분단 구조가 여성들의 삶에 얼마나 치명적 해악이 되는지를 논파한다. 이 책을 통해 우리는 통일에 대한 막연한 환상을 깨뜨릴 뿐 아니라 통일의 모든 과정에 여성들이 적극적으로 참여해 목소리를 정당하게 높여야만 한반도 여성 모두의 삶의 질이 향상되는, 제대로 된 통일을 맞을 수 있다는 사실을 깨닫는다. 사회학적 측면에서 여성들의 인권과 권익이 존중받아야 한다는 점을 제대로 논증하는 이 책은 교회가, 특히 신학이 그와 관련하여 어떤 역할을 해야 하는지를 분명히 제시함으로써 진일보한 여성통일신학의 출현을 촉구한다. 여성의 권익을 "젠더"의 문제로만 아니라 민족, 계급, 종교라는 더 큰 지평 안에서 종합적으로 살펴봐야 한다는 점을 일깨우는 귀중한 책이다. 박유미 신학 박사

이 책은 현재 한국교회가 심각하게 잃어버린 두 가지 가치인 "통일"과 "여성"을 과감하게 연결한다. "통일 대박" 유의 허망한 구호 사이로 표류하는 통일 담론을 신학적으로 단단히 사유하는 능력을 어디서 담금질할 것인가? 현재 남북한 모두 여성의 삶은 행복하지 않다. 통일 과정이 이를 더 악화시킬 가능성이 있다면 이 역시 사력을 다해 선제적 조치를 취해야 할 주제임이 분명하다. 이 책은 상황을 깊이 진단하고 폭넓게 대안을 구하며 멀리 보고 나아갈 방향을 제시하는 사려 깊은 연구의 결과물이다. 저자에게 고마운 마음을 전한다.

양희송 청어람ARMC 대표

조진성 교수의 『분단과 여성』은 그동안 같은 선상에서 논의된 적이 드문 '여성'과 '통일'이라는 주제를 연결하여 통일 논의의 새로운 방향을 제시한다. 저자는 평등과 화해의 공동체로서의 통일 한국을 지향하는 여성통일신학의 관점에서 남북통일의 과정에 여성의 참여가 꼭 필요함을 강조한다. 머지않아 현실화될 한반도 통일을 준비하는 한국교회 안에 여성의 소리가 더욱 크게 울려 퍼지기를 기대하며 일독을 권한다. 윤철호 장로회신학대학교 조직신학 교수

조진성 교수의 역작인 『분단과 여성』을 접하고 "반갑다", "올 것이 왔다"는 생각이 들었다. 그동안의 분단 담론은 오랜 한반도 분단의 고통을 극복할 정도로 명확한

논리 체계를 갖추지 않았기에 "여성"이라는 또 다른 변수가 추가된다면 이 문제를 풀어내기가 더 힘들 것이라는 막연한 두려움이 있었던 것 같다. 하지만 그런 모자란 생각에서 나온 해법은 반쪽짜리에 그칠 수밖에 없기에 "분단과 여성"이라는 담론은 마침내 올 것이 온, 반가운 것이다. 이는 "독립운동"이 일제로부터의 해방만이 아니라 체제의 혁신을 동시에 탐색했던, 온전한 변혁의 추구였다는 사실을 떠올리게 한다.

이 책은 "분단과 여성"이라는 담론을 구성하기 위해서 기존의 분단신학, 통일신학, 사회와 종교에서 비롯된 여성 문제, 남북한과 동·서독 및 통일 독일의 여성 문제를 되짚어보고 앞으로의 방향까지 제시한 비상한 노력의 산물이다. 특히 "평등 공동체를 세우기 위해 여성들이 교회와 국가의 공동 설립자가 되어야 한다"는 현대 공화주의 국가론의 최전선과 상통하는 결론은 반갑기 그지없다. 교회든 국가든 당사자들을 해당 체제의 저작자로 참여시키는 것 이상의 혁신은 없기 때문이다. 사실 이 책의 출발선에 있는 기존의 분단, 통일 담론들은 어쩐지 현실 돌파력이 부족해 보인다. 하지만 저자는 그 한계들을 뛰어넘는 결론과 대안적 담론에 도달함으로써 일정한 학문의 묘미를 보여준다. 정직한 태도로 통일 문제에 도전한 저자에게 감사하며 한반도 문제의 공론장에 공급된 새물결을 반갑게 맞이하고자 한다.

윤환철 미래나눔재단 사무총장

조진성 교수는 사회주의 국가인 동독과 자본주의 국가인 서독의 여성들이 경험한 권리와 기회 및 책임의 차이를 연구하고 독일 통일 후 동·서독 여성들 앞에 펼쳐진 현실이 어떠했는지 고찰한다. 또 이를 바탕으로 한반도 통일 과정에 여성이 어떻게 참여하며 어떤 역할을 감당해야 할지 논한다. 독자들은 이 책을 통해 민족 통합에 있어 여성의 참여가 얼마나 중요한지 깨달을 수 있을 것이다. 통일에 관심 있는 이들에게 영감을 줄 만한 책이기에 일독을 권한다.

카렌 토저슨 미국 클레어몬트 대학원대학교 여성신학 교수

분단과 여성

분단과 여성

한반도 여성의 권익과 여성통일신학

조진성 지음

차례

2부
통일 한국을 위한 정치적 기반

3부

통일 한국을 위한 문화적 기반

4부
여성통일신학 담론

/ 서론

여성통일신학은 민족과 여성의 문제를 다룬다. 과연 한국의 여성들은 한반도가 통일되면 새롭고 더 나은 삶을 살 수 있을까?

1. 왜 통일을 이야기해야 하는가?

한국은 1950년에 발발한 6·25전쟁 이래로 지금껏 세계 유일의 분단국가로 남아 있다. 구소련의 공산주의가 붕괴되고 냉전시대가 종식되었으나 한반도에는 그 잔재와 그로 인한 큰 상처가 여전히 남아 있다. 남한과 북한은 정전협정 후에도 60년이 넘도록 서로를 원수처럼 여기고 있다. 이런 분단 상황은 한반도를 둘러싼 열강들에 의해 지속되고 있는데, 한반도뿐만 아니라 동아시아의 평화를 위해서도 한국인에 의한 자주 통일은 매우 중요한 의미를 지닌다.

한반도 분단이 야기한 갈등으로 인해 남북은 서로를 적대시하는 상황에서 핵무장을 시도하는 등 국가 예산의 상당 부분을 국방비로 지출하고 있다. 한반도 내의 긴장은 일본으로부터의 독립 이후 열강이 간섭하는 역사의 소용돌이 속에서 시작되었다. 미국과 소련은 38

선을 경계로 남과 북을 나누어놓았고 3년간 지속된 6·25전쟁은 남과 북 양쪽에 큰 어려움을 주었다. 그리고 이 같은 한반도 분단 과정은 한국인에게 "한"(限)을 남겼다.

더욱 안타까운 것은 남북이 대치하는 상황에서 남한에 제정된 "국가보안법"(國家保安法)이 군사독재정부의 통치 수단이 되었다는 사실이다. 분단 이후 거의 50년간 남한 정부는 국가 안보를 다른 어떤 사안보다 우선시하며 민주화에 대한 요구를 억눌렀다. 북한의 경우는 남한보다 상황이 더욱 심각하다. 미국 클레어몬트 대학원대학교의 민경석(Anselm Min) 교수는 국가보안법이 남한 사회에 미친 영향에 대해 다음과 같이 설명한다. 첫째, 남한의 안보 정책은 독재 정권이 마땅히 받아야 할 모든 비판을 억제하고 오히려 군부독재가 억압 정치를 펼 수 있게 했다. 이 국가보안법은 정부가 필요하면 언제든 다양한 사례에 적용할 수 있기 때문에 남한 사회에서는 아직도 유용한 정치 도구로 사용된다. 둘째, 남한의 안보 정책은 국가가 긍정적이면서도 창의적인 정책을 세우는 데 지장을 주었을 뿐만 아니라 오히려 민주주의의 발전을 막기도 했다. 가난한 사람들을 위한 복지 정책을 주장하는 사람이 종종 공산주의자로 간주되기도 했다. 셋째, 이런 정책으로 인해 남한은 미국 의존적인 국가가 되었다. 미국 경제 의존도가 상당히 높기에 미국 경제가 곧 남한의 경제적 지표가 된다. 이 때문에 미국이 파병을 요구하면 한국 정부는 따를 수밖에 없다. 더욱 흥미로운 사실은 전시작전통제권을 한미연합사령부가 갖고 있다는 점이다. 박근혜 정부는 전시작전통제권의 환수 시기를 2020년 중반 이후까지 미루기로 미국과 합의했다(2014.10). 한동대학교에서 국제정치학을 가르치는 김준형 교수는 이것을 남한이 군사 안보 주권을 포기한 굴욕적인 결정이라고 비판한다. 미국의 60개 동맹국 중 전시작전통제권을 넘겨준 유일한 나라가 남한이라는 점은 시사하는 바가 크다. 남한의 경제 규모는 북한의 40배 이상이며 국방비 규모도 15배 이상 크다. 군비 지출 규모가 세계 7위(1년에 35조 원)인데도 스스로 작전 수행 및 지휘 통제를 할 수 없다는 사실은 충격적이며 정부는 직무유기라는 비판을 받을 수밖에 없는 상황이다.[1]

더 중대한 현안은 남한 사람들 사이의 분열이다. 남한 내부에서도 북한에 대한 인식이 엇갈린다. 1990년대, 북한에 대한 식량 원조를 놓고 남한 국민들은 양분화된 입장을 보였다. 한 그룹은 같은 동포이기 때문에 무조건 잉여 식량을 보내 북한을 도와야 한다는 입장이었고, 다른 그룹은 북한에 지원하는 식량은 북한의 군비로 쓰이게 될 뿐 아니라 오히려 남한을 공격하는 총탄으로 돌아올 것이기에 결단코 도와서는 안 된다는 입장이었다. 이처럼 한반도 분단은 남과 북의 문제로 끝나는 것이 아니라 남한 내에서의 또 다른 분열을 야기한다.

1) 한반도 분단의 원인

이 같은 극심한 대립을 불러일으키고 우리로 하여금 자주 국가를 이루지 못하게 하는 분단의 원인은 무엇인가? 가장 먼저 생각할 것은 한반도의 분단이 열강의 소용돌이 속에서 외세에 의해 이루어졌다는 사실이다. 그렇다면 우리는 과연 한반도의 분단이 오로지 외세에 의해 이루어진 것일까 하고 질문해볼 수 있다. 이와 관련해 분단의 원인을 두 가

1) 김준형, "전작권 환수 재연기로 누더기가 된 국제정치 안보주권", 「창비주간논평」(2014.10.29).

지, 즉 외부적 요인과 내부적 요인으로 나누어 보자. 먼저 외부적 요인으로는 국제 정치의 복합성이라는 소용돌이 속에 놓인 한반도의 상황을 들 수 있다. 조지타운 대학교의 데키(Dieter Dettke) 교수는 한반도의 분단에는 "인위적인 요소"가 강하게 작용했기 때문에 남한과 북한은 통일을 이루어야 한다고 주장한다.[2] 즉 한반도의 분단은 한국인 스스로 결정한 것이라기보다는 외세의 압력에 의한 것이었다. 이는 36년간의 일제 식민 지배가 끝나고 1945년 제2차 세계대전에서 연합군이 승리하면서부터 시작되었다. 루스벨트(Theodore Roosvelt, 1858-1919), 처칠(Winston Churchill, 1874-1965), 장제스(蔣介石, 1887-1975)는 카이로 회담에서 일본의 모든 식민지를 되돌리고 한국을 독립시키기로 의견을 모았다.[3] 1945년 8월 6일 히로시마에 원자 폭탄이 투하됐고, 스탈린(Joseph Stalin, 1879-1953)과 트루먼(Harry S. Truman, 1884-1972)은 1945년 7월 26일 개최된 포츠담 회담에서 소련 군대의 만주 진주에 동의했다. 그러나 소련 군대는 만주를 거쳐 한반도로 이동했고, 미국은 소련이 한반도 전체를 집어삼키고 더 나아가 일본까지 점령할 것을 염려했다. 소련은 미국보다 한발 앞서 한반도의 북부를 차지했고, 38선이 생김과 동시에 미국이 남부를 차지하게 되었다. 이처럼 복잡한 국제 정치의 소용돌이 속에서 미국과 소련은 공동 협약을 통해 한국을 관리하

2) Dieter Dettke, "The Mellowing of North Korean Power: Lessons of Reconciliation and Unification for Korea from Germany," *Korea Briefing, 2000-2001*, eds. Kong-Dan Oh and Ralph C. Hassig(Published in cooperation with the Sia Society, 2002), 185.

3) Bruce Cummings, *Divided Korea: United Future?*(New York, Foreign Policy Association, No. 306 [Spring, 1995]), 24-30.

기로 했다. 이때의 결정은 1950년에 발발한 6·25전쟁과 전후 60년 이상 지속된 남북한 갈등의 근원이 되었다.

그러나 한반도 분단에는 내부적 요인도 작용했다. 한국 분단의 결정적 원인이 열강이라는 외부 세력의 다툼이었다는 사실은 우리의 마음속에 큰 분노를 불러일으킨다. 그러나 분단이 오직 외부적 요인에 의해서만 일어난 것은 아님을 상기할 필요가 있다. 민경석 교수는 한반도 분단의 내부적 요인 두 가지를 지적한다. 첫째, 공산주의를 추종하는 사람들과 민주주의를 추종하는 사람들 사이의 이데올로기적인 충돌이다. 일본의 식민지배가 끝난 후, 한국 사람들은 소련의 지원을 받는 공산주의 추종 그룹과 미국의 지원을 받는 민주주의 추종 그룹으로 나뉘었는데 이들이 지닌 상반된 이데올로기가 충돌하면서 서로를 거부하게 되었다. 둘째, 조선 말기 이후로 지속된 극심한 빈부 격차다. 한국은 미국과 소련에 의해 둘로 나뉘기 전부터 이미 내부적으로 분열되어 있었다. 그 주요한 원인이 바로 격심한 "빈부 격차"다. 구한말 이래로 국민들은 두 가지 계층, 즉 10%의 귀족 상류층과 90%의 중산층 및 하류층으로 나뉘었다. 소수의 상류 지배 계층과 다수의 하류 피지배 계층 사이의 사회적 지위 및 빈부의 격차 때문에 19세기 이후 가난한 사람들은 "한"과 분노를 품게 되었다. 지배층과 피지배층 간의 계속된 분열과 갈등으로 인해 벌어진 사건들은 외세가 조선왕조의 내정에 간섭하는 빌미가 되기도 했다. 중국의 청 왕조부터 시작된 외세의 내정간섭이 결국 한반도 식민지화에 이르게 된 것이다.[4]

---

4) 민경석, "통일은 우리 시대 민족의 지상명령이다"(*A Viable Road Map to Accomplish Korea Reunification: Common Roles of Both Korea Governments and Drastic*

이런 이유들을 고려해볼 때 한반도의 통일로 한민족의 주권을 온전히 되찾는 것은 필연적이며 더욱이 6·25전쟁과 이데올로기적인 대립으로 상처받은 한국인들의 "한"(恨)을 치유하기 위해서도 한민족의 공동 번영과 자주권 회복은 시대적 요구라 할 것이다.[5] 또한 공산주의 붕괴 이후 계속된 과제로 남아 있는 한반도 분단 문제의 해결은 냉전의 완전한 종식을 의미할 뿐만 아니라 동아시아의 평화 구축에 크게 기여하는 사건일 것이다.

2) 통일 한국의 중요한 명분: 경제적 이유

경제적인 측면에서도 통일은 매우 필요하다. 경제력에 의해 움직이는 세계 질서 속에서 경제력을 갖추지 못한 국가는 자주성을 위협받게 된다. 따라서 부강한 경제 국가를 건립하는 것은 세계화 시대에 국가의 자립을 이루고 자주성을 보호하는 데 필수 조건이다.

남북한은 지나친 대결과 반목 속에서 자원을 낭비하고 있을 뿐 아니라 너무 많은 분단 비용을 지출하고 있다. 일례로 2013년 국정감사에서 드러난 남북한의 1년치 국방비가 각각 34조 원, 1조 원이라고 한다.[6] 지난 50년간 다른 생산적인 일에 쓰일 수 있는 엄청난 돈이 군사 안보 명목으로 지출되어 양국의 발전을 저해해왔다. 또한 2011년 8월 12일자 「한국일보」에 따르면 2030년에 남북이 통일된다는 가정하에 남한은 2022년에서 2030년까지 국방 비용으로 GDP의 1.5%, 즉 5,852

Change of US Korea Policy), 세미나 미간행물 자료(2009.1.17), 11.

5) 같은 자료, 7-9.

6) 「한겨레」(2013.11.5).

억 달러를 사용할 것으로 추정된다. 이는 통일 시 국방비로 투입되던 예산이 북한과 남한 사회에 산재한 갖가지 문제를 해결하는 일에 쓰일 수 있는 가능성을 보여준다.[7] 실제로 제2차 세계대전 이후 일본은 GDP의 1%인 국방비를 전환하여 세계 제2의 경제 대국이 되는 기반을 다질 수 있었고, 독일 역시 GDP의 1.4%인 국방비를 전환하여 유럽 제1의 부국이 되었다.[8]

막대한 국방비 지출과 남북 긴장 관계의 지속은 한국의 경제 발전 과정에서 불안과 장애 요소로 작용해왔다. 남북한의 군사적 충돌 가능성은 경제 분야의 불안까지 증가시키고 일상 속의 경제적 안정마저 저해했다. 나아가 한민족이 경쟁이 치열한 세계 경제화 시대에 힘을 키우는 것을 방해해왔다. 이런 상황에서 유일한 대책은 남한과 북한이 창의성과 노동력을 이용해 서로 협력하는 것이다.[9] 통일은 한국 경제에 긍정적인 효과를 미칠 것으로 기대된다. 부산대학교 진시원 교수에 따르면 남북통일은 많은 부분에서 경제에 공헌을 할 것이며 남북한 경제 구조의 결합과 상호 협력을 통하여 한민족의 경제적 발전과 번영의 가능성은 두 배가 될 수 있을 것이다.[10] 북한의 값싸고 탁월한 노동력과 지하자원 및 북한 시장 내부의 확장 가능성을 고려해볼 때 북한과 남한의 상호 협력은 창의성과 노동력, 자원의 작용을 통해 국제경쟁력을

---

7) 민경석, "한반도 평화와 복지사회 건설", 「한민족 비전」, 36-37.

8) 남한의 국방비는 GDP의 3%(300억 달러) 수준이지만 대부분의 나라가 국방비를 GDP의 1%로 책정하고 있다.

9) 민경석, 36-37.

10) 홍익표, 진시원, 『남북 통합의 새로운 이해』(서울: 오름, 2004), 21.

향상시킬 가능성이 높다.[11]

더 나아가 남북의 경제 협력은 북한이 재정적 어려움을 타개하고 경제에 새로운 활력을 되찾는 데 기여할 것이다. 상호 협력이 증진되면 군사 문제와 남북한의 외교적 긴장도 완화될 수 있다. 즉 한반도에 경제 발전 및 평화 유지 효과가 발생하는 것이다. 또한 남북한의 경제 협력은 북한의 갑작스런 붕괴를 막고 흡수통일로 인한 남한의 경제적 부담과 손실을 막을 수 있다.[12] 데키의 주장에 의하면 북한은 그동안 지속된 억압 정치와 군사 지출, 역기능 경제로 인하여 붕괴할 위험이 있다. 그리고 북한이 붕괴될 경우 남한은 가난하고 굶주린 2천 3백만 명의 북한 주민들을 감당해야 한다.[13] 따라서 남북한의 경제적 통합은 무한 경쟁의 시대에 살아남기 위해 한민족이 반드시 선택해야 할 방향이라고 할 수 있다.

또한 진시원이 지적하듯이 한반도의 통일은 "지정학적 전략"(Geo-Political Strategy)과 "지리-경제적 전략"(Geo-Economic Strategy) 측면에서 매우 중요한 일이다. 한반도를 중심축으로 미국과 일본을 잇는 해양 세력과 중국, 러시아, 동아시아, 유럽을 잇는 유라시아 대륙 세력이 형성되어 있다. 현재 남한은 북한 때문에 유라시아 지역과 단절되는 지리적 한계에 갇혀 있다. 한반도의 지리적 위치를 생각할 때 통일은 한국의 평화와 번영을 이끄는 "지정학적·지리-경제적" 요소들을 충족시

11) 민경석, 36-37.
12) 같은 자료, 137-139.
13) Dettke, 185.

키는 사건이 될 수 있다.[14]

무엇보다 통일이 필요한 근본적인 이유는 남한과 북한이 신라의 삼국통일(기원후 668) 이후 줄곧 같은 피와 언어, 문화를 공유해온 "하나의 민족"이라는 것이다. 한국은 같은 운명을 지닌 한민족 공동체다. 그러나 전쟁과 분단을 거쳐 남북한 사이에 장벽이 생긴 이래로 남과 북은 서로 미워하는 원수가 되었다. 한반도의 분단은 곧 민족의 역량과 경쟁력의 분단이다. 따라서 한국은 통일을 이루어 민족의 탁월한 창의성과 노동력을 활용하고 민족의 "한"을 풀어 국제사회에서 민족적 자부심을 회복해야 한다. 이는 일본의 침략과 뒤이어 찾아온 외세에 의한 분단의 수치를 이겨낼 수 있는 길이요, 동아시아의 평화에 공헌하는 길이 될 것이다.[15] 그러므로 통일은 식민과 분단으로 고통당하는 한국인들이 반드시 이루어야 할 필수 과제다.

2. 왜 여성 담론을 이야기해야 하는가?

이번에는 "과연 한국의 여성들은 한반도가 통일되면 새롭고 더 나은 삶을 살 수 있을까?"라는 질문을 살펴보자.

6·25전쟁과 연이은 사건들은 남북한 국민들의 삶에 큰 영향을 미쳤다. 한국인들의 경제적 터전이 폐허가 되고 남북은 모두 정치적 혼란에 휩싸였다. 많은 가정이 전쟁 속에서 죽음과 분노, 두려움을 경험하며 상

---

14) 홍익표, 진시원, 20.

15) 민경석, "통일은 우리시대 민족의 지상명령이다", 9.

처투성이가 되었고 특히 여성들은 참으로 큰 상처와 아픔을 감내해야 했다. 대부분의 여성은 지독한 가난으로 고통을 당하면서도 가족들을 부양해야 했으며 전쟁 가운데 성폭행을 당하며 견딜 수 없는 괴로움을 겪은 사람도 많았다. 더욱이 전쟁에서 남편을 여읜 여성과 기지촌[16] 여성들은 비참한 삶을 살 수밖에 없었다.

그렇다면 한반도 통일 후에 과연 여성들은 그간의 역사적 아픔을 딛고 새로운 세상에서 좀 더 나은 삶을 살 수 있을까? 현재 상황을 고려해볼 때 통일 한국, 새로운 사회를 향한 한국인들의 꿈 속에 여성들의 공간은 없는 듯하다. 통일을 준비하고 논의하는 정치인들과 정부 관계자들, 신학자들, 통일 전문가들은 모두 남성이기에 통일 담론에 여성의 입장과 문제가 포함되기 어렵다. 독일과 예멘의 사례에서도 통일 후 정치, 경제, 사회 체계 등에서 여성 관련 문제점들이 상당수 드러났다.[17] 특히 독일의 통일 과정에서 여성들은 새로운 기회를 제공받지 못했을 뿐만 아니라 오히려 사회적 지위와 경제적 지위를 빼앗기는 결과

---

16) "기지촌"이란 미군 주둔지 주변에 형성된 마을을 뜻하나 실제로는 나이트클럽과 유흥시설을 갖춘 미군 기지 주변의 유흥촌을 말한다. 따라서 기지촌 여성은 분단 이후 기지촌 주변에 거주하는 미국 병사들을 접대한 매춘 여성을 가리키는데 가난 때문에 그 길에 들어선 경우가 대부분이었다. 해방 이후 많은 여성이 그 지역에 들어가 허가를 받고 매춘에 종사했다. 1970년대부터 남한이 외화 부족으로 어려움을 겪게 되자 정부는 기지촌에서 일하는 여성들을 미국 달러를 벌어들이는 산업 역군으로 칭송했다. 그러나 이들은 감금과 임금 체불로 인해 비참한 삶을 살았으며 일부는 계속되는 구타에 시달렸다. 정부는 이런 상황에 대해 눈을 감았고 당시 매춘은 국가 경제의 번영을 돕는다고 여겨졌다. "냉소와 편견 속 가려진 기지촌 여성인권", 「성대신문」(2010.4.5., www.skknews.com).

17) 김경미, "통일 독일과 구동독의 여성", 「국제 정치학회 연례 컨퍼런스 자료집」(2000.2).

를 맛봐야 했다.[18] 그러므로 한반도 통일 역시 여성들의 삶에 부정적인 영향을 미칠 수 있다. 왜냐하면 통일 이후 여성의 위치는 "성별을 불문하고 모든 시민이 동일한 유익을 얻어야 한다"는 정치적 요소보다는 그 사회의 문화적 인식에 의해 결정될 것이기 때문이다. 독일 통일의 사례를 통해 알 수 있듯이 여성들에게 불공평한 사회 구조는 단지 정치적인 요소만이 아니라 독일인들의 정신 깊숙이 뿌리박힌 종교적 요소에 크게 좌우되었다. 유교의 영향이 남아 있는 북한 사회와 유교 및 보수적 기독교의 영향권에 있는 남한에서도 이와 동일한 작용이 일어날 가능성이 있다. 따라서 종교는 정치 문화의 근간을 이루는 주요 요소로서 한국의 통일 과정이 남녀 모두에게 공평하면서도 평등하게 진행되도록 지원할 수도 있지만 반대로 남성 중심성을 강화하는 주요한 요소가 될 수도 있다.

"그렇다면 독일의 통일이 왜 여성들에게 부정적인 결과들을 초래했을까?"라는 질문에 대해 다음과 같은 두 가지 답변이 나올 수 있다. 첫째, 여성들이 통일의 과정에 참여하지 않았다. 둘째, 통일 후 민족적·사회적 문제 해결이 우선시되고 여성 문제는 뒤로 밀렸다. 흥미로운 사실은 독일뿐만 아니라 다른 나라에서도 여성 문제의 해결이 다른 긴급한 문제들로 인해 연기되었다는 점이다. 한국 역사에서도 여성과 소수집단의 인권은 쉽게 무시되어왔다.[19] 이 같은 역사에 비추어볼 때 동등한 기회란 자연적으로 주어지는 것이 아니다. 여성들은 역사 속에서 어

---

18) Myra Marx Ferree, "After the wall: Explaining the status of women in the former GDR," *Sociological Focus*, Vol.28. No.1(1995), 10.

19) 정현백, "분단과 여성 그리고 통일 과정", 「여성 평화 아카데미」(2001, 봄), 6-7.

떤 일들이 일어났는가를 바로 알고 과거의 잘못들을 되풀이하지 않아야 할 것이다.

통일의 담론을 세워가는 단계에서부터 미래 통일 사회를 위한 여성의 관점과 소리를 포함시켜야 한다. 이 같은 관점에서 박순경은 한반도에 사는 여성은 "민족의 어머니"가 되어야 한다고 주장한다.[20] "민족의 어머니"란 민족 문제에 있어서 여성들이 보조자나 방관자가 아니라 또 하나의 중심축이 되어야 함을 지시하는 말이다. 지금까지의 통일 담론과 신학 연구는 남성 중심으로 이루어졌으며 여성의 관점에서 바라본 통일신학은 매우 드물었다. 그렇기에 통일 담론과 신학은 여성의 소리와 경험을 배제했다. 따라서 여성에게도 역할과 자리를 할당하는 통일여성신학의 발전은 이 시대의 중요한 과제 중 하나다.

통일은 단지 정치적·지리적 문제에 국한되지 않는다. 우리는 여기서 한 걸음 더 나아가 두 쪽으로 나뉘어 반목한 결과 상처투성이가 되어버린 한 민족이 어떻게 다시 회복되어 하나의 국가 공동체가 될 수 있을지 고려해야 한다. 이 점에서 생명을 잉태하고 돌보는 품성과 경험을 가진 한국 여성들의 마음과 생각은 우리 민족의 상처를 치료할 수 있는 매우 귀중한 자산이기에 여성은 새로운 가족으로서의 새로운 민족 건설에 있어 주요한 역할을 담당해야 할 것이다. 신학과 정책에 여성의 관점이 포함된다면 통일 한국은 더욱 조화롭고 정의로운 사회가 될 수 있을 것이다. 따라서 미래의 한국 사회를 위해 여성 관점의 신학과 정책이 반드시 필요하다.

20) 박순경, 『통일신학의 미래』(서울: 사계절, 1997), 212.

3. 왜 한국교회의 현상을 이야기해야 하는가?

이제 우리는 통일을 맞는 기독교의 자세가 왜 중요한지 생각해보아야 한다. 오늘날 남한 사회에서는 교회 지도자들의 부패와 기독교가 외적 팽창에 주력하는 모습 때문에 교회가 신뢰를 잃고 비난의 표적이 되고 있다. 그런데도 국민의 29%를 차지하는 기독교 인구가 정치·경제·문화에 여전히 큰 영향력을 미치고 있음은 간과할 수 없는 사실이다. 따라서 기독교인들이 어떤 자세를 가지고 통일에 대응하느냐에 따라 통일의 방향이 많이 달라질 수 있다.

그러나 안타까운 사실은 대다수 한국교회가 통일을 중요한 문제로 생각하지 않았다는 점이다. 한국교회는 1990년대 이전까지 한반도 통일의 방향이나 전략에 대해 아무런 입장을 나타내지 않았다. 통일에 관한 입장을 견지한 교회들은 소위 반미를 표방하는 "진보" 그룹과, 반공주의 및 반민족주의를 내세운 "보수" 그룹으로 극명하게 나뉘었다. 소수의 진보적 기독교인들은 반공주의 정책에 반대하며 민주화와 인권 신장을 위해 싸웠다. 기독교 지도자 중 산업 노동자들의 권리를 위해 투쟁한 민중신학자, 진보 성직자 등이 여기에 속하는데 그 대표적인 집단이 가톨릭의 "정의구현사제단"이다. 반면 다수의 개신교 교회들은 반공신학적 입장을 강화해왔다.

이 같은 기독교 양분 현상이 나타난 원인 중 하나는 북한의 종교 박해를 피해 한국으로 남하한 기독교 지도자들의 영향이다.[21] 6·25전쟁

---

21) Anselm Min, "Between Indigenization and Globalization: Korean Christianity after 1989," *Falling Walls The Year 1989/90 as a Turning Point in the History*

당시 공산주의자들은 기독교인들을 "친미주의자", "반공주의자"로 인식했다. 공산당원들에 의해 오백여 명의 교회 지도자들이 순교하거나 납치를 당했고 1천 개 이상의 교회들이 파괴되거나 손상을 입었다.[22] 북한의 종교 박해를 경험한 개신교 지도자들에게 "반공주의"는 곧 자신의 믿음을 지키는 길과 같았다. 따라서 대다수 개신교 지도자들은 통일신학과 통일 운동을 하는 진보 그룹을 비신앙적인 "북한 지지자"라고 생각했다. 더욱이 주로 보수적 성향의 복음주의자들로 구성된 보수적 개신교 단체들은 남한에 의한 흡수통일을 꿈꾸면서 이를 계기로 북한 내부에서 기독교의 교세가 확장되기를 원한다. 남한의 선교사 단체들도 흡수통일이 초래할 심각한 문제는 고려하지 않고 오직 북한 체제의 붕괴만을 기대하면서 북한 선교 확대의 기회가 오기만을 바라고 있다.[23] 또한 1990년대 이전에는 "평화적 통일"이 아예 불가능한 일처럼 여겨졌다. 왜냐하면 남한 정부가 "평화"라는 말을 사용하는 것조차 금지했기 때문이다. 어두운 독재 시절에 평화통일의 이상은 매우 위험한 사상으로 여겨질 수밖에 없었다.

또한 남한의 기독교 지도자들은 반공 사상이 팽배했던 1945년에서 1972년[24] 사이에 "분단신학"을 만들어내고 이를 통해 공산주의를 물리

---

of World Christianity, Herausgegeben von Klaus Koschorke ed.(Wiesbaden: Harrassowits Verlag, 2009), 196.

22) 『해방 이후 한국교회의 재형성 1945-1960: 한국기독교총서 4』(서울: 서울신학대학교 출판부, 2009), 269.

23) 박순경, 30

24) 1945년은 이승만이 남한의 대통령으로 취임한 해이며 1972년은 7·4남북공동성명의 해다.

치는 것이 바로 하나님의 뜻이라는 신념을 표현했다. 그러므로 "평화통일"을 언급할 수 있는 여지는 없었다. 게다가 "분단신학"은 남한 정부의 "북진 통일"(무력 통일) 정책을 지지했으며[25] 무력으로라도 북한을 점령하고 공산주의를 물리치는 것이 기독교인들의 사명이라고 주장했다.

그런데도 "분단신학"에 도전하여 "통일신학"을 주장한 사람들이 있었다. 보수 기독교 지도자들이 "분단신학"을 통해 공산주의를 물리치는 것이 기독교인들의 사명이라고 주장한 반면, 통일신학자들은 분단을 "죄"로 규정했으며 무력 통일이 아닌 평화통일이 하나님의 뜻이자 한국교회의 신학적 과제임을 선포했다. 이 "분단신학"과 "통일신학"은 아직까지도 남한 교회에 공존하고 있다.

다행히도 1990년대에 냉전이 종식되고 독일이 통일되는 등 국제 정세가 급격히 변화하자 보수 단체들도 진보 단체들과 협력하기 시작하면서 민족의 화해와 평화라는 측면에서 통일에 관심을 두게 되었다. 이는 그동안의 "분단신학"과 비교하면 매우 큰 변화였다. 북한이 식량난을 겪자 보수단체들도 북한의 비극적인 상황을 외면하지 않고 통일 운동에 참여했다.

하지만 한국 사회에는 아직도 반공 사상이 만연하다. 2007년 보수 세력의 지지에 힘입어 당선된 이명박 대통령은 남북한의 관계를 재고할 것이라고 선언했다. 전임 대통령들(김대중, 노무현)의 노선을 따르지 않겠다는 의지를 표명한 것이다. 노무현 정부 시절에는 진보적 천주교·개신교 활동가들이 통일부의 일을 주관했다. 그러나 보수적 교회

25) 이상규, "통일 운동에 대한 보수 교단의 어제와 오늘", 「기독교사상」 439호(1995.7), 33.

들은 진보적 기독교인들을 불신해 진보적 성향의 한국기독교교회협의회(NCCK)로부터 분리되어 나왔다. 배타적이면서도 보수적인 교회들이 모인 "한국기독교총연합회"는 1989년에 만들어졌는데, 흥미로운 사실은 보수적 교단 출신인 이명박 대통령이 바로 이 "한국기독교총연합회"와 다양한 "뉴라이트 운동"의 지원을 받고 당선되었다는 점이다.[26] 이는 오늘날 남한 교회의 이중적 모습을 보여주는 예로, 통일의 계획 및 진행 단계에서도 같은 현상이 나타날 수 있다. 따라서 "통일을 이루기 위해 어떤 방법을 선택하고 어떤 과정을 거쳐야 하는가" 하는 질문은 미래 한국 사회뿐 아니라 기독교 교회들에 주어진 중요한 현안이다.

26) Min, 198-199.

1부

통일 한국을 위한 신학적 기반

1부

통일 한국을 위한 신학적 기반

제1부에서는 기독교 분단의 원인을 분석하고 분단신학과 통일신학의 발전 과정 및 역사적 배경, 통일신학의 주요 내용 등을 살펴보고자 한다.

1장

통일에 대한 기독교적인 관점과 통일신학의 중요성

1. 반공 기독교 사상의 발생 배경

그동안 한국 기독교의 보수적 복음주의 지도자의 대다수가 "반공 기독교 사상"을 강조함으로써 북한 주민들을 향한 남한 국민들의 분노를 북돋우고 기독교인들로 하여금 평화통일을 고려하지 못하게 하는 걸림돌이 되었다. 그 결과 "반공 사상"의 수호가 민족과 하나님을 위한 봉사라는 생각이 남한 기독교인들 사이에 널리 퍼져 있다. 그렇다면 남한에 이 같은 "반공 기독교 사상"이 형성된 배경은 무엇일까? 여기에는 크게 냉전 체제, 북한 공산주의자들의 기독교인 박해, 이승만 정부의 반공 사상 지원이라는 세 가지 역사적 원인이 있다.

첫째, 숙명여자대학교의 명예교수인 역사학자 이만열은 이런 요소들이 일본으로부터의 해방 이후 기독교인들과 사회주의자들의 대립에서 비롯되었음을 지적한다. 일제 식민 치하에서 기독교인들과 사회주의자들은 서로 다른 생각을 갖고 있었음에도 민족적 과제를 도모하기 위해 함께 일했고 서로 존중했다.[1] 그러나 해방 이후 상황이 변화하자 양측은 갈등 국면에 접어들었다. 갈등의 가장 근본적인 원인은 "냉전"(The Cold War)이라는 구조화된 세계 질서였다. 냉전을 이끌던 미국과 소련은 서로 상이한 자신들의 제도와 사상만을 고집했다. 소련과 미국의 영향으로 한반도는 사회주의 체제와 자본주의 체제라는 서로 다른 두 개의 체제와 이념이 공존하는 분단국가가 되었고 남북한 사람들은 생존을 위해 서로를 적대시할 수밖에 없었다. 그래야만 자신들이 속한 체제 속에서 스스로의 존재를 유지하며 안전하게 생존할 수 있었기 때문이다. 이 같은 현상이 남북의 갈등 및 분단의 주요 원인이 되었다는 사실은 분명하다. 이만열은 양측이 세계 정세인 냉전 질서를 의식하거나 냉전 구도와 이념을 넘어서 하나의 민족이라는 인식을 갖지 못했기에 기독교와 공산주의의 갈등이 시작되고 난 후 이를 극복할 기회조차 없었다고 지적한다.[2]

더 나아가 정치적 분단 때문에 한국교회가 "보수" 교단과 "진보" 교단으로 구분되면서 교단과 신학적 입장의 분단이 초래되었다. 이렇게 한국교회가 "보수" 및 "진보"로 나뉘게 된 데는 서구 선교사들의 영향이 컸다. 3.1운동 이후 남한 사회에 매우 큰 영향력을 행사했던 서구 선교사들은 강한 반사회참여적 경향을 보임으로써 다른 사회운동가들과 많은 갈등을 빚었다. 이 같은 현상은 이후 한국 사회에서 노동운동, 농민

1) 이만열, 『한국기독교와 민족통일 운동』(서울: 한국기독교역사연구소, 2001), 354-356.
2) 같은 자료, 354.

운동, 학생운동이 일어날 때도 발생했다. 또한 이후 한국 기독교가 내적인 믿음, 교회의 성장 및 영혼 구원에 초점을 두는 "개인 경건주의"를 중시하는 모습으로도 나타나게 된다.[3] 기독교와 공산주의 사상 사이의 갈등 때문에 만주에서 공산주의자들이 기독교인을 살해하는 사건이 발생하기도 했는데, 이런 사건들은 선교사들이 공산주의를 반기독교적 사상의 중심으로 규정하고, 교회들이 반공주의 정책을 받아들이는 데 촉매제 역할을 했다.[4]

둘째, 앞서 언급했던 공산주의자들의 북한 기독교인 박해 경험, 즉 1940년대 후반부터 시작해 6·25전쟁 당시 벌어진 사건들이다. 6·25전쟁으로 수많은 군인과 민간인이 사망했고 그 가운데 북한 인구의 25%가 목숨을 잃었다. 친미주의자로 여겨진 기독교인들은 전쟁 기간 동안 무고하게 집단 사살되었다.[5] 또한 기독교 지도자들이 순교를 당하거나 납치를 당했고 교회들도 파괴되었기 때문에 다수의 교인과 기독교 지도자가 종교의 자유를 찾아 남하했다. 이 경험은 한국교회가 반공 사상을 갖는 원인이 되었다. 많은 기독교인이 공산주의자는 모두 무신론자이며 사탄이라고 생각하게 되었다. 따라서 공산주의자들과 기독교인들의 대립은 바로 "사탄과 천사의 대립"으로 간주되었다.[6]

셋째, 이승만 정부의 지원이다. 남한의 초대 대통령이자 교회의 장로인 이승만의 당선은 통일에 대한 기독교의 자세에 변화를 가져왔

---

3) 강만길, 『고쳐 쓴 한국 현대사』(서울: 창비, 2006), 57-70.

4) 민경배, 『교회와 민족』(서울: 대한기독교서회, 1992), 251-252.

5) 한국기독교역사연구소 북한교회사집필위원회, 『북한교회사』(서울: 한국기독교역사연구소, 1996), 419-423.

6) 같은 자료.

다. 공산주의 타도를 목표로 삼아왔던 기독교 단체들은 통일에 관한 경직된 사상이 형성되는 데 일조했다.[7] 이승만 대통령은 기독교 사상과 미국의 지원에 근거한 남한의 발전이 최선의 민주주의 모델이라는 생각을 갖고 있었다. 이승만 내각에 참여한 사람들의 약 50%가 기독교인으로 구성되었다.[8] 게다가 6·25전쟁이라는 끔찍한 재앙을 경험한 남한 사람들은 반공주의가 북한으로부터 남한을 지킬 수 있는 유일한 길이라고 생각하게 되었다.[9] 결과적으로 이승만 정권하에서 남한 사람들은 북한을 타도해야 하는 원수로 여기게 되었으며 그 결과 "무력통일", "북진 통일"만을 절대시하고,[10] 다른 방식의 통일을 말하는 사람은 공산주의자로 간주하기에 이르렀다.[11]

1970-80년대에는 교회와 공교육 현장에서 반공 사상을 가르쳤다. 반공주의 교육은 초등학교 때부터 고등학교 때까지 이어졌다. 나는 당시 공산주의자들이 "나는 공산당이 싫어요"라고 외친 이승복 어린이를 죽인 매우 잔인한 사람들이라고 배웠던 기억이 난다. 초등학교 정문으로 들어서면 정면에서 가장 높은 곳에 "나는 공산당이 싫어요"라는 문구가 크게 쓰여 있었다. 해마다 열린 반공 포스터 그리기 대회와 글쓰기 대회에서는 보통 북한 사람들을 빨간 악마로 묘사한 글과 그림이

---

7) 장기윤, 김동순, "민족 통일과 북한 선교", *Missio Dei*, 393.

8) 안종철, "문명 개화에서 반공으로: 이승만과 개신교의 관계의 변화, 1912-1950", 「동방학지」 145(2009), 193.

9) 남우진, "남한/이북의 민족 문학 담론 연구(1945-1962)", 「북한연구학회보」 10권 1호(2006), 178-179.

10) 김광식, "분단과 통일을 어떻게 볼 것인가?", 「신동아」(1987), 602-603.

11) 정원범, "민족 통일과 한국 기독교", 「신학과 문화」(1995), 174.

등장하곤 했다. 어린 시절 북한 사람들은 빨간 피부색을 가지고 있을 것이라 상상한 반면 미국은 북한 공산주의자들로부터 한국을 지켜줄 "구원자"라고 생각했다.

이렇게 반공 사상과 기독교 정신이 합쳐진 반공주의가 기독교적 정체성과 함께 남한의 국민성으로 자리 잡았다. 남한 기독교는 정부의 북진 통일 이론을 지지할 뿐 아니라,[12] 더 나아가 남한 정부의 비도덕적 행동을 비판하지 않고 침묵하기에 이르렀다. 많은 기독교 단체가 예언자적 목소리를 잃었고 교회는 국가와 공생 관계를 맺었다.

그러나 1960년의 4·19혁명과 1961년의 5·16군사정변으로 인해 한국 기독교는 변화의 기회를 얻었다. 특히 4·19혁명은 남한에 새로운 민족주의가 펼쳐지는 계기가 되었다. 이승만 정부의 부정선거를 눈감았던 수많은 기독교인이 자기성찰의 필요성을 깨닫기 시작했고 기독교인으로서 책임감을 가지고 민족의 문제를 해결하고자 하는 분위기가 조성되었다. 또한 강원용, 박상증, 문익환 같은 기독교 지도자들과 목사들을 중심으로 통일에 대한 토론이 새롭게 시작되었다.

---

12) Philo B. Kim, "Tasks of South Korean Church for North Korea," *The Bible and Theology* 37(2005), 13. 일례로 대표적인 개신교 지도자 중 한 사람인 고(故) 한경직 목사(영락교회)는 설교에서 "공산주의는 묵시에 나타나는 빨간 용이기 때문에 기독교인들은 이에 대적해야 한다"고 강조했다.

2. 1960년대 분단신학의 발전

반공 사상으로 인해 남한의 "분단신학"이 태동했다. 남북 사이에 휴전에 관한 이야기가 나왔을 때 한국장로교대회(1952, 1953)는 휴전에 반대하며 통일을 원한다는 개신교의 입장을 분명히 했다(이들이 바라던 통일은 지금 말하는 통일과는 다른 개념이다).[13] 또한 1972년에는 7·4 남북 공동성명에 만족할 수 없다는 뜻을 표명했다. 결국 이들은 1980년대의 흡수통일 정책을 선호하는 방향으로 나아갔다.[14] 한국 개신교 지도자들은 전쟁을 통해 공산주의가 제거될 것이라는 생각에서 그 전쟁을 "신성한 전쟁" 또는 "십자군 전쟁"이라고 불렀고, 한국교회는 대체로 "북진통일"과 "멸공 통일"을 지지하게 되었다.

비록 통일에 관한 논의가 소수의 기독교인들에 의해 이루어졌다고 해도 1960년대의 주된 흐름은 반공주의였다. 그 시절에는 "분단신학"과 사상적 맥락을 같이하는 반공주의를 "하나님의 뜻"으로 여겼고, 반공주의에 반대하는 입장은 "이단"으로 간주했다. 그래서 남한의 기독교인들은 하나님이 그들을 안전하게 지켜주시고 북한에 교회를 확장시켜주시기를 기도했다. 반면 개인적인 차원이나 공적인 차원의 사회적 책임에 관해서 기도하는 일은 드물었다. 따라서 통일신학자들은 한국 기독교가 이런 "분단신학"을 발전시킨 죄를 고백해야 한다고 주

---

13) 강인철, "분단과 평화에 대한 기독교의 역사적 책임", *TC* 438(1995.6), 25.

14) Bueng-Guan Kim, *Korean Reunification and Jesus' Ethic: Guidance for Korean Churches*(Ph.D. diss., The Southern Baptist Theological Seminary, 1997), 41.

장한다. 한국기독교교회협의회는[15] 다음과 같이 한국 기독교의 죄를 고백했다. "우리는 한반도 분단의 역사에 침묵했음을 고백합니다. 교회들은 민족과 통일을 위한 운동을 외면했고 이런 교회들의 거부는 분단을 정당화시켰습니다."[16]

3. 1970년대 통일신학의 등장

1970년대 박정희 대통령의 통치 시절, 대북 정책에 변화가 생겼다.[17] 박 대통령은 1970년 8월 15일 발표한 "평화 통일의 선언"에서 "유일한 하나의 합법적 정부 이론"을 버리고 "두 개의 한국"을 인정했다.[18] 또한 1972년의 7·4남북공동성명은 통일에 대한 기독교의 입장이 변화하는 중요한 계기가 되었다.[19] 그 후 한국기독교교회협의회가 반공 사상을 수정하려고 시도했다. 하지만 이때도 주요 기독교 보수 단체들은 반공주의 논리를 극복하지 못하고 있었으며 통일에 관한 방향과 계획에 있어서도 어떤 변화를 보이지 않았다.[20] 분단 이후 남과 북이 처음 만난

---

15) 제37회 총회(1988.2.29).

16) 장지연, 김동선, 307, 315-316.

17) 박상증, "살기 위한 남북 통일", 「기독교사상」 제40호(1961.2), 55.

18) 정원범, "민족 통일과 한국 기독교", 「신학과 문화」(1995), 178.

19) 7·4남북공동성명이 체결되는 데는 국제 정세의 영향이 컸다. 1960년 후반부터 1970년 초반에는 동서 긴장이 완화되어 화해 분위기가 형성되었다. 닉슨(Nixon)의 중국과 소련 방문, 브레첸리지(Breckenridge)의 미국 방문, 네프 타나가(Neff Tanaka)의 중국 방문도 많은 영향을 끼쳤다.

20) 박순경, 30.

자리에서 대표단은 "남북공동성명"(North-South Joint Statement)을 작성했다. "남북공동성명"은 남한 사람들에게 큰 기쁨과 놀라움을 선사했으나 기독교인들은 북에 대한 자신의 입장과 신학적 견해 때문에 극심한 충격을 받고 매우 당황했다.[21] 그들은 변화된 상황을 받아들이기는 했지만 여전히 반공주의적인 자세를 보였다.[22] 이와 관련해 박홍규는 자본주의의 모순과 죄악에 대해서는 너무나 관용적인 태도를 보이면서 공산주의 시스템에 대해서는 병적인 혐오감을 드러내는 기독교인들의 편파적인 자세를 비판했다.[23]

그 밖에도 1970년대 남한 사회의 중요한 사건으로는 다양한 민주화 운동의 태동을 꼽을 수 있다. 33년간(1961-1993)[24] 강력한 독재 정권이 남한을 통치하는 가운데 진보적 기독교인들은 통일 운동이 민주화를 통해 이루어진다는 점을 깨달았다. 따라서 많은 기독인 통일 활동가가 독재 정권에 저항하는 민주화 운동에 참여하였으며[25] 기독교 통일 운동은 "선(先) 민주화 후(後) 통일"을 지향하게 되었다. 그들은 먼저 남한 내부의 독재 문제를 극복하고자 했다. 그러나 통일 운동과 민주화 운동의 상호 연결은 남한 교회 전체에서 일어난 것이 아니라 진보적인 종교 단체들에 의해서만 이루어졌다.

---

21) 강문규, "민족 분단의 역사와 한국 기독교의 자기 반성", 「기독교사상」 제363호(1989.3), 48.

22) 이삼열, 『평화의 철학과 통일의 실천』(서울: 햇빛출판, 1991), 318.

23) 박홍규, "화해의 복음과 남북의 대화", 「제3일」 13(1971.10); 김용복, "민족 분단과 기독교의 대응", 노종호 옮김, 『한국기독교사회운동』(서울: 로출판, 1986), 202.

24) 박정희 대통령 시절부터 노태우 대통령 시절까지를 말한다.

25) 이만열, 394.

그러나 더 큰 문제는 두 신학 사이의 배타적인 태도였다. 이들은 신앙고백, 성서, 조직을 공유하지 않으려고 했을 뿐만 아니라 서로를 동반자로 여기지도 않았다. 대화를 통해 새로운 신학의 발전을 모색하기보다는 서로를 거부하며 상대의 입장을 이해할 여지를 전혀 남기지 않았다. 이 같은 배타적인 태도로 인해 통일 운동의 발전은 제약을 받을 수밖에 없었다.[26]

4. 1980년대 교회의 선교 과제로서의 통일

1980년대는 한국 기독교에 있어서 중요한 시기였다. 이때 남과 북은 통일 문제를 본격적으로 다루기 시작했고 1980년대 말까지 정부가 통일 문제를 독점하고 있었지만 여러 주류 기독교 단체들이 교회 안에 통일 문제들을 논의하는 연구 조직을 만들었기 때문이다.[27] 한국 기독교 내부의 또 다른 중요한 변화는 통일 운동과 민주화 운동이 분리되지 않고 하나가 되었다는 점이었다. 이삼열에 따르면 1980년대의 남한 기독교인들은 사회에서 구현될 민주화와 사회정의에 우선순위를 두게 되었다. 기독교인들은 박정희 독재 정권과 싸운 뒤에도 새로운 독재 정권들이 연이어 탄생하는 모습을 지켜보아야 했고, 이로 인해 통일 문제의 근본적인 원인은 비민주적 정치 체계와 권력의 남용이라는 점과 한반도 분단이 한국의 독재 정권 유지에 정당성을 부여하고 있다는 사실

26) 장지연, 29-30.

27) 정원범, 181.

을 깨닫게 되었다.[28]

그와 더불어 나타난 또 다른 변화는 기독교인들도 통일 문제가 교회의 선교 과제임을 인식하기 시작했다는 점이다.[29] 1980년 3월 남한의 개신교는 다음과 같이 선언했다. "통일은 교회의 선교 과제다." 또한 통일 문제가 처음으로 신앙고백에 포함되었고 평화통일에 대한 중요한 관점들도 남한 기독교인의 의무에 추가되었다. 통일을 교회의 사명으로 선언한 가장 대표적인 예가 1988년 2월 한국기독교교회협의회에 의해 발표된 "민족의 통일과 평화를 위한 한국 기독교 교회의 선언"이다.[30] 결과적으로 1980년대의 기독교 통일 운동은 교회에서 일반 대중으로 통일의 논의를 확대시키는 데 공헌하고 더 나아가 한국의 분단과 통일 문제에 관한 국제사회의 관심을 촉발할 수 있었다.[31]

5. 1990년대 진보와 보수의 협력

1990년대에는 냉전의 종식과 1990년의 독일 통일과 같은 국제적인 변화가 일어났다. 한편 남한에서는 32년 만에 처음으로 문민정부가 탄생해 "흡수통일"을 배제하는 "통일 협약"을 선언했다.[32] 그리고 좀 더 흥미

28) 이삼열(1991), 319.

29) 김형수, "한국교회의 통일 운동에 대한 재검토", 「기독교 사회 이슈 기관 무크」 3(1991), 115.

30) 정원범, 184.

31) 박상증, "기독교의 시각에서 본 통일 문제", 「선교세계」 2(1994), 70.

32) 허문영, "기독교 통일 운동", 『민족 통일과 한국 기독교』(서울:한국기독학생회출판부,

로운 변화로는 보수 그룹의 통일 운동 참여를 꼽을 수 있다. 보수 교회들은 한민족의 회복과 평화를 위해 통일 운동에 관심을 두기 시작했다. 비록 "분단신학"을 극복하지는 못했지만 이들은 "민족의 평화와 통일을 준비하기 위하여" 북한의 식량 부족과 같은 문제에 많은 관심을 보였다.[33]

또한 "평화와 통일을 위한 한국 기독교 협의회"가 설립되어 보수와 진보간의 연대 및 협력을 이끌었다. 이 같은 현상은 통일을 위한 매우 중요한 디딤돌이 되었고 교단 및 신학의 차이를 극복할 수 있는 가능성을 보여주었다. 보수적 교회들은 냉전 이데올로기와 흡수통일의 기대 및 제국주의적 선교 이데올로기 속에서도 하나의 민족과 세계 평화를 위해 협력해야 함을 깨닫게 되었다. 이는 한국 기독교의 역사에서 매우 의미 있는 일이라 할 것이다.

오늘날 남한 교회의 연합을 위해서는 진보적 교회들은 보수적 교회들의 장점들을 받아들이고 보수적 교회들은 한국기독교교회협의회를 인정할 필요가 있다. 더 나아가 통일을 위해 신학적 논의의 다양성을 인정하는 것이 한국교회의 발전 가능성을 높이는 길임을 깨닫고 통일신학이 남한 사회에 보다 강력한 영향을 미쳐서 사회를 변화시키는 데 기여해야 할 것이다.

1994), 127.

33) 이만열, 352.

2장

한국 통일신학자들의 반응

앞서 살펴보았듯이 한국 기독교는 1980년대에 통일 한국에 관한 연구를 시작했다. 분단 문제 극복에 초점을 둔 통일신학은 분단이 역사 속에서 하나님의 평화를 성취하는 데 걸림돌이 된다고 규정한다.[1] 그렇기 때문에 통일신학은 평화적으로 통일을 이루는 기본 목적에서 더 나아가 북한과 남한이 하나가 되기까지 계속 기여해야 할 것이다.[2] 이는 한쪽의 승리만을 위한 것이 아니며 불신과 적대감 없는 하나의 공동체를 이루는 것을 목표로 한다. 또한 정의의 열매로서의 평화로운 공동체 탄생을 기대한다.

이번 장에서는 남한의 많은 통일신학자 중 대표적인 개신교 신학자

---

1) 박종화, "민족 통일의 성취와 통일신학의 정립", 「신앙과 신학」 3(서울: 양서각, 1988), 115.

2) 같은 자료, 123.

세 명—함석헌, 노정선, 김용복—을 연구하려 한다. 그들의 사상을 이루는 핵심적인 요소들을 살펴보고 비교 분석하며 더 나아가 여성통일신학의 관점에서 남성인 이들의 통일신학이 가진 한계를 짚어보도록 하자.

1. 함석헌의 통일신학[3]

함석헌(1916-1989)은 민주화 및 비폭력 문제에 있어 아시아의 매우 중요한 "소리"로 일컬어진다. 그는 두 번(1979, 1985)이나 노벨평화상 후보에 올랐으며 "한국의 간디" 혹은 "한국의 예언자" 혹은 "광야의 외치는 자의 소리" 등으로 불린다. 평생을 종교철학자와 저술가로 살아간 그는 젊은 시절에는 우치무라 간조(內村鑑三, 1861-1930)의 영향을 받은 무교회주의자였으며 중년에는 퀘이커교에서 신앙생활을 하다가 노년에는 무교로 지냈다. 그는 정부를 비판했다는 이유로 아홉 번이나 감금당했다. 또한 일본 식민주의를 비판했고 소련 군사 정부와의 협력을 거부했으며 민주주의를 지지했다. 그리고 이승만, 박정희, 전두환 통치 시기에 활동하며 「씨ᄋᆞᆯ의 소리」라는 월간지를 통해 자신의 사상을 펼쳤다.[4]

---

3) 함석헌의 사상은 기독교 평화주의에 기초한다. 민족 독립과 민중에 집중한 그의 통일 사상은 기독교 외부의 정치 그룹에게까지 도전을 주었다.

4) "씨ᄋᆞᆯ"이란 "the ruled", "민중"이라는 말과 상통한다. 「씨ᄋᆞᆯ의 소리」는 1970년 4월부터 2001년 1-2월까지 총 158호가 발행된 잡지다. 함석헌은 박정희 정권이 언론을 탄압하고 억압하던 1970년에 이 잡지의 발행인으로서 언론의 무기력함을 개탄하며 정부를 사회적·정치적 측면에서 강하게 비판했다.

함석헌의 주요 사상은 평화,[5] 민족의 자주, 민중,[6] 인도주의, 민주주의 등으로 요약할 수 있다. 그는 신학자이자 철학자 겸 사회운동가로서 한반도 분단이 성서적 관점에서 "죄"라고 규정한다. 그래서 그는 민족의 분단이 단지 한민족의 불행이 아니라 "죄"이기 때문에 회개하고 고백할 필요가 있음을 지적했다. 또한 민중이 계몽되어 민족의 자주와 평화통일을 위해 통일 문제를 책임지는 주체가 되어야 함을 주장했다.[7] 그는 종교와 정책이 분리되어야 한다고 생각하지 않았는데, 그 이유는 두 분야 모두 민족의 문제를 해결하는 데 반드시 필요하기 때문이다. 그는 이것을 "정치의 성화 및 종교의 세속화"[8]라고 말했다. 함석헌의 주요 사상을 살펴보면 다음과 같다.

1) 평화

"평화통일"은 함석헌 사상의 중심 주제 중 하나다. 함석헌은 "전쟁통일론"을 비판하면서 정치 권력자들이 통일 문제를 권력을 유지하는 수단으로 악용한다고 지적한다.

> 통일을 위한 전쟁은 불가피하다는 설을 주장하는 이들이 있으나 이는 사람을 기만하는 말입니다. 통일이 전쟁으로 이루어져서는 절대 안 됩

5) Ji-seok Jung, *Ham Sok- Hon's Pacifism and the Reunification of Korea: A Quaker Theology of Peace*(Lewiston: The Edwin Mellen Press, 2006).

6) 김용복에 의하면 "민중"이란 한국의 역사 속에서 정치적·경제적으로 억압받고 존엄성을 가지지 못했던 사람들을 일컫는 말이다.

7) 함석헌, 『한국 기독교는 무엇을 하는가?』(서울: 한길사, 1983), 180-182.

8) 함석헌, 『역사와 민족』(1970), 301-302.

니다. 전쟁 불가피를 말하는 데는 "통일이 안 되더라도 정권은 내가 쥐어야" 한다는 속셈이 있습니다.[9]

또한 함석헌은 평화란 개념이나 이론이 아니라 삶의 방식이라고 말한다. 그에게 평화는 "종교적 신념"이며 "역사적 의무"다. 평화는 가능성의 문제가 아니라 역사의 결정적 명령(A Decisive Command)이다.[10] 1970년대에 함석헌은 통일과 관련해 분명하면서도 신뢰할 만한 평화적 방법을 제안했다. 평화적 방법은 3단계—불가침 조약, 상호 군축, 평화의 국가 정책의 채택—로 이루어진다. 함석헌은 전쟁이나 군사력을 이용하는 것보다는 비폭력적인 방법으로 평화를 이뤄야 한다고 주장했다. 비폭력적인 방법은 공허한 표현이 아니라 우리 스스로 희생할 준비가 되어 있다는 태도를 보여주는 것이다.[11] 따라서 "내가 진정으로 비폭력을 원한다면 나는 사랑으로 사회적 악을 극복할 수 있다. 왜냐하면 사랑은 악을 행하는 이의 마음을 변화시킬 수 있기 때문이다."[12] 그는 평화적 통일의 사명을 깨닫고 발전시키기 위한 첫 단계로 "검을 내려놓고 깊이 생각하라"고 말한다. 즉 통일의 유일한 길인 비폭력과 평화통일은 계몽된 민중들의 요청이 있어야 가능하다는 것이다.

한국의 역사를 보면 통일의 가장 큰 장벽은 한국인의 분리된 마음이었다. 함석헌은 분단의 비극으로 인한 한국인들의 아픔이 치유되어

---

9) 함석헌 전집, 『달라지는 세계의 한길 위에서』(서울: 한길사, 2000), 24.
10)함석헌, "씨올에게 보내는 편지"(1993), 8-91.
11) Margaret Bacon, "Ham Sok Hon—an Interview," *Friends Journal*(1979.12.1), 2.
12) 같은 자료, 3.

야 한다고 말하며 아직 남과 북이 서로를 원수로 여기고 있는 상황에서 아픈 상처를 극복하고 서로를 수용하기 위해서는 더 많은 대화가 필요하다고 강조한다. 그는 신약성서의 예수와 유다의 관계, 즉 예수를 배신한 후에도 유다는 여전히 예수와 친구로 남았다는 사실을 지적하며 남북 대화의 가능성을 설명한다. 만일 유다가 마음을 열고 예수와 하나님 나라 및 지옥에 관한 대화를 했다면 구원을 보장받았으리라는 것이다. 유다는 예수를 배신하면서 돌이키기 힘든 실패를 경험한 후 심판의 두려움에서 헤어나지 못한 채 계속 울며 괴로워하고 좌절의 늪에 빠져들었기에 하나님 나라가 임할 수 없었다. 또한 함석헌은 비록 남북이 함께하는 데 실패해왔고 우리 사이를 갈라놓은 사탄을 물리칠 수 있다고 확신하기 어렵더라도 대화를 재개할 필요가 있음을 강조한다. 원수와의 대화가 하나님 나라를 세워가는 길의 초석이 되기 때문이다. 즉 평화에 이르는 길은 원수와 대화의 문을 여는 것이다. 다른 사람뿐 아니라 "원수들과의 대화"는 회복을 위한 하나의 길이며 "함께 일하는 것"이야말로 이 땅의 악을 이기는 길이다.[13]

2) 민족의 자주

함석헌은 한국을 "수난의 여왕", "세계의 하수구", "쓰레기통"이라고 표현한다.[14] 이 별명들은 한국의 고통스러운 역사와 그 배경을 보여준다.

---

13) 같은 자료, 3.

14) Sok-Hon Ham, "Message from Sok-Hun of Seoul Friends Meeting to the Triennial of the Friends World Committee for Consultation," FWCC Triennial Attachment(Sydney, Australia, 1973.8.18-25), n. VII, 4.

또한 함석헌은 한반도의 지리적 위치 때문에 수많은 침략과 수탈의 대상이 되었던 한민족을 "거지 처녀"에 비유하기도 한다.

> 오, 내 사랑이여. 당신은 그 많은 사람의 그늘 뒤 어디에 숨어계십니까? 저들은 이 티끌 이는 한길 거리에서 당신을 몰라보고 떠밀고 지나갔습니다. 내가 여기서 지루한 시간을 당신께 드릴 선물을 펴놓고 기다리고 있는 동안 오가는 길손들이 내 꽃을 한 송이 두 송이 다 가져가 버리고 이제는 거의 빈 바구니만 남게 되었습니다. 아침이 지나고 낮도 지났습니다. 저녁 그림자가 내릴 때 내 눈은 피곤해 졸립니다. 집으로 돌아가는 사람들은 나를 보고 비웃고 입을 비죽입니다. 나는 거지 처녀처럼 얼굴을 치마폭에 파묻고 앉아서 왜 앉았느냐 묻는 그들에게 눈을 내리깔고 대답도 않습니다. 오, 참말 내가 어떻게 사람들보고 당신을 기다린다고, 당신이 오시마 약속하셨다고 말할 수 있사오리까? 지키고 있는 이 가난이 가지고 시집갈 밑천이라고 부끄러워 어떻게 말인들 하오리까?…[15]

한반도는 오랜 세월 동안 강대국 사이에 끼여 잦은 침략으로 고통을 당하고 결국 주권을 잃게 되었다. 그 고통의 역사로 인해 두 동강이 난 한반도는 수난의 여왕인 거지 처녀와 닮은 모습이다. 그러나 이 수난의 여왕은 선물 받은 꽃바구니를 빼앗기고 비웃음을 당하며, 상처와 먼지로 얼룩진 채 아직까지 희망을 버리지 않고 있다.

---

15) 함석헌, "지리적으로 결정된 한국 역사의 성질", 『뜻으로 본 한국역사』(서울: 한길사, 2000), 109-110

이는 북한과 남한이 하나가 되어야 하는 당위성의 표현이다. 한반도의 북쪽과 남쪽에 서로 다른 두 군대가 도착해 나라가 둘로 나뉘기 전까지 우리 민족은 둘이 아닌 하나였다는 점을 함석헌은 강한 어조로 말한다. "둘로 사느니 차라리 하나로 죽을 것이다."[16]

또한 함석헌은 외세가 분단의 가장 큰 원인이었으나 내부적 요인이 있었음을 부인할 수 없다는 점을 꼬집는다. 그는 한국인들이 국가의 자주성이 부족했기 때문에 남북이 분단되었음을 깨닫고, 그것이 외세에 이득이 되었다는 사실을 숙지할 필요가 있으며 같은 잘못을 되풀이하지 않도록 통일을 주체적으로 이루어야 함을 강조한다. 사회 개혁 혹은 민주화의 실현은 민족의 독립성을 확보하지 않고는 불가능한 일이다. 함석헌은 민족이 온전히 독립하고 한반도가 통일되는 데 남한 정부의 반공 정책이나 남한 교회의 반공주의 신앙이 심각한 걸림돌이 될 수 있다고 지적한다.

그가 추구하는, 이데올로기를 초월한 "중립적 통일"은 곧 1960년대에 주장했던 두 가지 통일의 길—"중립적 통일론"과 "민중 중심의 민주주의적 통일"—이 갖는 중요성을 단적으로 보여준다. 그는 한 이념의 승리를 원하지 않기에 공산주의에 의한 통일과 자유주의에 의한 통일을 모두 거부한다. 이는 강대국에 의존하는 통일을 부정하는 "자주적 중립론"이다. 한국인 스스로 결정하면서 무력 통일을 피하고 공정성과 상호 인정을 바탕으로 하는 통일을 이뤄가야 한다. 그렇기에 공산

16) Tom Coyner, "Ham Sok-Hon's Advice for Today: 'Put your sword down and think hard!,' Seoul Monthly Meeting", Ham Sok-Hon Resource Site(Updated 2010.8.7), 2.

주의를 증오할 것도 아니고, 공산주의와 타협할 것도 아니다. "공산주의가 자유 진영을 이겨도 아니 되지만 자유 진영이 공산 진영을 이겨도 아니 된다."[17] 결국 그가 생각하기에 바람직한 한반도 통일은 두 이념 모두를 넘어서는 통일이다.

함석헌의 사상은 하나님에 대한 신앙으로부터 나온다.[18] "어느 놈을 죽이는 것이 하나님의 뜻이 아닌 이상, 죄는 혼자서 짓는 법이 없는 것, 두 놈이 꼭 같이 책임을 져야 할 것이다. 또 꼭 같이 용서를 받아 구원이 되어야 할 것이다."[19]

더욱이 함석헌은 포괄적인 평화를 추구하며 국가주의에 대해서 경고한다. "통일은 궁극적으로 국가주의를 제거하는 혁명이다. 이런 점에서 민족적 혁명보다 크고 깊다고 할 수 있을 것이다."[20] 이는 한 국가가 자신의 이익을 넘어서 다른 국가의 이익을 추구할 수 있도록 하는 반국가주의다. 그에게 통일이란 국가주의를 넘어선 세계의 평화를 의미한다. 그는 다음과 같이 말한다. "전체가 거룩할 때 전체가 하나라면 깨끗하고 거룩하다. 그러나 만약 전체로부터 분리되었다면 이것은 더러운 것이다."[21]

함석헌은 세계 평화가 한반도 평화의 전제조건이라고 주장한다.

---

17) 함석헌(1983), 190.

18) 정지석, "한국 기독교 평화 윤리의 연구: 기독교 평화주의(christian pacifism)와 함석헌의 평화 사상", 「기독교사회윤리」(서울: 한국기독교사회윤리학회, 2006)

19) 같은 자료.

20) 함석헌, 『생각하는 백성이라야 산다』(서울: 한길사, 1993), 201.

21) 김성수, "함석헌 사상에서 찾는 평화와 통일", 평화재단 제14차 전문가 포럼(2007.10.24).

"우리나라 통일 문제는 세계 평화 문제의 한 부분이요, 세계 평화가 이루어질 기운이 돌아오기 전에는 우리나라 통일은 이루어질 수 없다."[22] 그러므로 우리의 통일을 위해서라도 세계 평화 운동을 적극적으로 펼쳐야 한다. 이처럼 함석헌은 분단의 아픔을 통해서 평화의 중요성을 깨닫고 남북의 통일을 넘어 세계 평화를 바라본다.

3) 민중

함석헌이 주장하는 통일의 두 번째 길은 "민중 중심의 민주주의적 통일"이다. 민중 개개인의 의식적 진보와 각성을 전제로 민중을 살리는 것이 통일로 이어지는 지름길이다. 그는 소수의 정치가나 엘리트에 의한 통일이 아닌 스스로 깨어난 일반 민중들이 주도해나가는 통일이야말로 참된 통일이라고 본다.

함석헌은 분단 상황을 이용해 권력을 유지하려고 하는 정치가들을 비판한다. 1971년 함석헌은 자신의 이익을 위해 통일 논의를 독점해버린 박정희 정권을 향해 "독재의 힘을 위하여 통일을 이용하는 것은 죄"라고 선포했다.[23] 함석헌은 진정한 통일은 오직 민중의 계몽과 참여를 통해서만 가능하다고 강조한다. 그에 따르면 민중이 분단 문제를 극복하는 주체가 되어야 한다. 그는 민중이 분단 상황에서 당한 고통과 억압을 강조하면서 민중을 정치적 피해자로 정의한다. 그에게 통일의 궁극적 목적은 국제 정치의 소용돌이로부터 민중을 해방하는 것이다. 그러므로 진정한 해방은 북한과 남한의 지도자들이 아니라 민중에 의해

22)함석헌(1983), 188.
23) 같은 자료, 12.

성취되는 것이기에 한편으로는 민중의 책임이기도 하다. 그는 다음과 같이 말한다.

> 누웠던 사람이 벌떡 일어날 만한, 술잔 들었던 놈이 술잔 내던지고, 화투 목 쥐었던 놈이 화투 목 내버리고, "그렇담 나도 나서 볼란다" 하게 되는 통일론을 해줄 사람은 없을까?[24]

또한 그에 따르면 "진정한 통일은 남한과 북한 사이의 단지 정치적 통일이 되어서는 안 되며 북한과 남한의 전체 국민 사이의 통일이 되어야 한다."[25] 함석헌의 문제 제기에도 반세기가 지나도록 이 문제가 해결되지 않은 숙제로 남아 있는 현실이 안타까울 따름이다.

더 나아가 함석헌은 분단의 문제를 다음과 같이 종교적으로 분석하고 해석한다.

> 38선이 생기기는 정치적으로 생겼어도 해결은 종교로 해야 한다. 38선의 갈라짐은 불행이 아니요 죄악이다. 세계적·인류적 큰 죄악이다. 만고에 이런 법이 어디 있나? 남의 집 강아지를 두 놈이 갈라 먹어도 용서할 수 없다 하겠는데, 청천 백일하에 오천 년 역사 가지는 남의 나라를 허리를 잘라 두 동강이로 냈다? 이런 죄가 세상에 어디 있을까? 통일 문제를 정말 의논하려거든, 우리의 죽고 사는 문제로 의논하려거든, 의논이 아니라 고치고 부르짖으려거든, 악을 쓰고 기를 써 하늘땅에 호소하

24) 같은 자료, 179.
25) 같은 자료, 201

> 려거든, 우선 미·소를 대가리로 두 편에 갈라져서 이 불쌍하고 파리한 갈보 같은 민족을 발가벗겨 두 다리를 맞잡아 당겨 가랑이를 찢어놓은 저 열강이라는 나라들을 책망부터 해야 한다.[26]

분단은 불행이 아닌 "죄악"이기에 민중이 분단을 그저 운명으로 받아들일 것이 아니라 잘못된 죄악임을 분명히 인식하고 이 문제를 풀어갈 주체로서 책임 의식을 가져야 한다는 것이다.

함석헌의 통일 사상 속에서 평화, 민족의 자주, 민중은 서로 연관되어 있다. 또한 그는 이 세상에 진실한 종교의 힘이 적용되어야 국제·국내 문제 및 사회적·정치적·경제적 문제들이 해결될 수 있다고 주장한다.[27] 함석헌은 평생 평화적·비폭력적 통일을 주장했고 진정한 통일은 민중의 계몽을 통해 민족이 자립하는 방법으로 성취될 수 있다고 강조했다. 그의 평화통일 사상은 민족의 미래를 염려하는 남한의 많은 지도자에게 영향을 미쳐왔으며[28] 통일신학의 기초가 되었다. 또한 그가 내세운 3가지 요소—평화, 민족의 자주 및 민중—는 1972년 7·4남북공동성명의 기초와 핵심 사상이 되었다.

---

26) 같은 자료, 180.

27) Young Sang Han, "What is the Most Extreme Luxury," *Quakers: The Voice of Ham Sok-Hon*, Seoul Monthly Meeting of Society of Friends(1983), 1.

28) 한 예로 1972년 남북한 7·4남북공동성명을 이끈 김대중 대통령도 함석헌의 사상에 영향을 받았다.

2. 노정선의 통일신학

두 번째로 소개할 노정선(1945-)은 장로교회(PCK) 목사로서 한국기독교교회협의회의 통일 위원으로 활동했다. 그는 연세대학교, 하버드 대학교 신학대학원, 예일 대학교 신학대학원과 유니온 신학교(Ph.D.)에서 수학했고 연세대학교에서 가르쳤으며 『통일신학을 향하여』(1988), *Liberating God for Minjung*(1994), *The Third War: Christian Social Ethics*(2000) 등 다수의 저서를 남겼다.

노정선의 통일 사상은 크게 4가지—죄, 포괄적 세계관으로서의 주빌리, 자유적 민족주의, 정치적 실증주의—로 분류된다.

1) 죄

노정선은 함석헌과 마찬가지로 한국의 분단을 죄로 이해하며 "분리는 신학적 죄"[29]라고 규정한다. 그는 성서적 관점을 통해 죄가 하나님과 사람이 분리된 원인이라고 본다. 성서에서 첫 번째 분리는 아담과 하나님 사이의 분리다. 아담이 실제로 선악과를 먹었느냐 안 먹었느냐가 문제가 아니다. 문제의 핵심은 첫 번째로 죄를 지은 인간이 하나님과의 분리를 초래했다는 것이다.[30] 따라서 이 분리 혹은 분단은 하나님의 뜻에 어긋난 것으로서 하나님은 분단된 이스라엘을 향해서도 "내 손에서 하나가 되리라"(겔 37:19)라고 선언하셨다. 하나님은 분리된 자

29) 노정선, 『통일신학을 향하여: 제3세계 기독교윤리』(서울: 한울출판, 1988), 20.
30) 같은 자료, 57.

들이 상호 관계를 새롭게 세우고 하나가 되기를 원하신다.[31] 분단은 죄의 첫 번째 단계로서 하나님의 뜻과 어긋난다. 우리가 더 유념해야 할 사실은 죄는 죄악된 상태가 지속될 때 보다 강력해진다는 것이다.[32] 따라서 통일은 "하나님과의 관계의 회복"이며 "하나님의 뜻"이다.

또한 노정선은 한국 통일의 숨겨진 문제는 "분단 정신"이라고 지적한다.[33] 이 분단 정신은 한국인 대부분의 삶에 영향을 미쳤기에 이를 극복하고 한 민족으로서 서로가 자매와 형제라는 의식을 가지지 못한다면 통일 한국을 기대할 수 없다. 그는 한민족이 동일한 피가 섞이고, 동일한 역사를 공유하며, 동일한 자연 유산 및 언어를 나누는 하나의 민족임을 상기시킨다.[34] 또한 그는 분단신학을 지지함으로써 분단을 끝없이 강화시켜온 교회를 비판한다. 따라서 한국교회가 7·4남북공동성명이 표명하는 "사상과 이념, 제도의 차이를 초월해 우선 하나의 민족으로서 민족적 대단결을 도모해야 한다"는 선언에 동의하고 더 나아가 "한국교회는 자주성과 평화통일을 고려해야 한다"고 주장한다.[35]

2) 자유적 민족주의

노정선은 서구 사상을 비판하며 사상적 해방을 강조한다. 그는 남북한

31) 같은 자료, 57-58.

32) 같은 자료.

33) Sam-Kyung Park, *Toward an Ethics of Korean Reunification*(Ph.D. diss., Drew University, 2009), 142.

34) Jong-Sun No, "Division and Reunification of Korea," *The Third War: Christian Social Ethics*(Seoul: Yonsei University Press, 2000), 61.

35) 노정선(1988), 37.

사람들이 자본주의와 공산주의라는 정치적·경제적 이데올로기에 세뇌되었다고 주장한다. 외국 이데올로기에 의존하다 보니 분단 이데올로기를 자연스레 받아들이게 되었다는 것이다. 그는 이를 "집단적 소아 노이로제"라고 일컫는다. 정신질환의 영향으로 노이로제 현상이 나타나면 "성인"이어도 성숙한 판단과 행동을 하지 못하고 강력한 독재자에게 의존하게 된다. 한국인 중에서도 "집단적 소아 노이로제"를 앓는 자들은 독재를 지원할 뿐 아니라 독재자에게 맹종함으로써 마음의 평화를 찾으려 한다. 더 나아가 남한과 북한은 모두 외국의 강한 군사력과 군대 문화에 의존함으로써 불안을 해소하려 한다. 노정선은 이를 "종속적 사고 및 종속적 행동"이라 부른다. 이처럼 한국인은 성인으로서 갖추어야 할 독립성이 부족하기 때문에 외세에 의존하는 경향이 강하고, 두려움과 분노에 지배받는다.[36] 그래서 노정선은 서구 이데올로기로부터의 정화가 한국 기독교가 말하는 구원에 이르는 가장 근본적인 요소임을 강하게 주장한다.

그는 정치적·경제적·문화적 식민주의뿐 아니라 제국적·신식민주의적 권력을 비호하는 제1세계의 신학을 비판한다. 또한 민족의 자주를 위한 영적인 기초를 쌓는 일은 외국의 이데올로기로부터 해방되어 서구 신학을 강하게 비판할 수 있을 때 가능하다고 지적한다. 그러나 그가 말하는 "민족의 자주"는 부정적인 의미에서의 민족주의가 아니다. 그의 자유적 민족주의 사상은 제1세계의 제국주의에 억압 받는 제3세계의 해방을 추구한다. 같은 맥락에서 그의 통일신학도 식민지적 억압

36) 같은 자료, 47-48.

과 신식민지적 억압 모두로부터의 해방을 의미한다.[37]

따라서 그는 통일을 위해 남북한이 공유할 수 있는 포괄적인 세계관이 필요하다고 주장하며 보다 나은 세계관을 탐색한다. 그는 그 실마리를 레위기 25장과 누가복음 4:18-19의 "희년의 선포"에서 발견한다. 그는 희년의 선포를 성서의 "하나님의 질서"로 규정하며 희년의 명령을 받아들이는 세계관이 분단신학 극복의 축이 될 수 있다고 믿는다.[38] 서구 신학과 한국교회가 분단신학을 지지해왔기 때문에 그는 더 날카로운 비판을 가한다. 즉 통일을 무시하거나 거부하는 신학은 반통일주의 신학이며 더 나아가 제국주의적 "우상숭배 신학"이라는 것이다. 이런 반통일신학은 세상에서 하나님의 형상과 인간의 존엄성을 파괴한다.[39]

3) 정치적 현실주의[40]

노정선은 억압받는 제3세계 사람들의 해방뿐 아니라 한민족의 자립을 세계 평화의 기본적인 요소로 여긴다. 그가 말하는 평화란 "정치적 현실주의"에 기초를 둔다. 외세에 의해 한반도가 분단되어 한국이 자주성을 잃고 한반도와 동아시아의 평화가 깨졌기 때문에 "민족의 자주와 안전"이 평화의 중요한 요소로 자리매김한다. 따라서 그는 남북 공동의 안전을 지키려면 "민족의 자주"를 위한 "군사력"과[41] 외세의 침략

37) 노정선(1994), 47.
38) 같은 자료, 37-38.
39) 같은 자료, 61.
40) 같은 자료, 237.
41) 이 점에서 평화를 이루기 위한 주요 수단으로 비폭력을 채택한 함석헌과는 차이를 보인다.

에 대항할 수 있도록 남북한 군사협력으로 결성된 "통일 군대"가 필요하다고 주장한다.[42] 그는 핵무기를 비판하며 감축을 요구하는 입장이지만 "만약에 핵무장이 민족의 자주와 북한의 안전을 위해 불가피한 것이라면, 핵무장을 지지할 의지가 있다"고 말한다.[43] 이처럼 노정선은 비폭력을 신학적·윤리적 차원의 문제라기보다는 전략적 개념으로 이해한다.[44] 따라서 평화에 대한 그의 사상은 "정치적 현실주의"에 근거한다고 볼 수 있다.

앞서 언급했듯이 노정선의 통일신학은 특히 "제1세계 신학"이 욕망의 도구로서 열강의 세력 확장을 허락했다는 점을 강력하게 비판한다. 그는 서구의 이데올로기, 북한의 마르크시즘 및 남한의 자본주의로부터 온전히 회복되는 것이 한반도의 자주와 독립을 위한 첫 번째 단계이며, 무비판적으로 살아가던 제3세계 사람들이 제1세계의 억압적인 민족주의에서 해방되어야 함을 역설한다.

노정선의 "정치적 현실주의"는 함석헌이나 다른 통일신학자들과는 다른 그만의 독특한 전략이다. 그의 "정치적 현실주의"에서 흥미로운 점은 "무력의 사용"을 두 가지 관점, 즉 제1세계의 입장과 제3세계 입장으로 분리해서 이해한다는 것이다. "제1세계"의 폭력은 "정복" 또는 "확장"으로, "제3세계"가 사용하는 무력은 죄악된 구조로부터의 "해방"으로 볼 수 있다. 이는 무력 사용이 "제3세계의 상황"에 따라 윤리적 차원에서 다르게 해석될 수 있음을 보여준다. 그러나 "폭력"의 사용은 어떠

42) 노정선(2002), 82, 96.
43) 노정선과의 인터뷰(정진석의 인터뷰 사용, 2003.7.21).
44) 정진석, 239.

한 상황에서도 "평화"와는 상치됨을 논의할 필요가 있다.

3. 김용복의 통일신학

김용복(1938-)은 민중신학자이자 통일신학자로서 한국기독교사회문제연구원의 공동대표를 역임했다. 그는 장로교(PCK) 목사로서 한국기독교교회협의회의 통일 운동에 참여했다. 연세대학교와 프린스턴 대학교(Ph.D.)에서 공부했으며 『민중신학』을 편집했고(1981) "민족의 통일과 평화에 대한 한국기독교회 선언"의 초안을 작성했다(1988). 김용복의 통일 사상에서 중요한 요소는 "사회-경제적 안보"에 기초한 희년, 민중, 민족, 평화 등이다.

1) 희년

김용복의 통일신학에서 "희년"은 핵심 개념이다. 김용복은 1987년 한국기독교교회협의회의 평화와 통일에 관한 토론에서도 희년을 중심 개념으로 제안했다. "희년"(레 25:8-55)은 "해방의 기간"을 가리키는 성서의 용어다. 안식년이 일곱 번 지나고 첫해인 희년에는 땅을 원래 주인에게로 되돌리고, 빚을 탕감하며 노예를 해방해야 한다. 안식년은 하나님의 주권이 하나님의 사람들의 역사 속에서 구체화되는 시간이다. 같은 맥락에서 희년은 "하나님의 공동체가 분단과 대립으로부터 자유로워지는 해"라고 김용복은 설명한다. 삶의 안정과 번영을 위하여 하나님이 나누어주셨던 집과 땅이 하나님의 주권 회복을 통하여 원래의 소유주에게로 돌아가는 것이다.[45] 김용복은 남북 이스라엘의 평화 조약에 대해 말하는 에스겔 37:15-28에서 남북한 통일을 위한 평화조약을 발견한다.

> 그 땅 이스라엘 모든 산에서 그들이 한 나라를 이루어서 한 임금이 모두 다스리게 하리니 그들이 다시는 두 민족이 되지 아니하며 두 나라로 나누이지 아니할지라(겔 37: 22).

또한 이는 하나님과 하나님의 백성 사이에 맺는 언약과 연합을 의미한다.

> 내가 그들과 화평의 언약을 세워서 영원한 언약이 되게 하고 또 그들을 견고하고 번성하게 하며 내 성소를 그 가운데에 세워서 영원히 이르게 하리니(겔 37:26).

제국의 압제하에서 고통당하는 민족들을 위한 이 "평화 조약"은 제국의 지배와 연결지어 이해해야 한다. 그리고 이는 곧 메시아 왕국의 샬롬을 말하는 이사야 11:1-9의 "평화의 비전"과도 연결된다.[46] 희년은 하나님의 백성이 하나님과의 언약을 지키기 위해 행동하는 해다. 이스라엘 백성은 하나님의 주권을 신뢰하라고 요청받는다. 그들은 그렇게

45) 김용복, "한국 기독교 통일 운동과 정부의 통일 정책", 「기독교사상」 제428호(1994.8), 14-15.

46) 같은 자료.

함으로써 제국적·정치적 힘에 의해 생긴 사회적·경제적 대립을 극복하고, 평화의 언약 공동체를 회복할 것이다.[47] 이처럼 이스라엘 백성에게 적용된 "희년"은 분단된 채 서로 극렬하게 대립 중인 남과 북 모두에게 큰 의미가 있다. 한국인에게 "희년"이란 분단과 대립을 극복하고 통합된 한 공동체 안에서 하나님의 사람들이 회복되는 것이다.[48] 희년이 "하나님의 공동체가 분단과 대립으로부터 자유로워지는 해"인 것처럼, 남과 북이 분단과 대립으로부터 자유케 되는 "평화의 해", "해방의 해"를 소망하게 된다.

2) 민중

김용복은 민중을 "역사의 주체"라고 표현한다. "민중"이란 한국사에서 정치적·경제적으로 억압된 사람들이며 역사의 기술에서 배제된 사람들로서 스스로 운명을 개척할 수 없었던 자들이다. 김용복은 그렇기 때문에 이들이 "역사의 드라마에서 주역"으로, "역사 속의 영원한 실체"로서 회복되고 세워져야 한다고 주장한다.[49] 그는 민중의 역사적 주체성을 신학적으로 설명하려고 시도하는 권력 중심의 "정치적 메시아니즘"을 빠짐없이 비평한다. 그리고 해방을 위한 민중의 투쟁이, 그저 유토피아적 이상이 아니라 역사 속에서 가난하고 억압된 사람들의 투

47) 같은 자료, 16.

48) 김용복, "평화와 통일", NCCK 통일위원회 엮음, 『남북교회의 만남과 평화와 통일의 신학』(서울: 민중출판사, 1990), 355.

49) Yong-Bock Kim, "Korean Christianity as a Messianic Movement of the People," *Minjung Theology: People as the Subject of History*(Maryknoll: Orbis Books: CTC-CCA, 1981), 185-187.

쟁으로 나타나는 메시아적 왕국의 조명 아래서 설명되어야 한다고 강조한다.[50]

3) 사회-경제적 안정을 기반으로 하는 평화

김용복은 성경적 개념에 근거한 "평화"란 단지 전쟁이 없는 상태가 아니라 "사회적 정의가 구체화되는 것"을 뜻한다고 설명한다. 정의가 동반된 진정한 평화는 민중의 사회-경제적 안정과 연결되어 있다. 반공주의와 군사주의 논리는 평화 이데올로기의 왜곡된 형태에 불과하다. 그래서 김용복은 사회-경제적 안정의 기초를 위한 평화와 경제적 민주화를 이룰 수 있는 종교적 모델의 하나로서 십일조의 활용을 제안한다. 즉 경제적 욕심을 회개하며 드리는 십일조가 약하고 가난하고 억압받는 자들을 위한 "대안적 경제 제도"가 될 수 있음을 지적한 것이다.[51]

김용복은 모든 사람들의 사회-경제적 안정을 포함한 한국 통일의 새로운 단계로 "국가 디아코니아[52] 운동"을 제안한다.[53] 세계 경제화 시대에 경제 문제는 중요한 이슈이며 북한의 경제적 위기는 북한 체제 유지의 문제와도 관련이 있다. 서독은 흡수통일 이후 상당한 부담을 떠

---

50) Kim, "Messiah and Minjung: Discerning Messianic Politics over against Political Messianism," *Minjung Thoelogy: People as the Subjects of History*(Maryknoll: Orbis Books: CTC-CCA, 1981), 188.

51) 김용복, "세계 에큐메니칼 운동과 희년의 지구적 지평", 『희년 신학과 통일희년 운동』(서울: 한국신학연구소, 1995), 178.

52) "디아코니아"의 정의는 다음과 같다. "나눔, 치료, 회복의 교회 사역으로서의 디아코니아는 교회의 본질이다. 이는 개인과 교회가 무엇을 가졌는가에서 출발하는 대신 그들이 누구인가에서부터 출발할 것을 요구한다"(WCC 6th Assembly in Vancouver, Canada, 1983[www.oikoumene.org]).

53) Kim(1994), 16.

안았고 그 영향은 지금까지 남아 있다. 남한과 북한도 경제 면에서 "상하 관계의 통일"을 하게 되면 남한의 경제적 부담과 북한의 희생이 상당히 클 것으로 전망된다. 따라서 김용복은 통일을 준비할 때 민중이 사회-경제적 문제의 주체가 되어야 하며 다른 사람을 섬기는 사회적 디아코니아를 실천해야 한다고 주장한다. 그에 따르면 성서적 "샬롬"의 의미에서 평화는 민족의 공동 번영이다. 그러므로 군사적 대립이 경제적 협력으로 바뀌고, 민족 경제의 상호 번영이 평화의 진정한 기초가 되어야 한다.

김용복은 남한 교회들이 "정치적 차원의 통일 운동"에서 "경제적 나눔 운동"으로 방향을 바꾸어야 한다고 말한다. 북한의 경제 붕괴는 북한뿐만 아니라 한반도 전체의 손해가 될 것이며 남한 경제에도 굉장한 부담이 될 것이다. 그는 남한의 경제적 지원을 제안하면서 이것이 경제적 공격이나 종속이 아닌 봉사와 나눔의 방법으로 이루어져야 함을 지적한다.[54]

김용복에게 "희년"은 분단신학을 극복하는 기준이자 통일신학의 주요 개념이요, 한국 통일의 모델이다. 그는 민중을 통일의 주체로 보며 "민중의 사회-경제적 안정"을 진정한 평화의 기초로 여긴다. 따라서 그에게 경제적 안정은 통일신학의 주요 개념이며 민족의 경제적 상호 번영만이 진정한 한반도 평화의 기초가 된다. 그런 이유로 통일 준비 과정에서 북한에 대한 구체적인 경제 지원이 필요하다는 것이다.

지금까지 다룬 통일신학자 세 명의 사상을 비교해보자. 그들은 모

54) 같은 자료, 17.

두 한국의 분단 상황에서 민족 공동체를 세우기 위한 평화적 해결책을 모색한다. 그래서 여러 가지 면에서 공통점이 드러난다.

첫째, 평화를 통일의 기본적인 목표로 삼고 성서적 관점에 기초해 평화통일을 추구한다. 그들은 통일 과정에서의 전쟁이나 군사력 사용을 거부하며 분단을 "죄"로 규정한다. 그러나 군비 강화에 대해서는 입장 차이를 보인다. 함석헌과 김용복은 "비폭력과 군비 축소"를 주장한다. 반면 "정치적 현실주의"를 내세운 노정선은 외세의 무력 개입에 대비해 군사력이 필요하며 민족의 자주를 위해 불가피한 경우라면 핵 무장도 불사한다는 견해를 밝힌다.

둘째, "반국가주의"(Anti-statism) 또는 "반민족주의"를 주창한다. 이들은 분단과 대결의 문제를 극복하기 위해 민족의 자립을 추구하면서도 "민족주의"를 넘어 세계 평화의 길로 나아갈 것을 원한다. 민족주의가 내포한 위험을 인지한다는 점에서 민족 자주 주장은배타적인 민족주의나 인종차별주의와는 차이가 있다.

셋째, 민중이 역사의 주체가 되어야 한다고 주장한다. 진정한 통일은 단지 정치적 통일만이 아니라 북한과 남한 국민 전체의 통합을 통해 이루어져야 함을 강조한다. 따라서 통일 운동에 있어 민중의 계몽과 참여는 매우 중요한 측면이다.

넷째, 종교와 정치를 분리하지 않는다. 신학은 평화를 구현하고 정의로운 세상을 만드는 데 이바지해야 하며 통일신학은 통일된 민족 형성에 공헌해야 한다. 이들의 신학은 교회 안은 물론 한민족, 더 나아가 세상 전체에 적용된다. 이들은 한국의 독재에 반대하고 동시에 "제1세계"의 "제국주의", "신식민주의"를 비판한다.

이제 이들 세 신학자를 특성에 따라 구분해보자. 함석헌은 통일신학의 기초를 놓은 선구자다. "평화통일", "민족 자주", "반민족주의", "역사의 주체로서의 민중"과 같은 개념은 노정선과 김용복의 사상에 영향을 미쳤으며 그가 내세운 "민족 자주" 사상은 한국인과 신학자들에게 깊은 흔적을 남겼다.

장로교 목사인 노정선과 김용복과 달리 함석헌은 "무교회주의 운동"에 참여했다. 일본의 우치무라 간조에 의해 시작된 "무교회주의"는 제도화된 교회의 영적 위계질서를 거부하며 기독교 신앙의 갱신을 추구하는 사조다. 따라서 함석헌의 사상은 기독교 및 퀘이커 사상에 기초하고 있지만 기독교 정통주의 교리를 따르지는 않는다. 더 나아가 그는 모든 종교는 근본적으로 하나라는 신념을 가지고 있었다. 반면 노정선과 김용복은 통일 과정에서 한국교회의 이데올로기 변화와 실천을 강조한다.

또 다른 특색은 "폭력"에 대한 입장 차이다. 앞서 살펴보았듯이 노정선의 "정치적 현실주의"는 나머지 두 사람과는 다르다. 함석헌과 김용복이 "비폭력과 평화주의"를 주장하는 반면, 노정선은 자주 국가를 위한 군사력의 필요성을 받아들인다. 또한 노정선은 제1세계의 이데올로기에서 해방된 민족 자주에 주안점을 두며 한국사에 부정적 영향을 미친 서구 사상을 강하게 비판한다.

한편, 김용복 통일신학의 특징은 "희년"으로부터 평화적 통일의 개념을 발전시켰다는 점이다. 그는 구약의 희년을 한국의 통일과 연결시키며 한민족이 민족의 희년을 실체화하는 하나님의 사람들의 공동체가 되기를 열망한다. 이것이 곧 민족이 가야 할 회복의 길이며 전체 통합의 길이다. 그는 이를 위해 십일조를 통한 사회-경제적 안정의 기반을 만든다는 독특하면서도 구체적인 방안을 내놓는다.

"분단신학"이 주를 이루고 무력을 동원해서라도 통일이 되기를 열망했던 당시 한국교회와 민족 앞에서 이들 통일신학자들이 제시한 성서적 통일 원리는 큰 의미가 있다. 이들은 억울한 일을 경험한 뒤 분노에 차서 분단 상황을 당연시하기보다 아픔과 고통을 넘어 그리스도가 세상을 위해 그러셨듯이 화해된 세상, 평화의 세상, 억눌렸던 민중이 주체가 되는 세상을 추구했다. 결론적으로 이 세 명의 통일신학자는 한국 민족과 교회가 나아가야 할 방향을 제시해주었다는 점에서 큰 의미가 있다.

4. 통일신학에 대한 여성신학의 비판

앞서 살펴본 세 명의 신학자는 대립과 분단의 땅 한반도에 평화적 통일의 소망을 불어넣었다. 그들의 관점은 민족의 자주와 민중을 위한 통일의 관점을 강화시켰다. 하지만 그들의 통일신학은 여성신학적 관점에서 3가지 중요한 한계를 보인다.

1) 민중 중의 민중인 "여성의 소리"를 찾을 수 없다

세 명의 신학자는 역사 속에서 약하고 가난하고 소외되고 억압받는 자를 민중으로 정의하고, 민중을 신학과 역사의 중심에 놓았으면서도 역사상 가장 큰 억압을 받은 민중 중의 민중이 바로 "여성"이었다는 점을 간과한다. 그들이 생각하는 "민중"에 "여성"은 포함되지 않는다. 억압된 사람을 해방하고 왜곡된 역사를 바로 세우기 위해 투쟁하는 통일신학이 여성이 겪은 억압과 아픔의 역사, 경험을 배제하는 것이다. 역사적으로 보면 여성들이 동참한 해방운동이 성공했을 때조차 여성 해방은 일어나지 않았으며 여성 억압과 소외의 문제들도 해결되지 않았다. 비단 한국의 역사뿐만 아니라 흑인 노예 해방운동에서도 이런 예를 찾을 수 있다. 노예 해방운동 당시 흑인 여성들은 남성들과 함께 싸우며 희생했다. 그러나 감격스러운 해방의 날을 축하하는 대회가 열렸을 때 흑인 남성들은 여성들과 함께 자리에 앉기를 거부하고 여성들에게 바닥에 앉으라고 요구했다. 인종차별에 대항하여 싸웠던 흑인 남성들이 노예제도 폐지 후에는 여성들에게 가부장적 위계질서를 강요했던 것이다.

또 다른 예는 대학 시절 민주화운동을 하던 우리나라 학생들의 경우다. 군부독재 시절 남녀 대학생들은 정권에 대항하여 함께 투쟁했다. 그들은 평화롭고 평등한 사회가 도래하기를 희망하며 위계질서와 권위주의를 비판했다. 당시 학생운동에 참여했던 대학원생들 가운데는 부부들도 많았다. 그런데 흥미로운 사실은 시위 현장에서 군부독재 타도를 외치던 남학생들이 집으로 돌아가면 주인 행세를 하면서 아내에게 가부장적이고 위계적인 태도를 취했다는 것이다. 이는 억압되고 왜곡된 인권과 역사를 바로잡으려는 민주화운동 자체가 여성 평등을 가져다주지는 않는다는 사실을 단적으로 보여주는 예다. 따라서 사회운동에서 여성 해방의 소리는 또 하나의 "특정한 목소리"로 울려 퍼져야 한다.

2) 여성 문제에 대한 관심이 부족하다

남성이 여성의 아픔을 인식한다는 것은 쉬운 일이 아니다. 자신이 직접 겪지 못한 타인의 고난과 고통에 공감하며 그 문제를 해결하기 위해 변혁의 기지개를 켜는 것은 얼마나 어려운 일이겠는가. 함석헌은 대표적인 통일신학자로서 통일신학의 기초를 닦았으며 민중의 고난과 아픔에 누구보다 크게 공감하고 그 원인에 대해 날카로운 비판을 가했다. 그러나 그런 그조차 여성이 당한 억압과 그들이 감내해온 아픔을 전혀 인식하지 못하고 있었다는 것은 문제가 될 수밖에 없는 사안이다.

함석헌이 아내에 관해 쓴 글과 관련 인터뷰를 보면 그는 여성 문제에 전혀 관심이 없는 상태에서 전통적인 여성관에 따라 "착함"을 여성의 가장 큰 덕목으로 꼽는다. 1983년 한영상은 함석헌과의 인터뷰에서 여성에 관한 두 개의 질문을 던졌다. 첫째로 여성의 권익 신장 운동이 퀘이커에 의해 처음으로 소개되었는지, 둘째로 퀘이커 운동에서 남성과 여성이 평등했는지 물은 것이다. 그런데 함석헌은 이 질문에 대답하지 않고 바로 퀘이커에 대한 다른 설명으로 넘어가 버렸다.[55] 이는 그가 평화, 통일, 민족 자주, 민중에 대해서는 많은 관심을 두고 있었으나 여성의 불평등을 해소하고 여성의 권리를 확보하기 위한 퀘이커 운동에는 무관심했음을 보여주는 단적인 예다. 민중의 문제 속에 여성 문제가 포함된 것처럼 보이지만 정작 그 속을 자세히 들여다보면 여성 문제에 관해서는 하등의 인식조차 없다.

여성에 대한 함석헌의 태도는 그가 죽은 아내에 대해 쓴 "나는 아무

55) Young- Sang Han, "War is the Most Extreme Luxury: The voice of Ham Sok-Hon," Seoul Monthly Meeting of Society of Friends(1983.3.12).

것도 아닙니다"라는 제목의 글에서도 나타난다. 함석헌은 아내의 죽음을 애도하며 가족을 향한 그녀의 희생적 삶을 기렸다.[56] 거기서 그는 평생 희생과 순종, 인내의 삶을 산 아내를 높이 평가하며 그녀를 동반자로 생각하지 못하고 산 것을 후회한다. 그의 시대에 여성의 미덕은 함석헌의 아내처럼 사는 것이었을 테고 여성을 동반자로 생각하지 않는 것이 남성의 보편적인 모습이었을 것이다. 그런 점에서 함석헌의 여성관과 삶의 방식은 그 시대의 여느 남성들과 다르지 않았을 뿐이다. 하지만 시대를 앞서가는 사상가로서 억압적이고 불의한 세상을 향하여 칼 같이 날카로운 비판 의식을 가졌던 그가 사회의 또 한 축을 이루는 여성이 감수해야 했던 고통과 억압을 전혀 인식하지 못했다는 점은 많은 아쉬움을 남긴다.

이처럼 함석헌은 실제 삶과 아내와의 관계에서는 가부장적 이데올로기를 넘어서지 못한 것으로 보인다. 그는 아내의 고통스러운 삶을 애도하며 존경을 표하면서도 왜 그녀의 별명이 "나는 아무것도 아닙니다"였는지를 인식하지 못한다. "나는 아무것도 아닙니다"는 그녀가 아무런 주장을 하지 않고 살았음을 뜻한다. 그는 왜 아내의 삶이 고통으로 채워져 있었는지, 왜 그녀가 스스로를 아무것도 아니라고 생각했는지에 대해 의문을 가지지 않았다. 또한 아내를 삶과 일의 동반자로 생각하지 않은 그의 인식은 민중이 계몽되어 통일의 주역이 되어야 한다고 강조했던 그의 주장과는 모순된다. 그 시대의 기준에서 깨어 있는 사람이었던 함석헌조차 자신의 존재 가치를 잃어버린 채 고통받던 아

56) Sok-Hon Ham, "I am Nothing," *Voice of the People, Korean Quaker News*(1979.2).

내가 참된 정체성과 위치를 되찾는 데 도움을 주지 않았다. 아내의 고통, 내 옆에 있는 여성의 고통을 외면한 채 어찌 고통받는 민중의 소리를 들을 수 있을까.

함석헌은 자신이 생전 배려하지 않았던 아내가 병들어 죽고 난 후에야 고마움을 느낀다. 그는 아내가 파킨슨병에 걸리자 죄책감을 느끼며 "하나님께서 나를 벌하기 위해 그녀를 벌하셨다"고 말한다.[57] 그러나 그가 자신의 죄책감이 정확히 어디에서 기인했는지 아는 것은 아닌 듯하다. 그저 자신과 결혼해 고생한 아내에게 미안했을 뿐이다. 함석헌은 아내의 고통을 개인적 차원에서만 생각했지 사회적·문화적 차원에서 생각하지 못했다. 앞서 언급했듯이 함석헌은 동시대 남성들과 같은 태도로 아내를 대했다. 왜냐하면 당시 모든 남자가 그처럼 생각하고 살았기 때문이다. 이처럼 깨어 있는 통일신학자나 사회적 불의와 억압에 대해 깨어 있는 눈을 가진 지도자들조차 양성 문제에 대한 인식이 부재했다. 자기 아내와 딸에게 어떤 일이 일어나고 있는지 생각조차 못했던 것이다.

3) 가부장적 이데올로기를 극복하지 못했다

노정선은 함석헌과는 세대가 다르고 미국에서 공부한 경험이 있어 좀 더 여성 문제에 관심을 두었다. 특히 그는 한국 신학이 "제1세계 신학"에서 벗어나 "제3세계의 주체적 신학"으로 변모해야 함을 강조했다. 또한 노정선은 여성신학이 유럽과 미국이라는 "제1세계" 여성들로부터

57) 같은 자료, 2.

시작되었기 때문에 "제1세계" 신학의 한계점을 벗어날 수 없음을 지적하며 "제1세계"에서 형성된 신학은 체제 옹호적 성격과 제국주의적 경향을 고수한다고 비판했다. 특별히 그는 도로테 죌레(Dorothee Sölle, 1929-2003)가 자신의 저서 『혁명적 인내』에서 내세운, "현실이 아무리 어렵더라도 혁명적으로 철저히 참아야 한다"는 논리는 "제1세계"의 체제를 옹호하는 논리라고 강력하게 비판한다. 그녀가 독일신학자로서 독일제국의 이념을 따르고 있으며 그녀의 신학에는 독일인으로서의 우월감이 숨겨져 있다는 것이다. 따라서 노정선은 "혁명적 인내"보다는 "인내적 혁명"을 주장한다.[58] 더 나아가 "제1세계"의 여성신학이 말하는 여성의 경험과 "제3세계" 여성의 경험은 다르며 제1세계 여성신학에는 억압과 차별, 소외의 경험은 있으나 제3세계 여성 특유의 피식민지 여성으로서의 경험이 결여되어 있다는 점을 지적한다. 또한 그는 식민치하에서 국채 보상운동을 펼쳤던 진주의 기생, 부용과 동학사상에서 나타나는 여성해방 사상들이 "제3세계" 여성의 경험과 사상으로부터 "제3세계" 여성신학이 나아갈 방향을 제시하고 있다고 주장한다.[59]

"제3세계 신학"의 입장에서 여성신학의 방향을 제시한 노정선의 관점은 한국적 여성신학을 만들어나가는 데 크게 기여했다. 이는 흑인 여성들이 백인 중산층 여성들과 다른 "흑인 여성신학"을 말하고, 라틴아메리카 여성들이 식민지 경험과 절대 빈곤 가운데서 "뮤헤리스타 신학"(라틴아메리카 여성신학)을 말하는 것과 같은 맥락이라고 할 수 있다.

그런데도 그의 글을 보면 해방신학과 여성신학이 "경험"에서 시작

58) 노정선, 『통일신학을 향하여』(서울: 한울, 2006), 196.

59) 같은 자료, 197-198.

할 수밖에 없다는 사실을 알게 된다. 왜냐하면 노정선의 여성 해방 이론은 여성의 울음과 고통을 담지 못한 논리적 진술에 머물기 때문이다. 그는 서구 여성신학의 흐름을 잘 파악하고 적절하게 비판했지만 여성의 아픔과 고통을 담아내고 이를 치유하며 세상을 변혁시키는 실체적 힘으로서의 여성 해방 이론을 제시하지는 못했다. 물론 그가 제시하는 여성신학의 3가지 과제가[60] 이 시대 속에서 사회를 재정비하며 성서의 정신으로 돌아가기 위해 반드시 실천해야 할 항목임은 분명하다. 그러나 그의 여성 해방 신학 역시 지금까지의 신학과 해방 신학이 그러했듯이 보다 나은 세상을 세우고도 여성의 삶을 변화시키지 못하며 여성의 설 자리를 제한하는 신학이 되기 쉽다. 여성들이 이 땅에 정의와 평화가 넘치는 하나님 나라를 세워가는 일에 동참하는 것은 당연한 일이다. 그런데도 남녀의 균형이 깨진 상태라면 그 깨진 곳이 어떤 모양으로 어그러져 있는지를 철저히 관찰해야 한다. 불균형이 발생한 원인에 대한 성찰과 인식 없이 이루어지는 개혁은 이전의 불균형을 그대로 유지한 개혁이 될 수밖에 없기 때문이다. 이 점에서 노정선의 신학에는 여성을 소외시킨 사회적 불균형과 정의롭지 못한 역사에 대한 인식과 비판이 부족하다고 하겠다. 상대적으로 더 아픈 자들과 공감하고 그들

---

60) 같은 자료, 197-199. 노정선은 다음과 같이 여성신학의 세 가지 과제를 제시한다. 첫째, 여성신학자들은 유기적 지식인(Organic Intellectual)이 되어야 한다. 즉 자기 계층의 이익을 초월한 조직을 세우고 목표를 달성해야 한다는 것이다. 둘째, 여성신학은 군사·산업·정치·문화 엘리트들이 형성한 제국 체제와 그를 옹호하는 신학들에 대항하여 함께 해방의 힘을 모아야 한다. 셋째, 성서의 원리(구약에 기록된 성년의 경제 질서, 초기 교회의 경제체제)를 통해 오늘날의 세계 경제체제를 극복하는 것이 성차별주의를 극복하는 열쇠가 될 것이다.

의 상처를 치유하며 불균형의 다리를 바로 세워가는 일에 더 큰 관심을 두고 소리를 높일 때 그의 제안들은 더욱 빛이 날 것이다.

왜 남성 통일신학자들은 여성의 고통과 억압을 인식할 수 없을까? 어찌 보면 다른 사람의 경험을 쉽게 잊어버리는 인간의 성향은 당연한 일이다. 그렇기 때문에 시인 박노해는 그의 시 "이불을 꿰매며"에서 노동운동을 하고 집에 돌아와서는 아내에게 군림했던 자신의 모습을 돌아보며 뼈아픈 반성을 했을 것이다. 앞서 보았듯이 신학자들은 당시의 시대상으로부터 신학적 주제들을 도출했다. 그런데 분단의 고통 속에 있는 민족의 상황을 바라보며 하나 됨의 통일신학을 세워왔던 이들이 세상 사람의 절반이 당하는 고통을 인식하지 못한 것은 모순이다. 이는 마치 내가 백인이기 때문에 고통받는 동시대 흑인의 문제를 인식할 수 없다고 말하는 것과 마찬가지다. 그들은 비록 여성과 같은 경험을 하지 못했더라도 여성의 소리에 귀 기울이며 공감하고자 노력했어야 한다. 신학의 사명은 그 시대의 고통과 아픔의 문제에 대한 답을 제공하는 것이다. 따라서 남성 신학자들은 그동안 기독교의 전통 신학이 여성의 삶에 부과한 아픔의 역사를 보며 함께 울고, 더 나아가 "반쪽의 신학"에 머물렀던 신학의 "완성"을 위해 여성의 자리를 마련해야 할 것이다.

"여성 담론"이 통일신학에 포함될 때 실질적 평화와 평등이 도래할 수 있다. 진정한 통일이란 단지 정치적·경제적·사회적 통합만이 아니라 억압과 착취와 부정의 없이 진정으로 평화로운 사회가 이루어지는 것을 의미한다. 따라서 평화로운 공동체를 세우기 위한 통일신학은 여성의 목소리와 경험, 여성의 특성과 함께 발전되어야 한다. 구체적인 여성신학적 담론은 제4장에서 다루게 될 것이다.

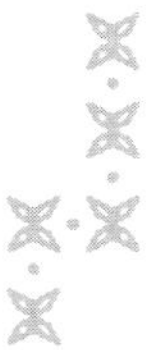

2부

통일 한국을 위한 정치적 기반

2부

통일 한국을
위한
정치적 기반

우리나라처럼 40년이 넘도록 분단국가로 남아 있던 독일의 통일은 한국의 통일과 관련해 정치적·사회적·경제적 측면 및 가족과 종교 문제에 관한 중요한 사례를 제공한다. 우리는 독일의 사례 연구를 통해 머지않아 현실화될 한국의 통일을 준비하는 과정에서 무엇을 해야 하며, 또 무엇을 하지 말아야 하는지 배울 수 있다. 제2부에서는 독일의 통일 정부가 펼친 여성 정책의 실패를 조명함으로써 통일 한국이 독일과 같은 실패를 반복하지 않도록 논하려 한다. 독일의 사례를 살펴봄으로써 한국의 통일 정책에서 여성이 배제되고 여성의 사회적 지위와 역할이 후퇴해 고통받는 사람이 생기지 않도록 주의해야 할 것이다.

1장

독일의 통일 사례 연구

1. 통일 후 독일의 가족 정책 및 동독 여성의 사회적 위치

40년간의 분단은 동독인과 서독인의 삶, 특히 그들의 사회 · 경제 구조에 많은 변화를 가져왔다. 그중 여성은 노동과 가정에서의 위치와 관련해 특별히 극심한 변화를 겪었다. 동독 정부는 여성의 노동력을 국가의 노동력에 통합시키고, 여성이 어머니의 역할을 감당하면서도 풀타임 근무를 할 수 있도록 했다. 동독 헌법은 다음과 같은 조항으로 여성에게 남성과 동등한 권리를 보장했다. "남성과 여성은 사회, 국가, 개인의 삶의 모든 영역에서 법적으로 동등한 권리와 동일한 지위를 가진다. 특히 전문 자격 분야에서 여성의 발전은 국가와 사회를 위한 과제다."[1]

1) Patricia Spakes, "Women, Work and Babies: Family-Labor market Policies in Three European Centuries," *Affilia*, 10(4)(1995), 380.

제20조 제3항에 의하면 국가는 "어머니의 일"(Motherhood)을 지원하기 위해 산전·산후휴가, 물질적·금전적 출산 지원, 아이의 용돈 및 특별 의료 서비스를 제공한다. 또한 동독 정부는 아이를 가진 기혼 여성과 미혼 여성에게 동등한 지위를 보장했다.[2] 그러나 이 헌법만으로 여성들이 두 가지 일(가정의 일, 직장의 일)을 모두 잘할 수 있는 여건이 조성된 것은 아니었다. 트르진스키(Eileen Trzcinski)는 동독 여성들이 고용의 평등을 경험했지만 가정과 정치 분야에서는 그렇지 못했음을 지적한다.[3] 그런데도 동독 정부가 노동 시장에서의 온전한 여성 통합을 장려한 것은 분명하다.

서독 정부 역시 성(Gender)에 상관없이 모든 시민의 평등을 보장하며 성차별을 금지했다.[4] 서독 정부는 개인 삶의 증진을 위한 핵가족 확산을 장려하며 핵가족에게 특별한 혜택을 제공했다. 그러나 서독의 가족 정책은 매우 강한 성 분업(gender division)정책이었다. 즉 가정에서 한 사람은 생계 부양자고, 다른 한 사람은 자녀 양육을 위해 일터를 떠나는 구조였다. 서독 여성의 삶은 보수적인 기독교민주당의 사상에 영향을 받았으며[5] 서독에서는 가정에서 여성의 전통적인 역할이 동독보

2) Eileen Trzcinski, "Gender and German Unification," *Affilia*, Vol. 13, No.1(1998), 80.

3) 같은 자료, 98.

4) 같은 자료, 75.

5) 서독(FRG)은 1960년대 중반까지 "기독교민주당"에 의해 통치되었다. 이 시기에 가족은 자연적 질서이며 하나님의 선물로 여겨졌다. Friedhelm Niedhardt, "The Federal Republic of Germany," *Family Policy: Government and Families in Fourteen Countries*, ed. Sheila B. Kammerman and Alfred J. Kahn(New York, NY: Columbia University Press, 1978), 218.

다 훨씬 더 강조되었다.[6]

동독과 서독 및 통일 독일에서는 여성의 역할을 서로 다르게 규정했다. 동독 여성의 역할은 두 가지, 즉 생산(production) 분야에서는 노동자, 생식(reproduction)에 있어서는 어머니였다.[7] 반면 통일 독일에서는 여성을 남성에게 경제적으로 의존하는 사람으로 보았다. 남편은 한 가정의 가장인 반면 여성의 역할은 어머니로 한정되었다.[8]

동독 여성은 제도적으로 노동에 참여하고 국가를 위해 공헌할 권리를 보장받았기에 서독 여성에 비해 남성과 동등한 대우를 받았다.[9] 따라서 통일 이후 동독 여성은 가정과 여성을 위한 종합 복지 제도의 변화로 인해 오히려 사회적·문화적 도전에 직면하게 되었다.[10] 학자들은 이 같은 변화를 "여성의 세 발짝 후퇴"(three steps back for women)라

6) Jennifer Lina Schulenberg, *Neuenbundeslander: The Effect of State and Policy Reunification on the Women and Families in the Former GDR*(M.A. diss., The University of Guelph, 2000), 70.

7) Trzcinski(1998), 81.

8) 같은 자료.

9) Jone Johnson Lewis는 독일 여성의 교육에 대해 다음과 같이 설명한다. "1960년까지 동독 여성들은 상위 학교에 진학하기 위한 중등학교 졸업생의 절반을 차지했다. 1975년에서 1976년까지는 여성이 다수(53%)였다. 정부는 여성이 학업을 끝낼 수 있도록 추가 지원을 하고 자녀를 돌봐주는 등 광범위하게 확대된 지원을 제공했다. 반면 서독 여성에게 주어지는 교육 기회는 적었고 결코 동독의 수준에 이르지 못했다. 단 1980년대 초에는 서독 여학생의 대학 입학률이 남학생과 동일했다. Jone Johnson Lewis, "Germany-Status of Women," *Encyclopedia of Women's History*, http://womenshistory.about.com, 2012.5.2.

10) Anneliese Braun, Gerda Jasper and Ursula Schroter, "Rolling back the gender status of East German women," *German unification: the destruction of an economy*, ed. H. Behred(London: Pluto Press, 1995), 142.

고 표현한다.[11] 이 말은 통일 독일의 정책이 진정한 양성평등을 가져오는 데 실패했다는 의미다. 더간(Lynn S. Duggan)은 동독 여성들을 "통일의 낙오자"(losers of unification)라고 부른다.[12] 동독 사회에서 고수입을 올렸던 많은 전문직 여성 중 상당수가 통일 이후 새로운 직업을 찾지 못했다. 루이스(Jone Johnson Lewis)는 통일 과정에서 동독 여성들이 겪은 고통을 다음과 같이 설명한다.

> 몇몇 보도에 의하면 통일된 새 땅에서 일하는 여성의 3분의 2가 실업 상태였고 많은 여성이 기업의 민영화와 축소, 보육 및 방과 후 센터와 같은 지원의 축소로 인해 파트타임 직업으로 전환했다. 취업을 위해 임신을 포기하는 동독 여성들이 생기면서 출생률이 가파른 하락세를 보였다. 예를 들어 1989년에는 1,000명당 12명이었던 출산율이 1993년에는 1,000명당 5.3명이 된 것이다.[13]

루이스의 묘사는 통일 후 변화된 동독 여성들의 모습을 여실히 보여주는 예다. 서독 여성들에 비하면 남성과 큰 차별 없이 동등한 권리를 누리던 동독 여성들은 통일 후 정부의 종합 복지 체계가 축소되면

---

11) Ferree, "After the wall: Explaining the status of women in the former GDR," *Sociological Focus*, Vol. 28, No. 1(1995.2), 10.

12) Lynn S. Duggan, "Restacking the deck: Family policy and women's fall-back position in Germany before and after unification," *Feminist Economics*, 1:1(2010), 175-194. Ingenta Content Distribution-Routledge에서 다운로드 (2010.9.21).

13) Lewis, 2.

서 여성 복지가 후퇴하자 큰 충격과 혼란을 경험한 것이다.

2. 동·서독의 정치·경제·사회적 상황 속에서 여성의 위치

1) 여성의 고용 상황

동독의 사회주의 사회에서 여성과 남성의 평등은 공산주의의 공적인 목표이며 본질적인 이데올로기였다. 또한 동독의 경제 상황에서 여성의 노동력은 절대적으로 중요했다. 반면 서독의 경우 자녀를 출산한 여성의 고용은 선호되지 않았다.[14] 마이어(Sibylle Meyer)와 슐츠(Eva Schulze)의, 인터뷰를 통한 연구에 따르면 동독 여성들은 자신의 행동이 국가 정책에 의해 결정된다고 생각하지 않았으며 오히려 동독의 정책은 모성(motherhood) 보호와 직장 일을 병행할 수 있는 건강한 방식이라고 생각했다. 동독의 여성들은 다음과 같은 사회적 권리들, 즉 공평한 임금을 받기 위해 일할 권리, 모성 보호, 임신 기간 중 임금 완전지불, 출산휴가, 필요할 경우 임신 초기에 낙태의 자유 보장, 아픈 자녀를 돌볼 시 유급 휴가 사용, 가족을 위한 사회적 프로그램 지원 등을 누렸다. 국가는 복지의 일환으로 높지 않은 가격에 육아 지원을 제공했다. 동독 정부는 일하는 여성의 육아 부담을 덜어주기 위해 노력했고 여성에게 직업 기술과 전문 지식 교육의 기회를 제공함으로써 전통적

14) Sibylle Meyer, Eva Schulze, "After the Fall of the Wall: The Impact of the Transition on East German Women," *Political Psychology*, Vol. 19, No. 1(1998.3), 98.

인 남성 전문 영역에 진입하도록 격려했다.[15] 또한 정부는 여성들이 은퇴하기 전까지 "육아휴직" 기간 외에는 쉬지 않고 일하기를 바랐으며 직업 교육을 원하는 젊은 여성들에게 관심을 기울였다.[16] 1980년대 시바드(Ruth Leger Sivard)의 조사에 따르면 동독은 다음의 3가지 영역에서 높은 수치를 기록했다. ① 여성의 노동 참여율(세계 최고), ② 문맹이 아닌 성인 여성의 비율(세계 최고), ③ 여성의 고등교육 등록 비율(세계에서 세 번째). 예를 들어 동독의 어머니 10명 중 9명이 직업을 가졌고 그중 대부분이 풀타임 근무자였으며 출산 후 평균 1년 뒤에 일터로 복귀했다.[17]

[표1] 유급 노동을 하는 여성의 비율[18]

	1950	1960	1970	1980
동독	44.2	46.3	49.9	49.8
서독	37.8	36.6	38.0	38.9

서독의 경우 같은 기간에 여성의 38%가 노동에 참여했고 그중 80%가 자녀를 가진 어머니였던 반면 동독의 경우는 여성의 49%가 노동에 참여했고 그중 91%가 자녀를 두었다.[19] 또한 1966년에서 1983년까

15) Schulenberg, 158, 163-164.

16) 같은 자료, 98.

17) Statisches Bundesamt, Hg. Statistisches Jahrbuch 1998, CD-ROM, Bonn: Statistisches Bundesamt(1999), 110. Schulenberg, 107에서 재인용.

18) For Western European countries, OECD Labor Force Statistics 1959-70 and 1969-80. For Eastern European Countries, ILO World Labor Report, Vol.1(1984). Duggan, 51에서 재인용.

19) Notburga Ott, Radtke Heidrun, Thiel Wera und Wagner Gert, "*Deutsches Institut fur Wirtschafts forschung*," *German Institute for Economic Research*(West Berlin, 1990), 6, 10; Spakes, 383.

지 서독의 여성 고용률은 고작 4% 오르는 데 그쳤으며(34.4%→38.9%) 1980년대 후반까지 파트타임 근로자의 90%가 여성이었다.[20] 서독 여성의 41%, 동독 여성의 25%가 파트타임 일을 했으며[21], 주당 평균 근무 시간은 서독 여성이 38시간, 동독 여성은 43시간 45분이었다.

서독 여성들이 상대적으로 임금, 혜택, 직업 훈련 및 안정성이 부족한 파트타임 일자리를 선호한 데는 여러 가지 이유가 있다. 첫째, 스케줄이 유연해 가정 문제를 관리하기 쉽다는 것이다.[22] 서독의 경우 유치원과 초등학교에서 점심을 제공하지 않기에 아이들은 정오나 이른 오후에 수업이 끝나면 집에 와서 식사를 해야 했다. 또 아이들 방학이 직장 휴가보다 더 길기 때문이었다. 반면 동독의 경우에는 학교가 오후 늦게까지 문을 열고 국가에서 운영하는 방과 후 프로그램이 제공되어 여성들의 부담을 덜어주기 때문에 자녀 양육 문제로 파트타임 일자리를 고려할 필요가 없었다.

또한 상점의 개방 시간도 여성의 고용에 영향을 미친다. 서독의 경우에는 저녁 시간과 일요일에 상점이 문을 열지 않았다. 토요일에도 아침 8시나 9시부터 오후 1시까지만 문을 열었다. 반면 동독의 상점들은 일주일에 한 번은 늦은 밤까지 문을 열고 도시마다 늦게까지 문을 여는 특별 상점들이 있었다.[23] 이 같은 환경은 서독 여성들이 파

---

20) Spakes, 383.

21) Duggan, 60.

22) Ann Doris Duffy, "*Few Choices: Women, Work and Family*"(Toronto: Garamond Press, 1989), 92.

23) *Production and Reproduction: Family Policy and Gender Inequality in East and West Germany*(Ph.D. diss., Massachusetts University at Amherst, 1993), 66.

트타임 직업을, 동독 여성들이 풀타임 직업을 갖는 데 많은 영향을 미친 것으로 보인다. 다음의 도표는 서독 여성들의 노동 참여율을 보여준다.

[표2] 결혼 여부에 따른 서독 여성의 노동 참여율

		합계	기혼	미혼	별거	이혼
1972		46.9	40.7	69.7	67.9	74.6
1980		48.2	44.1	57.6	64.5	71.8
1989		50.5	44.7	62.9	61.3	67.7
무자녀		54.9	47.3	63.1	66.8	67.0
유자녀	18세 이하	44.6	42.7	42.7	52.9	64.1
	6세 이하	36.3	35.2	47.9	41.9	45.3
	3세 이하	32.5	31.9	41.6	33.1	36.6

출처: Statistical Yearbook of the Federal Republic of Germany, 1989.

위의 도표는 어린 자녀가 있는지에 따라 여성의 노동 참여율이 어떻게 달라지는지 보여준다. 예를 들어 3세 이하의 아이를 가진 여성의 노동 참가율은 32.5%인 반면, 아이가 없는 여성의 참여율은 54.9%이다.

"무터리히카이트"(Mutterlichkeit)라는 서독의 가족 정책은 여성들에게 제공되는 일자리의 종류, 근무 시간 및 여건을 제한했다. 이에 따라 가부장적인 서독의 자본주의 경제에서 여성들은 값싸고 비조직적이며 제한된 부분 노동을 담당할 수밖에 없었다. 더불어 여성들은 유급 노동과 가사 책임이라는 이중 부담을 질 수밖에 없었다. 더욱 흥미로운 점은 1980년대까지도 서독의 어머니들은 직장에 아이를 돌볼 별도의 방편이 있음을 증명하는 서류를 제출해야만 했다는 사실이다. 이 서류

가 없으면 일을 할 수 없었다.[24]

가계 수입은 부부간 힘겨루기의 중요한 요소다. 동독 여성들의 가계 수입 공헌도는 41%였던 반면 서독 여성의 경우에는 18%에 그쳤다. 서독 여성은 동독 여성보다 중간에 일터를 떠나는 경우가 많았다. 잠재적 수입을 비교해보아도 매일 일하거나 직업 훈련 프로그램에 속해 있는 여성의 비율이 동독은 91%인 반면 서독은 18%에 불과했다. 동독 여성 가운데 3분의 1 이상이 숙련 노동자이거나 사무직인 반면에 서독의 경우는 숙련 노동자가 7%이고 사무직은 11%에 지나지 않았다. 또한 직업 훈련을 마친 여성의 비율도 동독은 87%(1988), 서독은 69%(1985)였다. 동독 여성은 남편에게 경제적으로 의존하지 않았다. 한편 이 점이 동독 여성의 이혼 결정에 영향을 미쳐 동독 여성은 비교적 쉽게 이혼했다. 1986년 동독에서 발생한 이혼의 3분의 2를 여성이 주도했다.[25] 물론 이혼율이 높은 사회를 좋은 사회라고 할 수는 없다. 그러나 이 같은 비교를 통해 동독 사회에서 여성들이 결혼의 지속 여부를 결정할 수 있을 만큼의 자율권을 행사했음을 알 수 있다.

2) 가족 정책

a. 보육 시스템

동독과 서독의 헌법 모두 시민의 권리를 보장한다. 서독의 헌법 제3항

---

24) G. Helwig, *Frau und Familie: Bundesrepublik Deutschland-Deutsche Demokratische Republik*(Cologne: Verlag Wissenschaft und Politik, 1989), 46. Schulenberg, 73에서 재인용.

25) 같은 자료, 104.

에는 성별에 상관없이 동등한 권리를 보장하며 성별에 근거한 어떠한 차별도 금지한다고 명시되어 있다.[26] 동독의 헌법도 다음과 같이 남성과 여성에게 동등한 권리를 보장했다. "남성과 여성은 사회, 국가, 개인의 삶의 모든 영역에서 법적으로 동등한 권리와 동일한 지위를 가진다. 특히 전문 자격 분야에서 여성의 발전은 국가와 사회를 위한 과제다."[27] 또한 제20항 2조는 결혼, 가정, 모성을 국가가 보호할 것을 약속한다. 또 "고용에 있어 특히 여성의 진급은 사회적이고 국가적인 책임이다"라고 표현한다.[28] 이처럼 헌법상으로는 여성과 남성의 동등한 권리가 보장되었으나 트르진스키가 비판했듯이 실제로 그런 권리가 여성들의 일상과 활동에 전부 적용된 것은 아니었다.[29] 즉 법과 현실 사이에는 많은 괴리가 있었다.

동독과 서독은 보육 보조 체계가 매우 달랐다. 동독은 국가가 육아를 지원하는 반면 서독의 경우 육아는 개인의 책임이었다. 1987년 동독에서는 3세 이하 유아 중 95%가 보육원에 다녔으나 서독의 경우 그 비율이 5-6%에 그쳤다. 동독에서는 7-11세 어린이 중 81%가 방과 후 학교에 다닌 반면 서독의 경우 그 비율이 4-6%에 불과했다.

동독은 1960년대부터 여성의 고용 증대를 위해 공공 보육과 부모 지원 체계를 강화했다. 어린아이들을 위한 보육원과 유치원, 청소년들을 위한 "파이오니어스"(Pioneers) 또는 "자유독일소년단"(Freie

26) Trzcinski(1998), 75.
27) Spakes, 380.
28) 같은 자료, 78.
29) 같은 자료, 98.

[표3] 직장인 엄마의 3세 이하 자녀를 낮에 돌보는 사람(1975년 서독)30

양육자	아동 비율
엄마	17.6
조부모	45.6
친척	6.6
형제나 자매	2.5
친구나 이웃	4.4
특별한 사람	7.2
다른 가족	6.1
다양한 제도적 장치	12.6

Deusche Jugend)이라는 이름의 클럽과 방과 후 그룹 활동이 제공되었다. 이 같은 사회적 지원 체제 덕분에 부모들이 무사히 경력을 쌓을 수 있었다.

반면 서독은 동독처럼 여성들을 노동력에 통합하려는 노력을 하지 않았고 제한된 보육 지원을 제공했다. 따라서 서독 여성들은 희소한 공공 보육서비스를 이용하기 위해 매우 비싼 가격을 지불해야만 했다. 위의 도표에서 보듯이 3세 이하 어린이의 45.6%는 조부모에게 맡겨졌고 낮 동안 탁아소에 갈 수 있는 아이는 단지 12.6%뿐이었다. 이는 서독 정부의 보육 시스템이 얼마나 열악했는가를 보여주는 예다.

b. 출산휴가와 아픈 아이를 위한 유급휴가

양국 모두 출산휴가가 있었다. 동독은 1976년에 "아이의 해"(Baby Jahr)라는 휴가를 제정했다. 원래는 둘째 출산부터 적용되었으나 1986년을

30) Niedhardt(1995), 235. Schulenberg, 72에서 재인용.

기점으로 첫아이일 경우까지 확대 적용되었다. 이 정책은 이후 노동법 분야에서 한 차례 개정되어 18개월 이하의 아기를 둔 여성이 집안일을 하기 위해 한 달에 한 번 휴가를 쓸 수 있도록 했다. 육아와 관련된 당시의 유급휴가 규정을 살펴보면, 26주 동안은 임금을 전액 지불하고 그 이상 휴가를 사용할 때는 첫아이일 경우 60%, 둘째부터는 첫 돌까지 90%를 지급한다. 또한 아기가 18개월이 될 때까지 휴가를 더 받을 수 있다. 아담스(P. Adams)에 따르면 이 출산휴가 때문에 16~60세 여성의 고용률이 87%까지 증가했고 출산율 역시 늘어났다.[31]

서독의 경우 14주 동안의 출산휴가 중에는 급여를 100% 지급했고, 출산 전에 6주, 출산 후에 8주를 사용할 수 있었다. 출산휴가 이후 부모 중 한 사람은 아기가 15개월이 될 때까지 휴가를 낼 수 있었는데 1990년에는 그 기간이 18개월로 확대되었다. 이들은 서독 평균 임금의 27%인 600마르크를 받을 수 있었다.[32]

남성도 추가로 출산휴가를 쓸 수 있었으나 주로 사용하는 쪽은 상대적으로 낮은 임금을 받는 여성들이었다. 아이가 아픈 경우에 서독에서는 1년에 5일은 임금 전액을 받는 유급휴가를 사용할 수 있었다. 그러나 실제로 이를 사용하는 데는 많은 제약이 있었다. 휴가 결재를 받는다 해도 의사의 확인서와 부모 외에는 아이를 돌볼 사람이 없어 부모가 꼭 필요하다는 내용의 확인서를 제출해야 했기 때문이다.[33]

---

31) P. Adams, "Family Policy and Labor Migration in East and West Germany," *Social Service Review*, 63(1989), 381.

32) Duggan, 67.

33) Martine R. Textor, "Youth and Family Welfare Services in Germany," *International Social Work*, 38(4)(1995), 385.

c. 동·서독 가족 정책의 약점

"가족 정책"은 여성이 양육과 직장 일을 병행할 수 있도록 하기 위해 시작되었으며 여성이 남성들의 전통적인 영역에 진입하는 데 많은 도움이 되었다. 그러나 한편으로는 노동 시장에서 여성의 위치를 위태롭게 만들기도 했다. 여성 노동자에게 각종 휴가(출산휴가, 집안일을 위한 휴가, 아픈 아이를 돌보기 위한 유급휴가)를 제공하고 단축 근무제를 실시하는 정책 때문에 고용주들이 여성 고용을 선호하지 않았기 때문이다. 실제로 직장인 엄마는 직장인 아빠에 비해 주당 24시간 적게 일을 했으며[34] 여성들은 초과근무를 하기 힘들었다. 고용주 입장에서는 여성이 남성보다 결근이 잦은 만큼 일에 덜 헌신적이라는 결론을 내리게 된 것이다. 골든버그(Lynn Goldenberg)는 결과적으로 "남성들로 이루어진 팀이 여성 동료의 결근을 매우 꺼려했기에 여성은 주로 가정 일을 돌보면서 일할 수 있는 여성만의 영역에 머물렀다"[35]고 지적한다. 또한 이 때문에 여성들과 남성들의 업무 영역이 분리되고 저임금 여성 노동이 생겨났다. 반면 남성은 돈과 힘, 다른 보상을 가져다주는 높은 지위를 얻게 되었다. 이와 더불어 아이들을 돌보는 것은 여성의 책임이며 남성은 가정 밖에서 일하는 사람이라는 성별 분업적 생각이 한층 강화되었다. 즉 여성의 일차적 역할이 어머니와 가정주부로 규정되면서 서독에서 특히 여성의 남성 의존도가 높아지게 된 것이다. 그로 인해 이

---

34) Duggan, 159.

35) Lynn Goldenberg, "Women on the Verge: Winners and Losers in German Unification," *Social Policy*, 22(2)(1991), 39.

후 양국에는 "여성은 이등 시민"이라는 관점이 생겨났다.[36] 동독이 고용 평등을 이루려 노력하고 여성의 완전한 노동 참여를 독려했음에도 불구하고 정부의 남성 지도자들은 남자는 가사에 적합하지 않다는 근본적인 생각에서 벗어나지 못했다.

동독과 서독의 가족 정책을 비교해보면, 동독의 경우 비록 전통적인 성 역할을 극복하지는 못했지만 여성의 노동 참여와 출산율 증가에 많은 공헌을 했다. 반면 서독은 여성의 상황을 배려하거나 동등한 기회를 제공하려는 노력이 전반적으로 부족했다.[37]

3) 여성의 가정 내 위치

여성의 노동 참여는 가정과 사회에서 여성의 지위를 변화시킨다. 풀타임 직업을 가진 여성은 가정주부보다 독립적이고 높은 지위, 더 많은 의사 결정권을 가진다. 따라서 여성에 대한 사회 지원 시스템의 후퇴는 여성의 개인적 선택권을 축소시키는 결과를 낳는다.[38] 이번에는 여성의 가정 내 위치를 알아보기 위해 "집안일 분배"와 "결정권"을 살펴보려고 한다.

a. 집안일 분배

동·서독 모두 헌법에 남편과 아내가 협력해 집안일의 의무를 다할 것을 권장하고 있지만 특히 동독의 가정법은 남성이 가정일과 육아에 참

---

36) Duggan, 84.

37) Duggan, 160.

38) Schulenberg, 120.

여할 것을 명시한다. 동독의 "가정규약" 제7절(1965)은 다음과 같이 말한다. "양 배우자는 아이들을 교육하고 돌보는 일, 가사를 분담한다. 배우자 사이의 관계는 아내가 어머니의 일과 전문적·사회적 활동을 함께 하는 방향으로 이루어져야 한다."[39]

반대로 서독의 경우 1977년 "결혼과 가족생활의 개혁 첫 번째 실행"이 통과되기 전에는 결혼과 가족의 의무를 행하는 데 방해되지 않는 한도 내에서만 여성의 고용을 허락했다. 서독 헌법 제1356, 1360항은 1976년까지 배우자 중 한 사람을 집안일의 책임자로 지정했다.[40] 또한 서독의 법은 여성의 일차적 역할을 자녀 양육으로 보았기 때문에 여성이 일터에서 보다 많은 시간을 뺄 수 있게 해주었다. 그러나 이것은 여성에 대한 배려가 아니라 오히려 이중의 부담이 되어 여성의 고용 차별을 초래했다.

여기서 집안일이란 장보기, 가사, 보육, 정원 손질, 자동차 수리, 기타 노동을 포함한다. 마이어와 슐츠의 조사에 따르면 집안일과 가족 관련된 일의 대부분은 여전히 여성의 의무로 남아 있었으나 동독 남성은 서독 남성에 비해 가사와 아이 양육에 더 많이 참여했다. 마이어와 슐츠의 보고서를 보면 아내보다 먼저 일을 끝냈을 경우 동독의 남편은

---

39) MDJ, 1970 a, 43. Duggan, 158에서 재인용.

40) 서독 헌법 제1356항: ① 배우자들은 상호 동의하에 가정일을 조정한다. ② 배우자 쌍방이 고용되어 있을 경우 직업 선택과 업무 수행에 있어 상대 배우자의 이익을 충분히 고려한다.

서독 헌법 제1360항: 배우자에게는 각자의 직업과 개인적인 방법을 통해 가정을 적합하게 지원할 책임이 있다. 만약 배우자 중 한 사람이 가사를 위해 남아 있다면, 일반적 규칙에 따라 그(또는 그녀)는 가정을 돌보고 지원하는 일을 책임진다. *Bundesgesetzblatt*(1976), 1421-1422. Duggan, 158에서 재인용.

아이들을 학교에서 데리고 와서 가족을 위해 장을 보고 아이들에게 음식을 먹이며, 아이들과 놀아주고 잠을 재우는 역할을 했다. 다음의 인터뷰 사례를 살펴보자.

Q씨는 1970년생 사진작가다. 현재 파트타임 필름 영사기 기능공으로 일하며 1969년생인 부인 N씨 사이에 3세 아들을 두었다.

"저는 일이 끝나자마자 보육원에서 아들을 데리고 옵니다. 아침에는 주로 아내가 아이를 보육원에 데리고 가지요. 집으로 오는 길에 필요에 따라서 식료품이나 기타 물품을 조금 사기도 합니다. 아이를 차에 태우면 오후 4시 45분이 되고, 이때 쇼핑을 가는데 5시를 넘기지 않으려고 합니다. 5시 30분에는 아이의 목욕과 식사를 시작해야만 합니다. 아이를 데리고 온 후로는 시간이 매우 빨리 가지요. 아이와 잠시 놀아주고, 다시 아이를 씻기고는 잠자리에 듭니다."

1957년생 제조업 컨설턴트인 E씨는 1990년에 남편과 이혼한 후 지금은 1961년생인 G씨와 살고 있다. 이들은 11세, 14세가 된 E씨의 아이들을 키우고 있다.

"아이들이 아프면 학교에 갈 수 없습니다. 이때 보통 엄마들이 집에 머무는데 아빠도 전화로 휴가를 낼 수 있죠. 지난번 아이가 아플 때는 남편이 3일 동안 집에 있었고 저는 일을 하러 갔습니다. 아픈 아이가 남편과 함께 집에 있는 것도 매우 부담스러운 일입니다. 집에 돌아왔을 때 설거지가 제대로 되어 있지 않아도 불평을 할 수 없거든요. 그는 최선을 다했고 단순히 집안일을 할 줄 모르는 것입니다. 남편이 도와준다고는 하지만 결국 가사 일이 엄마의 책임으로 남아 있는 상황이 될 때마다 마음속으로는 완전히 지쳐버립니다."[41]

[표4] 풀타임 노동을 하는 동·서독의 맞벌이 부부가 주중에 가사에 쏟는 시간[42] (출처: SOEP)[43]

가사 노동 유형		서독* 35세 이하	서독 36-50세	동독** 35세 이하	동독 36-50세
집안일	여성	3.18	3.22	2.62	2.91
	남성	0.93	0.8	1.1	1.07
육아	여성	4.1	1.85	2.96	1.91
	남성	1.62	0.92	1.84	1.01
합계	여성	7.28	5.07	5.48	4.82
	남성	2.55	1.72	2.94	2.08

*서독 SOEP(1987), 마이어와 슐츠의 자체 계산에 따름
**동독 SOEP(1990), 마이어와 슐츠의 자체 계산에 따름

위의 도표에 따르면 서독 여성이 동독 여성보다 집안일을 더 오래 한다. 36세 이상 서독 여성은 집안일과 육아에 주간 평균 7시간 20분 정도를 사용하는 반면, 동독 여성들은 5시간 30분 정도를 할애한다. 나이별로 비교해보면 동·서독 모두 36-50세 직장 여성이 35세 이하 여성보다 집안일에 더 많은 시간을 사용한다. 반대로 동독 남성은 서독 남성보다 집안일과 육아에 더 많은 시간을 쏟는다. 35세 이하 남성은

41) Meyer, Schulze, 189.

42) 같은 자료, 101.

43) 같은 자료.

36-50세 남성보다 집안일을 더 오래 한다. 이러한 현상은 나이든 여성일수록 가부장적 문화의 영향을 많이 받고, 젊은 남성일수록 그로부터 자유롭다는 것을 보여준다. 그런데도 분명 여성이 집안일을 위해 사용하는 시간은 남성보다 길다. 두 나라 모두 집안일은 여성의 책임이라고 생각하기 때문이다.

b. 결정권

부부 관계에서 여성의 힘을 측정하는 또 하나의 방법은 가정에서의 "결정권"을 누가 갖는지 알아보는 것이다. 동독 여성들은 결혼과 이혼, 재혼과 출산, 아이들의 터울 등을 결정하는 데 중요한 역할을 한다. 마이어와 슐츠가 조사한 바에 따르면 동독 여성들은 모든 가족 일에 참여했고 중대한 결정을 내릴 때는 남편과 동등한 위치에 있었다. 더욱이 동독 여성은 임신을 계획할 때 주도적 권한을 가졌다. 남성이 아이를 원한다 할지라도 최종 결정은 여성이 내린다. 동독 여성의 독립성과 강한 자립정신이 드러나는 대목이다. 반대로 서독의 경우 1960년대까지만 해도 이혼 여성은 "나쁜 주부"로 여겨졌다. 또한 1977년까지만 해도 여성들이 밖에서 일하려면 남편의 허락을 받아야 했다.[44] 서독 여성들은 아이들을 돌볼 책임이 있어 취업을 포기하거나 파트타임 일을 했기 때문에 가정의 대소사를 결정할 때 남편에게 의존하는 경향을 보였다. 이처럼 서독 여성은 동독의 여성에 비해 독립성과 자립정신이 낮은 모습이었다.

44) Katrin Bennhold, "20 Years After Fall of Wall, Women of Former East Germany Thrive," *The New York Times*(2010.10.6).

4) 사회적 관계망

여성에게 가족 이외의 그룹이나 친척과의 친밀한 관계는 중요한 요소다. 직장인 여성은 가까운 직장 동료들과 함께 단체 소풍을 떠나거나 영화, 콘서트, 전시회 등을 관람하면서 배우자와의 갈등, 아이들 걱정, 일상생활의 어려움 등 개인적인 이야기를 나눌 수 있었다.

또한 친척과의 가까운 관계는 가정과 일터에서의 위치를 강화시키는 중요한 자원이었다. 이들은 서로 중요한 물질적·정신적 지원을 주고받을 수 있고 물품이 부족하다는 이유로 정서 불안을 겪지 않도록 돕는 사이였다. 이런 네트워크는 서독보다 동독의 여성에게서 강하게 나타났으며 가정과 직장의 관계에서 여성의 입지를 강화하는 역할을 했다.

동독 여성은 직업 훈련의 가능성, 고용, 집안일 분배, 가정에서의 결정권, 수입 면에서 서독 여성을 앞질렀다. 이런 요소 덕분에 동독 여성은 남성과 더욱 동등한 관계를 맺을 수 있었다.

3. 통일이 독일 여성의 삶에 미친 영향

1989년 11월 9일 베를린 장벽이 붕괴했지만 경제·사회 시스템과 이데올로기가 서로 다른 두 정부가 통일을 완료하는 데는 1년이 걸렸다. 그런데 통일된 독일은 두 체제가 합쳐진 것이 아니었다. 서독의 정책과 규정, 법률이 동독 사람들에게 일방적으로 강요되었다.[45] 골드버그(G.

45) Hanna Behrend, "East German Women- Chief Losers in German Reunification," Barbara Lobodzinska ed., *Family, Women and Employment in Central Eastern*

Goldberg)는 통일 독일에서 사회주의 국가였던 동독의 긍정적인 정책을 보존하거나 통합하려는 제도적 시도나 평가가 없었다고 비판한다.[46] 통일이 식민지화 방식으로 이루어지는 바람에 통일 독일에는 동독의 사회적 프로그램과 이를 바탕으로 하는 개인적 정체성에 대한 이해가 적용될 수 없었다. 이런 방식의 통일이 야기한 현상들은 다음과 같다.

1) 여성 실업률 증가와 낮은 수준의 일자리

독일의 통일이 사회보장 체계와 여성의 사회 및 가정에서의 위치에 미친 영향은 매우 컸다. 통일 이후 독일 여성의 삶에는 어떤 변화가 있었을까? 분단을 극복하고 하나의 국가를 이루는 큰 과업을 이루고도 동독 여성의 독립성은 줄어들고 삶의 질은 낮아졌다.

실업은 여성의 지위를 약화시킨 주요한 원인이었다. 사회주의국가에서 자본주의국가로의 이행은 노동시장에 엄청난 변화를 일으켰고 높은 실업률을 야기했다. 1989년 이래 노동자의 40%가 일자리를 잃었고 1992년 12월 통일 독일 정부에 등록된 실업자 수는 110만 749명이었다. 1993년 독일 연방노동청(Bundesanstalt für Arbeit)의 보고에 따르면 이들 가운데 64%가 여성이었다.[47] 여성 실업률이 치솟은 이유는 섬유산업의 쇠락이 남성보다는 여성 고용에 더 큰 영향을 미쳤기 때문었이다. 시장에서 동독 제품이 열등하게 인식되어 외면당한 결과 동독

Europe(Westport, Connecticut: Greenwood Press; 1995), 113-121.

46) G. Goldberg, "Women on the Verge: Winners and Losers in German Unification, *Social Policy*, 22(2)(1991), 40.

47) Trzcinski에 의하면, 1993년 여성의 장기 실업률은 69%였다. Trzcinski(1998), 92.

[표5] 통일 독일의 여성 실업률(1991-1996)

연도	여성 실업자 수	전체 여성 중 실업자 비율	전체 실업률
1991	529,961	58.1	10.3
1992	741,145	63.3	14.8
1993	743,320	63.9	15.8
1994	740,644	64.8	16.0
1995	660,079	63.0	14.9
1996	673,776	57.6	16.7

출처: BMFSFJ[48]

의 무역은 붕괴하고 경제는 침체되었다. 1992년 12월, 동독 남성의 실업률은 10%인 반면 여성의 실업률은 19%였다. 남성의 실업률이 7%, 여성의 실업률이 8%인 서독에 비하면 동독 여성의 실업률은 거의 2배였다.[49] 이 같은 수치는 통일을 맞은 여성의 상황이 남성의 상황보다 나빴다는 증거다. 주간지 「프라이타그」(*Freitag*) 1992년 5월 29일자에 의하면, 구동독 여성의 82%가 통일 후 더 어려운 상황을 겪고 있었다.

위의 도표는 독일 통일 후 들어선 새 정부에서 여성의 실업이 영구화되었음을 보여준다. 통일과 더불어 여성들은 일자리를 잃어버렸고 통일 후 6년간 그 상태가 지속되었다. 여기서 우리는 사람들이 왜 독일 통일 후 여성이 처한 상황을 "세 발짝 후퇴"라고 표현했는지 이해할 수 있을 것이다.

---

48) BMFSFJ: *Bundesministerium fur Familie und Senioren, Frauen in der Bundesrepublik Deutschland*, Vol. 72(Bonn, 1998), 107

49) Konrad Jarausch, *The Rush to German Unity*(New York: Oxford University Press Inc., 1994), 151.

또 다른 특징은 고도로 숙련된 직업여성의 비율이 상당한 폭으로 떨어졌으며 많은 여성이 부가가치가 적은 직업군으로 이동하게 되었다는 점이다. 구동독의 많은 시민이 직장을 잃었지만 남성에게는 실직 후에도 대안이 있었다. 남성들은 임시 보조직의 3분의 2를 차지했다. 흥미롭게도 동부에 사는 남성의 80%가 서부에서 고용되었다. 남성은 독립 또는 가족 부양을 위해 동에서 서로 이동했지만 여성은 육아를 책임져야 했기에 미래를 찾아 서부로 이주할 수 없었다.[50]

앞서도 언급했듯이 여성의 실업률만 올라간 것이 아니라 여성이 종사하는 직업의 수준도 낮아졌다. 미국의 대공황 시절에도 똑같은 일이 벌어졌다. 마이라 페레(Myra Marx Ferree)는 당시 미국에서 고위직 여성들이 해고되고 그 자리에 남성들이 재배치되는 현상이 일어났음을 지적한다. 어떤 여성들은 자신의 전문적 가치를 높이려고 부단히 애써서 경쟁에서의 우위를 유지했다. 그러나 이런 노력으로도 자격과 경험이 모자란 남성들이 그녀들의 자리를 차지하는 것을 막을 수는 없었고 결과적으로 많은 여성이 높은 사회적 지위를 잃었다.[51] 우타 마이어(Uta Maier)의 연구에 의하면 1989년 동독에서 고위 경영진에 있던 여성은 10만 명에 달했지만 그중 통일 독일에서 1995년까지 경력을 유지한 경우는 거의 없었다. 반면 남성에 대한 비슷한 통계치는 20만 명(1990년)에서 8만 명(1992년)으로 줄었을 뿐이다(60% 감소). 고급 사무직 노동자 중 남성의 숫자는 1990년에서 1991년 사이 20% 감소(85만→66만)했지만 여성의 경우는 30% 감소(60만→42만)했다.

50) Ferree, 12.

51) 같은 자료, 14.

이와 더불어 여성들의 "미니(mini) 직업" 현상이 나타났다. 1980년 연방통계청(Statistisches Bundesamt)의 보고에 따르면 동독 여성 10명 중 아홉은 풀타임 직업을 가졌고 출산 후 최소 1년 안에 직장으로 복귀했다. 그러나 통일 후 새 정부에서는 6세 이하 자녀를 가진 여성들의 사회 활동 비율이 하락했다. 주요 요인은 아이들의 양육 문제였다. 예를 들어 4-6세 이하의 아이를 둔 여성의 취업률은 1991년에서 1996년 사이에 83%에서 65%로 떨어졌다. 자녀가 3세 이하일 경우에는 63.5%에서 22.0%로 하락했다.[52] 보다 흥미로운 사실은 아이를 둔 여성들이 "미니 직업"을 갖는 경향을 보였다는 점이다. 독일경제연구소(DIW)에 의하면 "540만 명이 미니 직업에 종사하고 있는데 그중 140만 명이 풀타임 직업에 종사하면서 부차적으로 미니 직업을 가졌다."[53] 미니 직업은 한 달에 610마르크 이하의 소득을 올리는 임시직으로서 미니 직업 종사자 100만 명 가운데 40%가 기혼 여성, 25%가 학생, 10%가 연금 수령자, 7%가 편부모(single parents)였다.[54] 이 통계는 기혼 여성의 고용 상황을 명확히 보여준다. 남성들과 비교할 때, 1996년 3세 이하 자녀를 둔 16-65세 남성 중 80.7%가 일을 하는 반면 7-15세 자녀를 둔 여성의 사회 활동 비율은 고작 52.8%에 불과했고, 3세 이하의 자녀가 있는 경우에는 26.4%까지 떨어졌다.[55]

이에 대해 퀘이(Quack)와 마이어(Maier)는 통일 후 여성 실업률이

---

52) Bundesministerium fur Familie und Senioren(BMFSFJ), *Die Familie im Spiegel der Amtliches Statistik*(Bonn, 1999), 117. Schulenberg, 108에서 재인용.

53) BMFSFJ(1999), 111. Schulenberg, 198에서 재인용.

54) 같은 자료.

55) BMFSFJ(1999), 114, Schulenberg, 109에서 재인용.

높아진 주요 요인 4가지를 들어 당시 독일 노동 시장을 설명한다.[56] 첫째, 여성 인력이 집중된 산업 분야가 심각하게 축소되었다. 둘째, 남성에게 집중된 산업 분야에서도 여성의 지위가 남성의 지위보다 더 심하게 하락했다. 셋째, 동독 여성은 자녀 양육을 책임지고 있어 이민이나 서독으로의 통근이 남성에 비해 훨씬 어려웠다. 넷째, 동독 여성이 회사 일과 집안일을 병행할 수 있도록 도왔던 정책과 사회적 지원이 사라졌다. 이와 같은 요인들로 인해 여성 실업률이 높아지고 여성들이 상대적으로 낮은 지위와 직책으로 이동하는 결과가 나타나게 되었다.

2) 축소된 사회적 지원 시스템

통일 독일에서는 여성이 가사를 돌보면서 직업을 유지하는 데 도움을 주었던 사회적 지원 시스템이 축소되어 여성들이 새로운 직장을 찾기가 매우 어려웠다. 수많은 보육 시스템이 축소되거나 사라졌고 직장에서 제공하는 탁아 시설도 거의 존재하지 않게 되었다. 예를 들어 1990년과 1992년 사이 노이브란덴부르크(Neubrandenburg) 지역에서는 보육원, 유치원, 방과 후 프로그램이 약 5,000개 감소했다.[57] 앞서도 언급했듯이 1990년 12월 독일의 통일과 함께 서독은 구동독의 아동 지원, 무료 공공 보육, 출산휴가, 병가와 같은 사회 보장 정책을 대대적으로 축소했다. 동독의 경우, 아동이 17세가 될 때까지 국가가 양육 지원금을 제공했으며 부모의 소득에 따라 그 비용이 책정되었다. 그러나 서독, 통일 독일은 아이가 7세가 될 때까지 최대 3년간만 지원을 했으며 하루 중

56) Trzcinski(1998), 70-71.

57) Neubrandenburg는 독일 북동부에 있는 주다.

반나절만 공교육을 제공했다. 더 이상 국가의 제도적 지원을 받을 수 없었기에 여성은 자녀 양육 문제로 직업을 찾는 데 제약을 받았다.

이런 상황에서 여성들은 실업과 자녀 양육 책임의 증가라는 두 가지 도전에 직면하여 이중의 부담을 질 수밖에 없었다. 동독에 살던 한 여성의 이야기는 통일 후 여성들이 감내해야 했던 삶의 어려움을 잘 보여준다.

S라는 여성은 1983년에 보건교사로 임용되었다.

"제가 일하는 곳에선 양호실이 문을 닫기 시작했고 보건교사도 계약직으로 바뀌고 있습니다. 끔찍한 이야기입니다. 다음번이 내 차례가 될 것이라는 불안감을 벗어버릴 수가 없습니다. 이런 일이 일어난다고 상상하는 것만으로도 끔찍합니다. 저는 마음과 영혼 깊은 곳에서부터 보건교사입니다. 제가 이 일을 그만두는 것은 생각조차 할 수 없습니다. 저의 걱정은 모든 동료가 공유하는 걱정입니다. 어디서나 이런 분위기를 느낄 수 있습니다. '아프더라도 병가를 내지 마라'가 요즘의 모토입니다. 아이가 아파도 집에 머물 수 없습니다. 제 동료도 마찬가지인데 엄마들은 열이 나고 아픈데도 아이를 학교로 데리고 옵니다. 예전엔 생각할 수 없었던 일이지요. 모든 사람이 직업을 잃게 될까 봐 두려워하고 있습니다."[58]

더욱이 사회 보장 시스템이 바뀌면서 국가가 아닌 가족들이 노인과

58) Meyer, Schulze, 108.

병자, 장애인까지 책임지게 되었다. 통일 전에 동독의 가정에서는 노인과 병자를 돌보지 않았다. 서독의 경우 노인의 80%가 중년의 딸이나 며느리의 돌봄을 받았으나 이는 중년 여성의 취업률이 높았던 동독의 경우에는 상상할 수 없는 일이었다. 동독에서는 이를 개인의 책임이 아닌 국가의 집단적 책임으로 생각했으며 "어린이의 사회화"(socialization of children) 같은 정부의 보건 및 사회 정책에 그 지향점이 잘 나타났다.[59]

1970년대에 동독의 노인 인구 비율은 세계 최고였다. 1974년에는 국민의 22%가 60세 이상이었고 80세 이상 인구의 92%가 여성이었다.[60] 동독 헌법 제36항은 나이에 적합한 직업, 집, 의료와 사회복지, 가정과 요양원에서의 특별한 간호 등 노인을 위한 재정 지원을 보장했다.[61] 동독은 노인들이 가능한 한 연금을 받고 안락한 생활을 누리며 사회에 자리 잡게 하려고 노력했다. 또한 노인들은 영아 돌보기, 건강관리, 문화 활동, 공휴일 편의 시설과 같은 분야에서 일을 했다.

그러나 통일 후 여성 노인들이 맞닥뜨린 변화는 매우 심각했다. 무엇보다도 여러 산업 분야와 직업군에서 "노령"(older)으로 분류되는 기준이 약 50세에서 40세로 바뀌면서 실업률의 불균형이 심각해졌다. 첫째, 노동시장에서 5-60세 집단이 해고되기 시작했다. 또한 나이든 여성은 고용 회피 대상이라서 별다른 선택권 없이 그저 조기 은퇴를 받

---

59) 같은 자료, 112.

60) Gwyn Edwards, "The Impact of Reunification on East German Elderly," *Ageing International*, 17(2)(1990), 7.

61) Carsten Otte, "Chapter 9: Germany," *International Handbook on Social Work Theory and Practice*, eds., Mayadas, Nazneen, Watts, Thomas and Elliott, Doreen(Westport, Connecticut, Greenwood Press, 1997), 137.

아들일 수밖에 없었다. 독일 기관의 경제 조사에 의하면 1991년 3월에 5-60세 여성의 45%가 노동시장을 이탈했다. 조기은퇴 여성은 빈곤층으로 추락했다. 당시 한 달 수입이 1,000마르크 이하일 경우 심각한 가난으로 여겨졌는데 조기은퇴 수익은 예전의 65% 수준인 월 평균 682마르크였다. 이 통계는 조기 은퇴한 여성들이 얼마나 극심한 가난에 시달렸는지를 보여준다. 이 같은 현상은 새로운 통일 국가에서 "가난의 여성화"(feminization of poverty)를 가져왔다.[62]

3) 여성의 실업과 사회 보조 시스템 축소로 인한 결과

동독 출신 여성의 삶이 대량 실직으로 인해 크게 무너지자 출산율 저하라는 사회 현상이 뒤따랐다. 젊은 여성들이 아이를 가지지 않기로 결정하면서 출산율은 지속적으로 떨어졌다. 1989년에는 17만 8,000명이었던 출생자 수가 1992년에는 8만 7,000명으로 하락했다.[63] 3년만에 거의 절반 수준으로 떨어진 것이다. 그만큼 통일로 인해 큰 어려움이 발생했음을 알 수 있다. 미래가 불안하니 자녀를 갖지 않기로 선택한 것이다. 마이어와 슐츠의 인터뷰 조사 결과는 당시 사람들이 삶과 미래 계획에 대해 어떻게 느꼈는가를 여실히 보여준다.[64]

B양(산업디자이너)

"요즘은 둘째 아이를 갖기 힘들 것이라는 생각이 듭니다. 물론 마리

---

62) Schulenberg, 117.

63) *Statistisches Bundesamt*(1993).

64) Meyer, Schulze, 110.

에게는 자매가 있는 편이 더 좋겠죠. 그러나 솔직하게 말해서 내가 둘째까지 감당할 수 있겠다는 확신이 서지 않습니다. 이 아파트에 있는 동안에는 문제가 되지 않을 것입니다. 그러나 미래는 불안합니다. 앞으로는 우리가 항상 의존해왔던 보육 시설들이 사라질 것입니다. 과거라면 저는 아이들을 맡길 곳이 있으니 당연히 둘째도 갖겠다고 생각했겠죠. 남편이 망설인다 해도 확신에 차서 남편을 설득했을 겁니다. 물론 예전 같으면 남편과의 관계가 틀어져도 제 수입만으로 아이들을 키울 수 있었겠지요. 그러나 요즘 상황은 더 이상 그렇지 않습니다. 제 직업이 어떻게 될지 알 수가 없습니다. 이미 많은 동료가 해고를 당했습니다. 저는 예전보다 더 남편에게 의존하게 되었습니다. 이 때문에 둘째를 갖는 것과 같은 중대한 결정을 하는 데 남편의 동의가 더욱 중요해졌습니다. 그리고 남편은 지금 매우 망설이고 있습니다."

또한 젊은 여성들은 결혼을 미루었다. 1989년에서 1992년 사이에는 실업과 직업 불안으로 초혼 연령이 높아졌으며 결혼 건수 역시 절반으로 떨어졌다. 동독 여성의 이혼율도 극적으로 추락했다. 페레에 따르면 "1989년 동독의 이혼율은 1,000쌍당 122.9쌍이었다. 그런데 이 비율은 1991년 22.6쌍으로 떨어졌다. 이런 변화는 여성이 자녀를 홀로 양육하기가 얼마나 어려운 상황이 되었는가를 잘 보여준다."[65]

더 나아가 일터에서의 남성 선호 경향이 강해졌다. 고용주들은 생산성을 극대화하기 위해 임금을 줄이고 풀타임으로 일할 수 있는 사람

65) Ferree, 13

을 찾았다. 따라서 식사 준비, 청소, 아이 돌보기, 장보기 같은 가사를 책임지는 사람을 일터에서 선호하지 않는 것은 당연했다. 페레가 지적하듯이 자본주의 국가와 사회주의 국가 모두 여성을 무보수 가사 노동의 책임자로 여긴다.[66] 그 결과 여성은 직장에 시간과 에너지를 집중할 수 없으므로 회사 일에 적합하지 않은 사람으로 여겨져 경쟁 구조에서 불이익을 당한다. 이에 대해 페레는 "시장의 보이지 않는 손은 결코 성중립적(gender neutral)이지 않았다"고 말한다.[67] 여성들은 가족을 위해 일할 책임 때문에 사회에서 불이익을 받았다. 또한 홀어머니일 경우 규정 시간 외에 노동이 불가하므로 일터에서 불이익에 직면했다. 이렇듯 무거운 짐이 부과되자 여성들은 동독에서의 쉽고 안전한 삶을 그리워하게 되었다.[68]

독일 여성의 상황이 변하면서 가정에서 여성의 위치도 달라졌다. 여성은 높은 실업률 때문에 자신감과 경제적 독립성을 잃어버린 채 남성에게 의존하게 되었다. 따라서 가정의 생계 책임자로서 남성의 역할은 강화되었고 동등한 파트너로서 여성의 지위는 약화되었다. 또한 많은 여성이 동료들과의 소중한 네트워크를 잃게 되었다. 자본주의 체제로의 변화에 따라 사람들은 일터에서 경쟁에 치이며 지쳐서 동료들과의 정서적인 접촉과 연대를 줄이게 되었다. 마이어와 슐츠의 인터뷰에 따르면 사람들은 통일 이후 사람들 사이의 관계가 멀어지고 모두가 각자의 책임을 다하도록 강요받게 되었다고 말했다.

66) 같은 자료, 17.

67) 같은 자료.

68) 같은 자료.

여성의 지위가 약화되자 가사 분배도 영향을 받았다. 마이어와 슐츠는 "여성의 재정 독립의 어려움과 보육 시설 축소, '새롭지만 오래된' 가부장제와 가족 구조 사이에는 밀접한 연관성이 있다"고 주장했다.[69] 여성의 실업률 증가는 남성의 가사 참여에도 영향을 미쳐 집안일은 완전히 여성의 몫이 되었다. 특히 독일 통일 이후 직장에서 해고된 여성은 가사를 전담해야 했다. 그러나 흥미롭게도 남성이 해고된 경우에는 상황이 달랐다. 다음 인터뷰에서 한 여성은 실직한 남편과의 사이에서 가사 일로 인해 발생하는 갈등에 관하여 말한다.

S씨(보건교사)

"남편은 실직하고 나는 직업 관련 자격증이 더 필요한 상황인데 아이 양육에 많은 변화가 일어났어요. 남편이 이전보다 집안일을 하지 않습니다. 맞벌이를 했을 때는 거의 동등하게 집안일을 했어요. 거의 대부분…. 나는 이 문제를 남편에게 말했지만 그 사람은 이제 집안 청소를 하거나 설거지를 할 때면 마치 자신의 존엄성을 잃어버린 것처럼 행동한답니다."[70]

보통 여성이 실직하면 가사는 당연히 여성의 몫으로 여겨진다. 그러나 남성이 실직하게 되면 상황은 달라진다. 앞의 인터뷰를 보면 "집안 청소를 하거나 설거지를 할 때면 마치 자신의 존엄성을 잃어버린 것처럼 행동"하는 남편의 반응을 볼 수 있다. 여성은 실직하면 가사를 당연

69) Meyer, Schulze, 109.

70) 같은 자료, 110.

한 책임으로 받아들이지만 실직 남성은 이를 매우 힘들어한다. 남성의 일이 아닌 일을 하는 것이 자존심에 상처를 준다고 생각하기 때문이다. 여성에게는 당연한 일이 왜 남성에게는 존엄성을 손상시키는 일이 될까? 남성은 실직 후 새로운 직업을 찾고 미래를 대비해 능력을 개발하려고 노력한다. 반면 여성이 실직하면 사람들은 이제 그녀가 원래의 자리인 가정으로 돌아올 시간이 됐다고 생각한다. 그러나 이때 사람들은 여성이 집안일을 혼자 책임지게 되면 새로운 직업을 얻을 가능성이 더 적어진다는 점을 간과한다. 또한 가사의 전담은 취업 후에도 여성의 시간과 에너지를 제한한다.

여성의 실업은 여성을 상대로 한 가정 내 폭력과 학대 증가라는 문제도 낳는다. 더간에 따르면 이는 가족 한 명이 다른 가족에게 가진 힘의 극단적 표출(ultimate expression)이다.[71] 여성이 가정 폭력을 참고 견디는 주 원인은 경제적 선택권이 없기 때문이다. 신체적 폭력이 없다 해도 한쪽의 일방적인 경제적 의존은 배우자끼리 동등한 관계를 맺는 데 장애물이 된다. 그렇기 때문에 더간은 독일 통일이 여성 정책의 실패로 이어졌다고 지적한다. 그에 따르면 "독일 통일은 동과 서의 가족 정책이 섞여 사람들에게 완벽한 기회를 제공한 사례처럼 보일 수 있다. 하지만 그런 일은 발생하지 않았다. (통일) 정부는 동독의 모든 프로그램을 여성의 지위를 후퇴시키는 방향으로 반전시켰다."[72] 따라서 경제적 독립성을 잃은 동독 여성은 "직업"과 "어머니의 일" 사이에서 한 가지를 선택해야만 했다. 만일 "어머니의 일"을 선택할 경우 파트

71) Duggan, 188.

72) 같은 자료, 189.

타임 일자리를 찾을 것인지 결정해야 했다. 더 나아가 이런 현상은 전통적인 노동의 성 구분을 강화했다. 저임금의 파트타임 일자리 때문에 직업 훈련 투자가 저조해졌고 만성적인 실업은 여성을 경제적으로 소외시켰다.

슐렌베르크(Jennifer L. Schulenberg)는 통일 경제 정책 때문에 많은 동독 여성이 노동시장에서 배제되었으며, 통일에는 경제의 재구조화와 노동력 축소라는 매우 부정적인 측면이 있었다고 비판한다.[73] 또한 트르진스키는 통일 독일의 경제체제에서 동독 여성의 염원과 필요는 무시되었고 이들은 서독의 정책에 따라 제공된 협정을 기쁘게 받아들일 수밖에 없었다고 지적한다.[74]

그렇다면 이러한 여성의 지위 변화는 단지 통일의 과도기에만 나타나는 현상이었는가? 통일 10년 후, 가사 노동 시간을 통해 여성의 역할과 지위 변화를 연구한 가이스트(Claudia Geist)는 통일 과정에서 일어난 현상들이 변함없이 이어졌다고 지적했다. 통일 이후에도 동독의 "국가적 사회주의 모델"과 서독의 "생계 부양자 모델"은 삶의 흔적으로 남았다. 여전히 동독 여성은 서독 여성에 비해 풀타임 직업을 가지려는 경우가 많고, 서독 여성은 상대적으로 파트타임 일을 많이 하고 있었다. 동독 여성이 파트타임 일을 하는 것은 현실적으로 풀타임 직업을 찾기 어렵기 때문이었다. 또한 동독 여성은 자녀 양육 지원 제도가 부족해 일과 자녀 양육이라는 이중고를 겪으면서 자연히 저출산 경향을 보

73) Ferree, 11; Schulenberg, 115.

74) Trzcinski, 72.

였다.[75] 통일된 지 10년이 지나도 여성들의 삶은 새 정부의 후퇴한 가족 정책에 큰 영향을 받은 것이다.

4) 독일의 통일 사례 평가

동독 여성은 통일 이후 사회적 지위와 경제적 기회들을 잃어버렸다. 루이스는 이런 상황을 다음과 같이 설명한다.

> 여성에 대한 차별은 통일 이후에도 남아 있다. 임금 불평등 역시 지속되어 여성의 임금은 남성의 65-78%에 불과했다. 여성들은 대다수 분야에서 주요 직책을 유지하지 못했으며 일반적으로 보다 높고 힘 있는 자리는 남성의 지배 영역이 되었다.[76]

이런 변화가 의미하는 바는 통일이 여성, 특히 동독 여성들에게 새로운 기회나 새로운 세상을 가져다주지 못했다는 것이었다.

통일이 여성들에게 각종 문제를 안겨준 주요 원인은 다음과 같다. 첫째, 통일 과정에서 여성들의 참여가 부족했다. 따라서 조직적으로 정치적 결정을 내리는 구조하에서 여성의 영향력은 적을 수밖에 없었다. 둘째, 독일의 통일 과정에서 동독과 서독이 동등한 위치에서 협상하지 못했다. 통일 정부는 통일을 주도한 서독의 기관과 사회적 구조를 받아들일 뿐이었다. 슐렌베르크에 따르면 독일의 통일은 단지 "서

---

75) Claudia Geist, "One Germany, Two Worlds of House work? Examing Employed Single and Partner," *Journal of Comparative Family Studies*(2009.5.1), 415-435.

76) Lewis, 2.

독의 확장"에 불과했다.[77] 스미스(Patricia Smith)도 독일의 통일 과정을 다음과 같이 묘사한다. "동독은 근본적으로 통일 과정의 구상과 이행에서 중요한 역할을 포기했다. 그리고 서독의 기본적인 법과 시스템 및 기관들을 수용했다."[78] 이는 마치 "문화적 식민지화"처럼 보이는 현상이다. 페미니스트들은 이를 "재남성화"[79](re-masculinization)로, 마르크스주의 학자들은 "자본주의적이며 앞으로 예상되는 경제적 재앙, 동독 상실에 대한 지적인 슬픔"[80]이라고 표현했다. 그만큼 통일 독일 정부에는 동독의 사회적 프로그램과 정체성이 적용되지 못했다. 김경미는 그 이유가 독일 통일의 시기에 사회보장 제도와 노동시장의 유연성을 줄이는 것을 선호하는 강력한 "신자유주의"의 흐름이 주류를 이루었기 때문이라고 본다. 그런 분위기 속에서 여성에게 적대적인 정책이 시행될 수밖에 없었던 것이다.[81]

그러나 보다 근본적인 문제는 두 개의 상이한 사회제도가 하나로 통합되었을 때 어떤 "가족 정책"을 선택하는가에 달려 있다. 에클러(Margaret Eichler)의 3가지 모델 이론에 따르면 국가가 어떤 모델을 택하는가에 따라서 여성은 직업과 가정을 병행할 수도 있고, 반대로 직업을 포기해야 할 수도 있다. 그녀가 제시하는 3가지 모델은 "가부장적

77) Schulenberg, 102.

78) Patricia Smith, *After the Wall: Eastern Germany Since 1989* (Boulder, Colorado: Westview Press, 1998), 4.

79) Jarausch, 199.

80) Schulenberg, 103.

81) 김경미, "통일 독일과 구 동독의 여성", 「국제정치과학협회 연례 세미나 자료집」, 2000.

가족 모델", "개인 책임적 모델", "사회 책임적 모델"이다.[82]

첫째, "가부장적 가족 모델"은 남편을 가정의 유일한 사회적·경제적 리더로 삼는 핵가족 모델이다. 남성과 여성의 가치는 각각 경제적·도덕적·성적·사회적 측면에서 측정된다. 에클러는 이 모델이 현 시대에는 비현실적이고 해악적일 수 있다고 진단한다. 이런 가정에서는 남편 혹은 아버지의 힘은 강한 반면 아내의 역할과 어머니의 일은 "무보수" 노동으로 무시되며 여성은 남편에게 경제적으로 의존하게 된다.[83]

둘째, "개인 책임적 모델"이다. 남편과 아내 둘 다 경제적 기능을 하는 가정에서 부부는 서로 독립적 존재로 여겨진다. 그러나 이 모델의 특징은 부부에게 가정 구성원들을 돌볼 책임이 지워지는 반면 공적인 영역, 즉 국가나 사회는 그들이 자체적으로 그 일을 감당할 수 없을 때만 책임을 진다는 것이다.

셋째, 가정의 "사회 책임적 모델"이다. 에클러는 이것을 가족 정책을 증진시킬 수 있는 새로운 모델로 제안한다. 이 모델에서는 가정과 국가가 친밀한 관계를 유지하며 가정의 삶을 증진시키기 위해 상호작용을 한다. 이데올로기적 강조의 형태인 남성과 여성의 계층화는 최소화되고 부모가 자녀의 경제적·사회적 돌봄을 함께 책임진다. 더 나아가 이 모델의 가장 큰 특색은 부부가 자녀 양육 문제를 해결하고자 할 때 국가가 책임을 분담한다는 점이다. 또한 성인을 위한 돌봄도 공공의 책임으

82) Margaret Eichler, *Family Shifts: Families, Policies and Gender Equality*(Don Mills, Oxford University Press, 1997), 11.

83) 같은 자료, 104.

로 이해된다.[84] 즉 국가가 아동 보호 시스템, 적절한 육아휴직, 고용 혜택과 육아 지원과 노인 돌보기를 통해 가족을 돌보는 일을 지원한다.[85]

현대 자본주의 사회의 가족이 대부분 "개인적 책임 모델"에 속한다면 가정 구성원 중 누군가는 자녀를 양육하고 노인이나 장애인을 돌보기 위해 직업을 포기할 수밖에 없게 된다. 그런데 이는 대개 여성의 몫으로 돌아간다. 그리고 이는 사회와 가정에서 여성이 갖는 지위와 정체성에까지 연속적인 영향을 준다. 그런 면에서 에클러가 세 번째로 제시한 가정의 사회적 책임 모델은 가부장적 모델을 넘어서서 개인적 책임 모델의 모순까지 극복할 수 있는 대안이 될 수 있을 것이다.

에클러는 통일 독일의 가족 정책을 동·서독의 정책과 비교함으로써 문제점을 찾아냈다. 그의 지적에 따르면 서독과 통일 독일은 가정과 국가의 관계에서 보수적 무간섭주의를 고수한다는 점에서 핵가족 지원은 있지만 어린이와 노인을 위한 지원 프로그램이 매우 적은 "가부장적 가족 모델"과 닮았다. 반면 동독의 가족 정책은 사회적 책임을 강조하는 "공적 가부장제"를 보여주는 "간섭주의적 가정-국가 관계"의 예다. 그러나 통일 후 독일 사회는 서독 정부가 가지고 있던 가부장적 가족 모델과 닮은 "보수적 무간섭주의"를 택했다. 이 같은 결정에 따라 여성은 어린이와 노인을 돌볼 책임을 지고 사회에서 한 발 뒤로 물러설 수밖에 없었다. 어린이 양육과 노인 돌봄을 온전히 개인이 맡는지, 아니면 정책적인 뒷받침이 있는지에 따라 여성의 고용과 사회적 위치는 매우 큰 영향을 받게 된다. 그런데 통일 독일 정부는 "보수적 무간섭주의"를 선택

84) Eichler(1997), 144.

85) Schulenberg, 22.

함으로써 독일 여성에게 새로운 기회를 주기는커녕 특히 동독 여성이 패배자가 될 수밖에 없는 새로운 사회구조를 만들었던 것이다.

우리는 여기서 또 다른 질문을 제기할 수 있다. 여성 실업률 증가와 가족 지원 정책의 후퇴는 어떤 사회적 의미를 내포하는가? 이것은 단지 사회적 격변기에 감내해야 할 필수적이고 불가결한 문제인가? 분단된 나라가 통합되는 복잡한 과정에서 생겨날 수밖에 없는 일시적인 사회·경제 현상인가? 그렇다면 독일 통일 후 여성 실업률이 남성의 두 배로 뛰고 여성의 사회적 진출을 위해 세워진 가족 정책이 폐기된 근본적인 원인은 무엇일까? 그 같은 결정과 현상을 이끌어낸, 성(性)에 대한 사회적·개인적 인식은 어떻게 형성된 것일까? 이와 같은 질문을 가지고 제2장으로 넘어가자.

2장

통일 독일 여성의 현상에 영향을 미치는 문화와 종교

번홀드(Katrin Bennhold)는 2010년도 「뉴욕타임즈」 기사에서 베를린 장벽이 무너졌을 때 "공산국가였던 동독 출신 여성은 철저한 패배자가 되었다"고 말했다.[1] 이처럼 20년 후의 평가에서조차 독일 여성은 통일 과정의 패배자로서 위상이 떨어진 모습으로 비친다. 이에 대해 우리는 다음과 같은 질문을 제기할 수 있다. 높은 여성 실업률 뒤에 자리한 "여성에 대한 인식과 태도"는 어디서 기인했는가? 이번 장에서는 이 질문과 함께 독일 통일 후에 나타난 높은 여성 실업이 단지 경제·정치 상황 때문만이 아니라 그 기저에 깔린 문화와 종교의 영향을 받았음을 살펴볼 것이다. 정치보다 문화와 종교가 인간의 삶에 더 큰 영향력으로 작용하며, 특히 "종교"는 정치와 문화를 형성하는 주요한 요

1) Bennhold(2010.10.6).

소다.

앞서도 살펴보았듯이 1990년부터 1994년까지의 독일 통일 과정에서 동독 여성 근로자 수는 1,000만 명에서 600만 명으로 줄었다. 유급 노동을 하는 16-65세 여성의 비율은 동독이 85%인 반면 서독은 54%였다. 그러나 통일 후에는 각각 49%, 44%로 동반 하락했다.[2]

이는 노동시장의 상황이나 독일 시장 정책과 상관없이 구조적으로 나타난 결과였다.[3] 동독과 서독 헌법이 평등을 보장하고 통일 국가 역시 같은 이데올로기에 기초해 있었음에도 불구하고 실질적으로는 극심한 여성 실업이 발생했다. 그렇다면 일터에서 여성이 해고되고 여성을 위한 사회적 지원이 줄어든 진짜 요인은 무엇인가? 그리고 정치적 구조에서 "주부의 일"이 여성의 기본적인 임무가 된 근본적인 이유는 무엇인가? 이번 장에서 나는 "여성의 일차적 책임은 어머니의 일이다"라는 규정에 대해 논의할 것이다. 그리고 그런 생각이 사회에 어떤 영향을 미쳤고 또 정치 문화와 가족 정책 기관이 여성의 지위와 고용에 어떤 영향을 주었는가를 살펴볼 것이다.

1. 여성의 일차적인 역할: 어머니

『여성역사백과사전』(*The Encyclopedia of Women's History*)에서 루이

---

2) *Bundesministerium fuer Frauen und Jugend, Frauen in der Bundesrepublic Deutashcland*(Bonn, Germany, 1992).

3) Trzcinski, 69-70.

스는 "K"로 시작하는 세 단어, 즉 어린이(Kinder), 교회(Kirche), 부엌(Küche)을 사용해 독일 여성의 사회적 역할을 설명한다.[4] 세 단어 모두 독일 사회 속 여성의 이미지와 역할을 잘 표현한다.

트르진스키는 남녀가 근본적으로 다르다는 성에 대한 이분법적 사고가 성에 따른 불평등을 야기했다고 지적한다. 또한 체계적으로 만들어진 정책들도 남성에게는 유리하고 여성에게는 불리하게 작용하는 것들이 많았다. 그러나 더 큰 문제는 제도와 문화의 불균형이 겉으로는 잘 드러나지 않는다는 것이었다. 이에 관해 하레-머스틴(Rachel T. Hare-Mustin)과 메렉(Jeanne Marecek)은 "우리의 문화 속에 종종 힘의 불균형이 굳어져 있다"고 표현한다. 이 말은 곧 사회와 경제 분야에서 서서히 이루어지는 이분법적 성 규정은 쉽게 은폐되기에 지속적인 불평등이 자연적이고 불가피하게 여겨지며 이후 자연적인 사회 질서와 관습이 된다는 것이다.[5] 이는 "사람들이 왜 불공평함을 자연스럽고 불가피하다고 생각하며 문제를 제기하지 않는가?" 하는 질문의 답이 될 수 있을 것이다.

스파이크스(Patricia Spakes)가 지적하듯이 양국의 헌법에 남성과 여

---

4) Lewis, "Germany-Status of Women," Encyclopedia of Women's History(http://womenshistory.about.com, 2012.5.2). 『여성역사백과사전』은 여성의 지위를 다음과 같이 설명한다. "1948년 서독의 기본법은 남성과 여성이 동등하다고 선언한다. 그러나 1957년 민법이 개정될 때까지 이 사항은 제대로 적용되지 않았다. 1950년대 초까지만 해도 여성이 결혼을 할 경우…공무원 직에서 해고되었으며 고용과 사회보장 프로그램은 남성을 생계 부양자로 규정했다. 서독은 경제 호황 시 필요한 노동 수요를 채울 수 있도록 다수의 동독 피난민을 포함한 수많은 이민자를 노동력으로 전환했다. (이 과정에서) 여성은 다시 주부와 어머니가 되었고 집 밖의 여성 고용은 크게 후퇴하게 되었다."

5) 같은 자료, 74.

성의 평등이 보장되어 있더라도 "여성의 일차적인 책임은 어머니의 일이다"라는 이분법적 가정이 강화되면 여성은 일차적으로 아내이자 어머니로서의 역할을 해야 하는 존재로 인식되어 사회에서 균등한 기회를 제공받지 못하게 된다.[6] 이런 관념은 정부의 정책 결정에 영향을 미치는 중요한 요인으로 작용한다. 동독 가정법(1965)에는 부모 모두에게 집과 가족을 돌볼 책임이 있다고 명시되어 있었지만 정부는 1989년까지도 주로 여성, 즉 어머니에게 부모로서의 일차적 책임을 부과했다. 풀타임 직업을 가진 기혼 여성과 편부모에게는 유급으로 "가정일을 하는 날"과 "단축 근무 주간"이 주어졌지만 보통 아버지에게는 특별한 이유가 없는 한 같은 혜택이 허락되지 않았다.[7] 1986년 이후에는 아내가 출산휴가 중일 때 기혼 남성들에게도 법적으로 육아휴직과 특별 휴가가 허용되었으나 이런 혜택을 실제로 사용하는 남성은 별로 없었다.

앞서 언급했듯이 1977년 7월 1일까지 서독의 법은 아내가 직업적 일과 가정의 의무를 병행하기에 적합하다고 명시했다. 그러나 흥미롭게도 여성이 출산 후 직업을 가지려면 아이들을 대신 길러줄 사람이 있음을 입증하는 서류를 제출해야만 했고 이런 법령은 헌법에 보장된 평등권에 위배되는 것이었다.[8] 이처럼 여성의 일차적 임무를 "어머니의 역할"로 규정하는 관념 때문에 성별에 기반한 정책이 만들어지고 실행됨으로써 통일 과정에서 여성은 남성에 비해 보호를 받을 수 없

6) Spakes, 388.

7) Gunnar, Winkler, *Sozialreport* '90(East Berlin: Verlag Die Wirtschaft, 1990), 278, 340. Duggan, 70-71에서 재인용.

8) Trzcinski, 77.

었다.

통일 후의 높은 여성 실업률은 사실 그동안 숨겨져 왔던 역학 관계와 가부장적·전통적 관념이 현실로 드러난 결과였다. 따라서 독일 통일의 초기 단계에서 성별에 따른 분배의 불균형이 발생한 것은 여성과 남성이 다르다는 사회적 인식의 결과이자 경제와 사회 분야 곳곳에 남녀를 구분하여 기존의 역학 관계를 유지해가는 현상이 있다는 점을 잘 보여준 사례였다.[9]

2. 정치 문화 속에서의 여성

통일 이후의 불평등을 야기한 또 다른 원인은 "정치 문화"(political culture)라는 개념이다. 애들러(Marina Adler)와 브레이필드(April Brayfield)는 성(gender)에 대한 동독과 서독의 태도가 통일 국가의 정책 발전에 따라 변화했다고 주장한다. "정치 문화" 란 "특정한 국가의 주도적인 가치, 태도, 신념, 시민의 행동에 관계된 것"을 말한다.[10] 이는 민족적 특성, 국가의 문화적 정체성, 정치적 구조와 정책에 대한 주민의 태도, 사회의 경제적 구조와 관계된 모든 것을 포함한다. 따라서 정치 문화는 특정한 사회복지 제도와 성 정책(gender policies)을 유지하

---

9) 같은 자료, 89.

10) Marina A. Adler, April Brayfield, "Gender Regimes and Cultures of Care: Public Support for Maternal Employment in Germany and the United States," *Marriage and Family Review*, Vol. 39, No. 3/4(2006), 234.

는 기초가 된다.[11]

정치 문화는 사회적·정치적 담화와 해석을 통해 제도에 영향을 미친다. 이에 대해 퀸즐러(Jan Künzler)는 "한 국가의 정치 문화는 다음과 같은 요소들의 조합, 즉 서독처럼 천주교, 보수주의, 협의주의(corporatism)가 엮이거나 동독처럼 사회주의, 평등주의, 중앙집권제 같은 것들의 엮임을 통해 가정과 성의 관계(gender relations) 문제를 결정할 수 있다"고 말한다.[12] 따라서 정치 문화는 개인 또는 공적인 영역과 연관이 있고 국가의 정책 선택에 작용하는 힘이 된다. 고용의 의미와 가치의 측면에서도 정치 문화는 사회의 정치적·경제적 구조와 연관을 가지는데 이는 성에 따른 위치(gender status), 어머니로서의 임무, 여성의 독립, 일과 가정의 균형, 돌봄의 문화 같은 국가의 지배적인 이데올로기를 포함한다. 또한 이는 "성 문화"(gender culture)라고 표현될 수 있는, 성 질서(gender order)와 노동에 있어 성을 구분하는 공적인 태도와도 연관된다.[13]

한편 민족주의가 여성의 역할을 규정함으로써 독일인의 신념과 생활양식에 미친 영향을 살펴볼 수도 있다. 클레어몬트 신학대학교의 슬라자레브-자미어(Helene Slessarev-Jamir) 교수는 독일의 민족주의가 독일 사회의 가부장제를 강화하는 데 중요한 역할을 했다고 지적한다. 프로이센 왕국 시절부터 "훌륭한 독일인"이란 "피와 흙"(blood and ground)이라는 슬로건과 더불어 조국을 위해 더 많은 아이를 갖는 것

11) 같은 자료.
12) 같은 자료.
13) 같은 자료, 235.

을 의미했다. 나치는 "조국을 위한 자녀들"이라는 구호를 내세우며 동일한 틀을 따랐다. 슬라자레브-자미어에 따르면 "제2차 세계대전 패배 후 거대한 손실이 발생하자 독일은 심각한 인구 재생산의 위기에 직면했다. 따라서 정부는 정책적으로 여성이 스스로를 일하는 사람이라기보다는 어머니로 보도록 권장했다."[14]

독일 연방(German union)과 사회민주주의는 여성이 아이들과 함께 집에 머무는 것을 선호했고 이는 여성의 역할에 영향을 주었다.[15] 마틴 키친(Martin Kitchen) 역시 같은 주장을 한다. 비스마르크(Otto von Bismarck, 1815-1898) 시대에 독일의 사회주의자들은 여성 해방에 찬성했다. 그러나 문제는 여성 해방이 부차적 문제였다는 데 있다. 여성 해방은 사회주의 혁명과 인류의 해방 이후에야 성취될 수 있는 부차적 문제에 해당했다. 당시에는 계급 문제가 성 문제보다 훨씬 중요했기 때문이다.[16]

나치 독일에서 여성의 지위는 점차 향상되었다. 키친이 지적한 대로 제3제국에서 대부분의 여성은 지위가 큰 폭으로 상승했으며 남편들의 직업은 안정적이었고 실질 임금이 올랐으며 미래는 희망적이었다. 그러나 나치의 여성 정책에는 부정적인 측면이 많았다. 키친의 설명에 따르면 당시의 나치 지도자들은 여성들에게 우생학적으로, 인종 정책적인 면에서, 결국에는 전쟁 준비를 위해서 가장 건강하고 똑똑한 아이

14) 나의 논문 심사 위원 중 한 명인 Slessarev-Jamir 교수가 추가한 부분이다.

15) 같은 자료.

16) Martin Kitchen, *A History of Modern Germany 1800-2000*(Malden, MA: Blackwell, 2006), 159.

들을 출산할 것을 독려했다. 총통은 이를 선동하기 위해 바이마르 공화국에서 제정한 "어머니의 날"을 나치의 가장 큰 잔치로 만들었다. 이는 연극과 쇼를 동원하고 애수를 자아내는 가락이 울려 퍼지는 나치의 화려한 다산 제의였다.[17]

이처럼 정치 문화는 여성의 위상과 삶에 직접적인 영향을 미친다. 시오벡(Ola Sjoberg)은 유럽의 13개 산업국가에서 가족 정책 기관(family policy institutions)의 역할이 여성의 노동 참여에 어떻게 영향을 미치는가를 비교 연구했다. 그녀는 이 연구를 통해 두 가지 특이점을 발견했다. 첫째, 정부의 가족 정책이 가정의 일과 유급 노동을 어떻게 인식하는지에 따라 성 역할에 대한 관점이 달라진다. 둘째, 가족 정책 기관은 여성의 "적합한" 역할이 무엇인가에 대한 사회적 기준(norm)을 제공한다.[18] 이처럼 정책이란 하나의 제도로서만 기능하는 것이 아니라 한 번 입안된 후에는 사회에 적용되어 그 자체로 성 역할을 규정하거나 규범이 된다.

따라서 독일 통일 후 재형성된 사회적·경제적 구조는 이 같은 정치 문화의 영향으로 형성된 것임을 알 수 있다. 다음으로는 이런 정치 문화를 이루는 근본적인 요소들을 좀 더 살펴보도록 하자.

---

17) 같은 자료, 288.

18) Ola Sjoberg, "The Role of Family Institutions in Explaining Gender-Role Attitudes: A Comparative Multilevel Analysis of Thirteen Industrialized Countries," *Journal of European Social Policy*(2004), 107.

3. 독일인의 신념과 삶의 방식에 결정적 영향을 미치는 요소로서의 종교

고든 스미스(Gordon Smith)는 그의 저서 『서유럽의 정책』(*Politics in Western Europe*)에서 종교가 정치와 사람들의 인식에 미치는 영향을 설명했다. 그에 따르면 정당이나 종교가 젊은 세대의 삶에는 큰 영향을 미치지 않지만 중산층 남녀의 경우에는, 실제 교회 출석 여부와 무관하게 종교적 요소는 스스로의 사회적 가치를 드러내는 상징이 된다.[19]

앞서 살펴보았듯이 "정치 문화"는 사람들의 태도, 가치, 신념과 행동에까지 영향을 미치며 그 기준이 되기도 한다. 그런데 이런 정치 문화를 형성하는 데 주요한 영향을 미치는 요소가 바로 "종교"다. 가톨릭과 개신교처럼 제도화된 종교들은 사람들의 삶을 규정하는 강력한 사회적 힘으로 작용해왔다. 그런데 가톨릭과 개신교는 모두 여성의 이상적인 역할이 "적절한 아내"(proper wives)라는 입장을 견지해왔다. 이에 대해 홀(Hall)은 종교가 여성을 이해하는 방식이 직장인 여성을 보는 시각에 큰 영향을 주었다고 지적한다. 즉 직장인 여성은 부자연스러운 상태에 있으며 비도덕적이라는 이미지를 심어준 것이다.[20] 가톨릭은 사회적 교리에 따라 여성이 남성에게 종속적인 존재라는 입장을 유지해왔고 가정의 일과 밖의 일이 충돌할 때는 당연히 가정이 우선이라고 보았다. 이 같은 종교적 분위기와 인식 때문에 여성 고용은 부정적으로 여겨졌으며

19) Gordon Smith, *Politics in Western Europe: A Comparative Analysis*, Third Edition(New York: Holmes & Meier Publishers, 1980), 21, 24.

20) 같은 자료, 109.

어머니의 임무를 다하는 것이 여성의 우선적이고 자연스러운 책임으로 받아들여졌을 것이다.

가톨릭과 개신교는 공통적으로 가족에 관한 전통적 이상을 가지고 있으나 사회에 서로 다른 방법으로 영향력을 발휘했다. 가톨릭의 사회적 교리는 기독교 민주 정당들의 정책과 이데올로기에 더 큰 영향을 미쳤다. 가톨릭이 우세한 대다수 유럽 국가와 마찬가지로 그 정당들이 종교의 세속화를 거부했기 때문이다.[21] 결국 그들의 "가족 정책 모델"은 아내의 일차적인 책임이 돌봄과 출산이라는 관점을 전제한다. 따라서 여성이 임금을 받고 하는 바깥일은 우선순위가 떨어지는 일시적인 일로 여겨졌다. 이 같은 가톨릭 교리에 기초한 가족 정책은 여성의 노동 참여를 격려하는 모델이나 부모 모두가 유급으로 일하는 모델과 충돌했다. 반대로 개신교가 우세한 국가는 사정이 달랐다. 페라리니(Tommy Ferrarini)에 따르면 개신교가 우세한 국가의 좌파 정부(left-wing government)는 성 평등을 "성 해방"(gender liberation)의 토대로 여기기에 성 역할에 대한 전통적인 관점과 거리를 둔다. 따라서 가정에서 여성의 책임을 줄이는 방향을 찾고 여성이 밖에서 일할 수 있도록 하는 정책을 세우고자 한다.[22]

여성들은 직업과 어머니 역할을 조화시킬 수 없을 때 심각한 정체

---

21) M. G. Schmidt, "Gender Labor Force Participation," F.G. Castles ed. *Families of Nations, Patterns of Public Policy in Western Democracies*(Aldershot: Dartmouth Publishing Company Ltd, 1993). A. Borchorst, "Welfare State Regimes, Women's interests and the E C," D. Stainsbury, *Gendering Welfare States*(London: Sage, 1994).

22) Sjoberg, 109.

성 충돌을 경험하게 되는데 이때 가족 정책 기관은 상충하는 두 가지 책임—노동, 가정의 의무—으로 인한 갈등을 완화하는 역할을 할 수 있다. 즉 가족 정책 기관은 여성이 어머니의 일과 유급 노동을 병행하게 하는 수단이 될 수 있다.[23] 이에 대해 시오벡은 가족 정책 기관은 단순한 제도로 기능하는 것이 아니라 개인의 삶과 정체성, 자아 이미지, 세상의 방향을 결정하는 데 큰 영향력을 발휘할 수 있다고 말한다. 또한 이는 사회의 일반적인 규범에도 영향을 미칠 수 있고 보다 나은 동력원들을 만드는 사회적 전략이 될 수도 있다.[24]

종교는 여성의 유급 노동에 영향을 끼친다.[25] 하이넥(Guido Heineck)에 따르면 여성의 유급 노동 참여는 소속 종교 그룹이 얼마나 엄격한지에 따라 좌우된다.[26] 동시에 배우자의 믿음이 강한 여성일수록 바깥에서 일하는 것을 부정적으로 생각하는 경향이 있다. 또한 사회적·경제적 이론에서도 종교의 유무는 여성이 일을 할지 말지

---

23) 같은 자료, 111.

24) 같은 자료, 112.

25) 위키피디아(Wikipedia)에 따르면 2008년 독일의 종교 인구 분포는 다음과 같다. 무교: 34.1%, 로마 가톨릭: 30.0%, 개신교: 29.9%, 무슬림: 4.0%, 동방정교: 1.6%, 유대교: 0.2%, 불교: 0.2%(http://en.wikipedia.org/ "Religion in Germany," 2012.5.2). 그러나 Slessarev-Jamir는 종교 분포 조사에서 교회 회원의 의미를 구별할 필요가 있다고 지적한다. "서독(현재는 독일 전체)에서 루터교와 천주교는 국교회이며, 시민들은 교회를 지원하기 위해 세금을 낸다. 따라서 "교회 회원" 중에는 교회 출석은 하지 않으면서 세금만 내는 경우도 있다. 독일 남쪽의 천주교 지역은 강한 신앙을 유지하는 반면, 북쪽은 상당히 세속화되었다." 저자의 학위 논문에 대한 Slessarev-Jamir의 주(2012.4.14).

26) Guido Heineck, "Does Religion Influence the Labor Supply of Married Women in Germany?," *DIW Berlin*(Berlin: German Institute for Economic Research, Berlin, 2002.2), 16.

를 결정하는 데 영향을 미친다. 더불어 종교 그룹에 따라서 성 역할과 일에 대한 가치관이 다르다. 예를 들어 배타적 개신교도(exclusivist Protestants)의 약 25%가 "남편이 생활을 일차적으로 책임지고 아내는 가정의 일을 맡아서 한다"고 생각한 반면 무교인 사람 중에는 단 8%만이 이에 동의했다. 또한 배타적 개신교도들은 5세 이하의 아이를 둔 여성이 풀타임 일을 해서는 안 된다고 본다. 레흐러(E. L. Lehrer)의 조사에 따르면 남편과 종교가 다르거나 남편이 보다 진보적인 종교를 가진 여성일수록 직업을 가질 가능성이 컸다.[27]

하이넥은 종교와 여성 고용률에 따라 그룹을 분류했는데 엄격한 종교를 믿는 기혼 여성의 고용률은 반대 그룹에 비해 낮았다. 예를 들어 주요 종교에 속하지 않는[28] 종교를 가진(특히 독일의 이슬람 그룹) 여성의 무려 72%가 무직이었다. 침례교나 감리교 같은 기독교 교회 소속 여성의 경우에도 59%가 일을 하지 않았다. 반대로 종교가 없는 여성일수록 풀타임 근무를 할 확률이 높았다. 신앙이 매우 중요하다고 답한 여성의 43%가 직업을 가지지 않았다. 종교를 가진 여성의 20%가 풀타임으로 일한 반면, 종교가 없는 여성의 40%가 풀타임으로 일했다.[29]

비슷한 현상으로 본인과 배우자가 모두 이슬람교도인 경우, 풀타

---

27) E. L. Lehrer, "The Effects of Religion on the Labor Supply of Married Women," *Social Science Research*, 24(1995), 281-301.

28) Heineck, 4. 그 외에는 어떤 종교 집단이 있을까? 독일의 종교 인구 중 32.3%에 해당하는 로마 가톨릭, 31.9%가 속한 개신교회(루터교회, 개혁교회, 연합 교회), 정교회 그리고 개신교회 안의 침례교나 감리교처럼 보다 배타적인 입장을 견지하는 것으로 간주되는 교파들이 있다. 이슬람교는 4%를 차지한다.

29) Heineck, 5.

[표6] 소속 종교와 신앙의 정도에 따른 기혼 여성의 고용상황
(출처: GSOEP, 1997 and 1998; weighted calculations)[30]

1997년의 고용 상황(%)					
		풀타임	파트타임	무직	총합
소속 종교	가톨릭	18.7	29.1	52.2	100
	개신교	19.5	31.3	49.2	100
	그 외 기독교 교파	18.2	(23.1)	58.7	100
	기타 종교	(11.2)	(16.3)	72.5	100
	무교	43.8	16.6	39.6	100
종교를 중요시 하는 정도	매우 중요하다	12.4	23.6	64.0	100
	중요하다	20.9	27.7	51.4	100
	어느 정도 중요하다	22.7	30.8	46.5	100
	중요하지 않다	38.9	18.2	42.9	100
	전체	23.3	26.6	50.1	100

( ): 표본 30건 미만.

임 고용률과 파트타임 고용률이 모두 현저히 낮았다.[30]반면 이슬람교도 여성이 다른 종교를 가진 남성과 결혼한 경우 풀타임 노동 가능성이 높아졌다. 따라서 "종교는 기혼 여성의 노동 참여에 매우 큰 영향을 미친다"는 것을 알 수 있다. 앞서도 보았듯이 엄격한 교단 및 종교 그룹은 여성의 유급 노동 참여에 부정적이었다. 또한 같은 종교를 가진 배우자, 즉 같은 교파에 속한 배우자들은 여성의 유급 노동에 대해 부정적인 반면 종교가 다른 배우자끼리는 서로에게 긍정적인 영향을 끼쳤다. 따라서 결혼은 여성의 노동 참여에 영향을 미치며 교회에 정기적으

30) 같은 자료.

로 참여하는 여성일수록 취업률이 낮았다는 사실은 분명하다. 결론적으로 새로운 국가가 구성되는 시기에 여성들이 사회적인 낙오자(loser)가 되고 고용률 면에서 뒤쳐진 것은 단지 정치적 상황 때문만은 아니었다. 나는 그 근본적인 원인이 "종교"라고 본다. 이분법적인 성별 구분에 따르면 여성의 일차적인 책임은 어머니로서의 임무다. 정치, 문화, 가족 정책 기관은 여성의 사회적 위치와 고용을 결정하는 요소다. 이때 사람들의 생각과 신념, 삶의 방식 그리고 사회구조에 영향을 미치는 정치, 문화와 가족 정책 기관을 좌지우지하는 보다 중요한 요소가 바로 "종교"다. 그래서 이번 장에서는 독일 사회에서 종교가 여성의 유급 고용에 어떤 영향을 미치는가를 살펴보았다. 남편과 함께 엄격한 종교 그룹에 속해 있고 자기 종교에 강한 소속감을 가진 기혼 여성일수록 풀타임으로 일하는 비율이 낮았다.

이런 분석이 보여주는 것은 불공평한 사회 상황과 구조는 단지 "정치적 문제"가 아니라 "종교적 문제"라는 점이다. 따라서 여성을 남성에게 종속된 존재로 보며 여성이 우선적으로 어머니 역할을 해야 한다고 여기는 종교적 이데올로기의 재고 없이는 성별에 따른 노동력 분리나 가족 정책 지원 삭감 같은 문제들을 극복할 수 없을 것이다. 또한 가정에서나 일터에서 여성이 남성과 동등한 지위를 누리고 동일한 선상에서 고용될 가능성은 더욱 희박해질 것이다.

3장

통일 한국의 여성 정책 방향 제안

1. 한반도 분단이 한국 여성의 삶에 미친 영향

1) 분단이 남한 여성의 삶에 미친 영향

전쟁은 인간의 삶을 파괴하고 무너뜨리는 가장 과격한 폭력이다. 6·25 전쟁 당시 사망자는 아직도 정확히 집계되지 않는다. 그러나 전쟁의 고통은 지금도 계속되고 있다. 전쟁은 "하나의 민족"을 "분단"으로 이끌었고 한민족의 삶에 말할 수 없는 고통을 안겼다. 분단이 여성들의 삶에 미친 영향은 매우 컸다.

첫째, 분단으로 인해 가부장적인 한국 문화가 더욱 합법화되고 확장되었다. 조선왕조가 한국의 가부장적 문화를 강화했다면 분단은 한국 사회에서 가부장제를 합법적으로 확장시켰다. 남한에서는 정치적·사회적 "안정"이라는 명분이 최우선이었기 때문에 모든 사람이 새로운 법에 복종해야만 했다. 사상과 집회의 자유 및 인권 등은 정치적·사회적 안정에 위협이 된다는 이유로 등한시되었다. 또한 새로운 법률은 권력의 집중화를 강조하며 효율, 위계, 질서, 리더십에 대한 복종을 강화하는 권위주의를 만들어냈다. 이런 문화와 "국가-남성-여성-어린이" 순으로 이어지는 위계질서는 여성의 삶에 심각한 영향을 미쳤다. 국가가 가장 높은 자리에서 권력과 힘을 가지며 남성이 그 위치와 힘을 이어받는다. 그다음이 여성과 어린이의 차례였다. 가부장적 한국 문화가 합법화되고 확장되면서 전쟁 과부, 기지촌 여성과 같은 여성에 대한 성적 폭력, 전쟁으로 인한 가난의 문제가 정당화되었다. 여성학자들은 한국 사회와 한국 여성 스스로가 이 문제들을 전쟁의 자연스러운 결과로 받아들였다는 점을 비판한다. 이런 상황 속에서 여성들은 자연스럽게 폭력의 피해자가 되었다.[1] 이와 관련해 전숙희는 한국 여성에게 가해진 폭력이 "개인적인 폭력"이 아니라 분단 체계로 인한 "집단적 폭력"이었다고 주장한다.[2] 이 "집단적 폭력"의 증거는 가부장제, 성별에 따른 노동의 구분, 일터와 가정에서의 성차별, 성폭력 등이다. 민족의 나뉨은 "안보"라는 미명 아래 여성의 비인간화를 정당화하는 원인이 되었다.[3] 그리고 더욱 심각한 문제는 여전히 한국 사회가 이런 사안들을 "특정한 여성들의 문제"로 여긴다는 점이다.[4] 즉 여성 문제를 사회와 역사가 야기했다기보다는 개인적 선택의 결과이며 몇몇에 한정된 현상으

1) 중앙대학교 시스템 적응 센터(1997).

2) 전숙희, "통일 준비 여성지도자 교육 프로그램 개발", 「도산학술논총」 6(1998. 9), 48.

3) 같은 자료.

4) 심영희, "한국여성 평화운동의 흐름과 과제", 「한국여성평화운동사」(서울: 한울아카데미, 2005), 60.

로 보는 것이다.

둘째, 분단은 여성에 대한 착취를 정당화하는 근거를 제공했다. 북한은 자신들의 주권을 보호하기 위해 핵무기 개발을 시작했고 남한은 안보를 명분 삼아 핵우산을 강화하고자 했다. 핵전력 경쟁이 시작된 이후 한국인들은 더욱 불안에 떨면서 삶을 위협받게 되었으며 남한의 안보 정책은 과도한 국방비 지출을 불러왔다. 이는 늘 경제 불안의 원인이자 경제 발전의 걸림돌이었다. 군사독재 정권은 "안보"라는 이름으로 경제 정의와 민주화를 요구하는 모든 노력을 내리눌렀다. 구체적인 예는 다음에 다루겠지만 이로 인해 많은 여성이 일터와 학교, 가정에서 고통을 당했다. 불행히도 한국 사회에서는 여성들의 문제와 고통이 위급한 문제로 취급된 적이 한 번도 없었다. 지금 당장 나라가 전쟁의 위협에 직면했는데 억압이니, 착취니, 폭력이니 하는 여유로운 소리를 하고 있느냐는 것이 여성 문제를 바라보는 전반적인 시각이었다. 즉 한국의 분단은 여성의 목소리와 인권 보장 요구를 잠재우는 도구가 되었다. 마찬가지로 분단의 구조 아래 정치, 경제, 문화, 교육 분야에서 남성중심주의가 더욱 고착화되었다.

이처럼 한국의 분단은 여성의 가난과 건강 문제뿐만 아니라 국가적 차원의 전시 강간, 경제 분야에서의 "기지촌" 문제, 일상 속 성적 학대, 가정 폭력, 일에 관한 남녀의 구분과 차별, 사회와 가정의 모든 영역에서의 성차별 문제를 만들어내거나 강화했다.

2) 여성이 분단으로 인해 경험한 일들

지금부터 아들을 잃어버린 두 어머니의 이야기를 통해 분단과 군사 독재가 한국 여성의 삶에 어떤 영향을 미쳤는지 알아보자. 한 어머니는 전쟁과 분단 상황에서, 또 다른 어머니는 남한의 군부독재 기간에 아들을 잃었다.

첫 번째 사례의 주인공은 작가 박완서의 어머니다. 박완서의 유년시절부터 어머니가 돌아가시기까지를 묘사한 『엄마의 말뚝』이라는 소설에는 분단으로 아들을 잃은 어머니의 한 맺힌 삶이 드러난다. 소설에서 주인공 "나"의 80세 노모는 눈길에 넘어져 다리가 부러지는 사고를 당해 대수술을 받는다. 수술은 성공적이었지만 마취의 부작용 탓인지 어머니는 한밤중에 헛것을 보며 경련을 일으킨다. 경련과 함께 애써 마음 깊이 묻어두었던 아들의 죽음에 관한 기억이 되살아난다. 격한 몸부림에 링거 줄이 주삿바늘에서 빠지고, 혈관에 꽂힌 주삿바늘을 통해 역류한 피가 환자복과 침대 시트에 흩어진다. 어머니는 "그놈이 또 온다. 안 된다. 이 노옴…" 하고 호통을 친다. 또 오빠를 숨겨야 한다며 붕대 감긴 자신의 다리를 감싸기도 한다. 때로는 다시 소리를 지르다가도 "군인 동무, 군관 나으리, 우리 집에는 여자들만 산다니까요"[5]라고 빌며 몸부림을 친다. "나"는 자식을 가슴에 묻은 어머니의 한에 치를 떨며 어머니를 붙잡아 누른다. "이보시오, 거기 멈추시오, 날 대신 죽이시오, 이보시오."[6] 어머니는 아들을 찾는 군인들에게 애원하는 것이었다. 그러나 이들은 결국 아들을 집에서 찾아냈고 아들은 참혹하게 죽임을 당한다.

어머니의 이야기는 이렇게 시작된다. 어머니는 가족과 함께 개성[7]의

5) 박완서, 『어머니의 말뚝 2』(서울: 사계, 2002), 65.

6) 같은 자료, 66.

7) 개성은 경기도의 행정구역이지만 지금은 북한에 속해 있다. 6·25전쟁 전에는 그 시가

시골 마을에 살았다. 원인 모를 병으로 고생하는 남편을 위해 민간요법, 무당굿을 동원했지만 치료 시기를 놓쳐 남편을 잃는다. 남편이 죽은 뒤 어머니는 아들의 교육을 위해 도시로 거처를 옮기기로 결정한다. 당시로서는 남편 없이 고향을 떠나 낯선 도시로 가는 것이 쉬운 일이 아니었지만 어머니는 삶의 목적이자 가족의 미래였던 아들을 위해 식구들의 극심한 반대를 무릅쓰고 도시로 이사했다. 그리고는 서울의 가난한 지역의 술집 아가씨들을 상대로 삯바느질을 하며 아들을 뒷바라지한다.

6·25전쟁 초기에 북한과 남한은 석 달 간격으로 번갈아 서울을 차지했다. 해방 뒤 한때 좌익에 가담했다가 전향한 전력이 있는 아들은 인민군이 서울을 점령하자 고발을 당해 의용군에 입대하게 된다. 인천상륙 작전과 중공군의 개입으로 전세가 엎치락뒤치락하는 사이 아들은 몸과 정신이 망가져 집으로 돌아온다. 그러나 인민군에게 "가난한 반역자"로 몰린 아들 때문에 어머니는 은신처를 찾다가 전에 살던 동네로 숨어 들어간다. 하지만 그렇게 살길을 찾아 애썼음에도 불구하고 아들은 결국 북한군에 발각되어 사살되고 만다. 살아남은 두 여인(어머니와 딸)은 누가 울음소리를 들을까 두려워 소리 내어 울지도 못하고 장례를 치른다. 겉으로는 평안해 보였으나 지난 30년 동안 전쟁은 어머니의 가슴에 깊은 상처로 남아 있었다. 전쟁에서 아들을 잃어버린 "한"이 "말뚝"이 되어 어머니의 가슴에 평생 박혀 있었던 것이다. 분단 때문에 아들을 잃은 어머니는 자식을 가슴에 묻은 채 고통으로 얼룩진 삶

지가 남한에 속해 있었다.

을 살았던 것이다.

두 번째 이야기의 주인공은 젊은 아들을 잃은 이소선 여사다. 여사의 아들인 전태일은 가난한 노동자의 아들로 행상을 하며 자랐다. 그의 최종 학력은 초등학교 졸업이었다. 1965년, 18세의 전태일은 서울 평화시장의 보조 재단사로 일을 시작했다. 하루에 14시간씩 일해서 받는 임금은 당시 돈으로 차 한 잔 값에 불과했다. 1966년, 어린 여성 노동자들의 형편없는 임금을 알게 된 전태일은 자신이 얼마나 취약한 환경에서 비인간적 처우를 견디고 있는가를 깨닫고 노동운동에 대해 관심을 가지기 시작했다. 그리고 열악한 작업 환경에서 고된 노동을 하다가 폐렴에 걸려 고통당하는 어린 여성 노동자들을 도우려다가 첫 번째 해고를 당하게 된다.

그 후 우연히 "근로기준법"에 대해 알게 된 전태일은 고용주와 정부가 최소한의 근로 기준조차 지키지 않는 데 분노해 "바보들의 모임"이라는, 평화시장의 첫 번째 노동운동 단체를 조직한다. 이 때문에 다시 해고를 당하지만 그는 1970년 9월에 평화시장으로 돌아와 "삼동 친목회"를 결성한다. 전태일과 회원들은 1970년 11월 11일, 근로기준법은 가치가 없으며 인권을 보호하지 못한다는 사실을 알리기 위해 근로기준법 화형식을 열기로 한다. 그러나 자본가들과 그들을 옹호하는 경찰에 의해 집회가 무산될 위기에 처하자 전태일은 자신의 몸에 불을 붙인다. 그리고 "우리는 기계가 아니다. 노동법을 준수하라"고 외치며 평화시장을 달린다. 그는 쓰러지면서 "내 죽음을 헛되이 하지 말라"고 부탁한다. 병원으로 옮겨진 전태일은 약을 달여 온 어머니에게 "어머니, 내가 못 다 이룬 일 어머니가 이뤄주세요"라는 유언을 남기고 분단국가 속 노동자로서의 삶을 마감했다.

전태일의 어머니 이소선 여사는 당시의 고통스러운 경험을 떠올리며 다음과 같이 말했다. "내게는 항시 세상에 나오지 말았어야 할 사람이 기구한 운명을 갖고 태어났다는 죄책감이 있었어. 내가 안 났으면 태일이도 없었을 거고…."[8] 그녀의 말에는 아들을 잃은 어머니의 아픔과 차라리 자신이 태어나지 않았다면 이런 고통을 겪지 않아도 됐을 것이라는 뼈저린 슬픔이 깊이 배어 있다. 아들의 죽음 이후 이 여사는 아들의 당부대로 살고자 노력했고 그 후 무려 39년이라는 세월 동안 "노동자의 어머니"로 불리는 삶을 살았다. 그녀는 아들을 위해서 산 시간이 22년이라면, 남은 인생은 "전태일의 어머니"로 살았다고 말한다. 이소선 여사는 범법 혐의로 18번 체포되고, 3년간 옥고를 치르는 등 많은 고초를 겪었다. 그녀는 이렇게 말한다.

> 나한테 수많은 부탁을 한 뒤 마지막에 내가 부탁한 말 들어주겠냐 하더라고. 내가 정신이 있겠어? 이젠 죽는가 보다 이 생각뿐이지. 그런데 태일이가 빨리 대답을 하래. 아마 내가 조그맣게 대답을 했나봐. "엄마, 크게! 그래야 내가 잊어버리고 가지. 이걸 지켜주지 않으면 나중에 엄마를 만나도 외면할 거야." 크게 대답하라는 소리에 내가 그랬어. "그래, 내 몸이 가루가 되어도 네가 원하는 것은 지켜줄 것이다." 그러니까 막 끓는 것이 목까지 차올라서 팔딱거리며 숨을 못 쉬는 거야.…그 뒤 긴급조치 1호, 2호, 3호…9호까지! 어휴, 나는 너무 너무 많이 맞았어요. 비

8) 이영란, "전태일의 어머니, 노동자의 어머니 이소선", 「기독교사상」 제603호(2009.3), 7.

가 오려 하면 그냥 땅속으로 들어가는 것 같아. 나를 자빠뜨려놓고 구둣발로 밟고 차. 살이 뚝 떨어져 옷에 엉겨붙고 그랬어요….[9]

이소선 여사와 박완서의 어머니처럼 많은 어머니가 전쟁과 분단으로 아들딸을 잃었다. 옛말에 "부모님이 돌아가시면 산에 묻지만 자식이 죽으면 가슴에 묻는다"고 했다. 인생의 가장 큰 슬픔은 아마도 자식을 잃어버린 어머니의 슬픔일 것이다. 전쟁과 민족의 분단, 그 분단의 후유증으로 이 땅의 수많은 어머니가 슬픔과 "한"으로 가득한 삶을 살았다.

분단이 초래한 또 다른 고통은 "가족과의 이별"이다. 나는 아직도 KBS에서 방영했던 "이산가족을 찾습니다"라는 특별 방송을 잊을 수 없다. 1983년 6월 3일에 시작된 이 프로그램을 통해 KBS는 한국 전쟁 때 헤어졌던 가족들이 만날 수 있는 기회를 마련했다. 수많은 이산가족이 전쟁 중에, 피난길에 헤어져 전쟁 후에는 연락이 닿지 않아 서로의 소식을 알지 못한 채 살아갔다. 헤어진 가족의 사진이나 언제, 어디서, 어떻게 헤어졌는지 설명하는 표를 들고 방송국 주변으로 몰려든 사람은 무려 5만 명이었다. 이때 모인 인파는 얼마나 많은 이들이 분단으로 인한 고통을 겪고 있는가를 여실히 보여주었다. 공중파를 통해 이산가족들이 만나 부둥켜안고 우는 모습을 지켜보던 사람들도 함께 울 수밖에 없었다. 울음을 멈추지 못하거나 너무 기뻐 기절하는 사람들도 있었다. 그들은 다시 손을 놓으면 또 헤어지기라도 할 것처럼 붙잡은 손

9) 같은 자료, 15.

을 놓지 못했다. 그때 상봉한 이산가족의 수는 10,180이나 되었다. 그 후 2000년 8월 15일에도 또 한 번의 이산가족 상봉이 있었고 2009년까지 그런 자리가 16번 마련되었지만 아직도 분단의 고통과 가족을 잃은 아픔은 우리 사회 곳곳에 남아 있다. 부모와 자녀, 형제와 자매가 헤어진 채 70년의 세월을 살아가는 땅. 이것이 전쟁과 분단의 아픔이 가득한 한반도의 현실이다.

3) 매춘 관광과 기지촌 여성들의 이야기

분단이 여성의 삶에 미친 영향이 아픈 모습으로 나타나는 대표적 예가 바로 "매춘 관광"과 "기지촌"이다. 많은 사람이 매춘 관광에 종사한 여성이나 기지촌 여성들이 쾌락과 돈벌이를 위해 그 길을 개인적으로 선택을 했다고 생각한다. 이를 "사회적 문제"로 생각하는 이는 그리 많지 않은 듯하다. 그러나 과연 그들이 단지 개인적인 이유에서 그런 선택을 했을까? 매춘 관광과 기지촌이 시작되고 유지되던 당시의 정치 상황을 살펴보면 이를 단순히 개인적인 부도덕의 문제로 간주하고 쉽게 비판의 잣대를 들이댈 수는 없을 것이다. 그들은 돈과 향락 때문에 몸을 판 부정한 여인들이었다기보다는 오히려 가난을 이길 수 없었던 소외 계층이었으며 국가의 안보나 번영을 위해 분단의 시대에 국가가 정책적으로 만들어낸 "희생양"이었다.

박정희 정부(1963-1979)는 외화 벌이를 위해 외국인, 그중에서도 특히 일본인을 겨냥한 매춘 관광을 장려했다. 「한겨레 21」은 "대한민국 정부가 포주였다"라는 제목의 기사를 통해 매춘 관광에 대해 보도했다. 당시 정부가 불법 성매매를 단속하면서도 한편으로는 이를 방임하거나 오히려 적극적으로 "포주" 역할에 나섰다는 것이다.[10] 일례로 1962년 4월 25일자 「서울신문」은 서울시경이 4천 명에 달하는 클럽, 카바레 등의 관광 접객 업소 종사자들에게 "외국인들에게 보다 효과적인 서비스"를 제공하기 위한 교육을 실시했다고 밝혔다. 1966년 「신동아」는 그 모습을 보다 적나라하게 보도했다. "양공주들이 갖는 거대한 힘이 있다. 음지에 피고 있는 이들은 아이러니하게도 국가 정책의 지상 과업이 되다시피 한 외화 획득의 한 역군이 되고 있다." 「신동아」의 추정에 따르면 당시 전국 190개 유엔군 전용 홀에서 버는 외화는 1년에 1,000만 달러에 이르렀다. 1966년 한 해 무역 수출액이 2억 5,000만 달러였음을 감안하면 정부가 왜 이 일에 적극적으로 관여했는지 알 수 있다.

그러나 1970-71년 사이 주한 미군의 규모가 급격히 줄자 정부는 비상이 걸렸고 1971년 8월, 내무장관이 공문을 보내 위안부의 교양을 강화하고 성병을 예방하라고 지시하기에 이른다. 빠져나간 미군의 빈자리를 채운 것이 바로 일본인들이었다. 1977년에 절정에 이르렀던 "기생관광" 이용객의 96.8%가 일본 남성들이었다. 주한 미군을 위한 "위안부"가 일본 남성을 위한 "기생"으로 대체되었던 것이다. 경제성장이 목표였던 정부는 관광 수입 목표치를 제시하고 여행 알선 업체에도 할당량을 지정했다. 1977년 「신동아」는 다음과 같이 보도했다. "탈선 관광이 당국의 묵인 아래 극히 당연하게 이루어진다.…기생 파티는 거의 모든 일본인 관광객에게 제공되었다."[11] 그러던 중 정부의 비호와 주도하에 이루어진 매춘 관광 문제가 한국 여성 단체들에 의해 수면 위로 떠올

10) 「한겨레 21」(2011.11.22).

11) 같은 자료.

랐다. 이들은 매춘 관광 반대 캠페인을 벌여 박정희 정부와 갈등을 빚었다. 박정희 정부는 이 문제로 일본과 세계 여러 나라의 강력한 비판에 직면하게 되었다.

"기지촌"은 1980, 1990년대에 주한 미군 기지 주변에 있던 윤락 시설을 갖춘 마을을 뜻한다. 기지촌에서 일했던 김정자 씨의 증언은 기지촌 여성들의 삶이 어땠는지 알려준다. 그녀는 자신이 "미국 위안부"였다고 소개하며 인터뷰를 하게 된 동기를 다음과 같이 설명한다.

> 우리가 미국한테서 벌어들인 달러로 나라를 이렇게 일으켜 세웠는데 그때는 우리더러 "애국자"라 그러더니 국가는 우리의 존재를 모른 척하고 있어요. 우리는 늙고 병들어가고 있습니다. 저의 언니들(기지촌 동료)이 죽어가고 있는 것을 더는 못 보겠습니다. 그래서 용기를 냈습니다.[12]

물론 김정자 씨가 모든 기지촌 여성을 대변하는 것은 아니지만 그와 비슷한 피해를 입은 여성들이 상당히 많다는 사실은 분명하다. 김정자 씨의 증언을 담은 『미군 위안부 기지촌의 숨겨진 진실』에 의하면 기지촌 여성들은 "미군 위안부", "기지촌 여성", "특수업태부", "양공주" 등의 다양한 이름으로 불렸다. 정부가 사용한 명칭은 "위안부"와 "특수업태부"였으며 1990년 초까지도 공무원들은 기지촌 여성들을 한국 남성을 상대로 성매매를 하는 윤락 여성과 구별해 "위안부"라고 불렀다.[13]

---

12) 「한겨레」(2014.7.5).

13) 김정자 증언, 김현선 엮음, 『미국 위안부 기지촌의 숨겨진 진실』(서울: 한울아카데미, 2013), 39.

김정자 씨의 기지촌 생활은 이렇게 시작되었다고 한다. 6·25전쟁 때 아버지를 잃고 의붓아버지와 형제들에게 성폭행을 당하던 김 씨는 16살이라는 어린 나이에 방직공장에 가면 돈을 벌 수 있다는 친구의 꾐에 빠져 기지촌으로 갔고 그곳에서 지옥을 경험하게 되었다. 빚을 갚지 못한 친구가 김 씨를 팔아넘긴 것이다. 그녀는 그곳에서의 생활을 이렇게 회상한다.

> 아줌마(포주)는 저더러 클럽에 나가서 손님(미군)을 데려오라고 했어요. 저는 3일인가 있다가 그 포주 집에서 도망갔어요. 근데 골목에서 잡혀버렸어요. "뒤지게" 맞았어요. 한 번만 더 도망가면 섬으로 끌고 가서 죽여버린다고 했어요.

더 기가 막혔던 것은 있는 힘을 다해도 기지촌을 벗어날 수 없었다는 사실이다. 포주와 경찰이 결탁했기 때문이었다. 경찰들은 주인 아줌마를 "누나"라고 불렀고, 아줌마는 자기 집에 놀러온 경찰에게 담배를 싸서 주었다. 그 모습을 보면서 김 씨는 경찰에 신고해도 소용이 없고 죽기 전에는 그곳을 나갈 수 없다는 것을 알게 되었다고 한다. 그래도 김 씨는 기지촌 생활을 견딜 수 없어 용기를 내 파출소로 도망쳤지만 도리어 "왜 남에게 빚을 지고 도망가느냐는 비난과 돈을 안 갚으면 영창에 보내겠다는 협박의 소리"를 들으며 포주의 집으로 되돌려보내졌다고 한다. 콘돔을 싫어하는 미군 때문에 17번이나 낙태를 했고 낙태를 한 뒤에도 상한 몸을 보살필 시간이 없어 약과 찬물 한 컵을 들이키고 다시 일을 해야만 했다. 희망 없는 생활을 반복하며 세 번이나 자살을 시도했으나 매번 실패했다. 그녀는 기지촌 여성들이 미군과 결혼하려 애쓰는 이유를 이렇게 설명한다.

> 왜 우리들이 그렇게 기를 쓰고 미군하고 결혼하려 했는지 알아요? 그게 아니면 여기를 탈출할 방법이 없었어요. 빚을 갚을 방법이 없어요. 도망가려 해도 경찰도 안 도와주고 우리에겐 국가가 없었어요.

사실 국가가 있기는 했다. 그러나 오히려 국가는 미군을 잘 접대하라고 교육했다. 공무원들은 기지촌 여성들에게 정신 교육을 하며 국가가 노후를 책임져줄 것이라고 했다.

> 나와서 늘 하는 말이 이거예요. "아가씨들이 서비스 좀 많이 해주십시오. 미군한테 절대 욕하지 마십시오. '바이 미 어 드링크'(Buy me a drink) 하세요. 그래야 동두천에 미군들이 많이 옵니다. 우리나라도 부자로 한번 살아야 하지 않겠습니까?" 군수는 저희를 달러 벌어들이는 "애국자"라고 치켜세웠어요. 그러면 저희는 그런가 보다 하는 거예요.

그녀는 경찰이 인신매매 피해자들을 구출하는 데는 관심이 없었으며 미군들에게 서비스를 제공하기 위해 성병이 의심되는 사람들을 잡아가는 데만 관심을 가졌다고 진술했다. 잡혀간 이들은 마치 죄인처럼 교도소 같은 곳에서 비인간적인 수용 생활을 해야만 했다. 40대 중반이 되어서야 기지촌을 빠져나올 수 있었던 김정자씨는 지나온 삶의 이야기를 꺼내놓으면서 계속 눈물을 흘렸다고 한다. 그녀는 30분 중언하고 10분 울기를 반복하다가 수용소에서 겪었던 일을 고백할 때는 구토를 하기도 했다. 「한겨레」 기자는 "인생 전체가 국가가 간섭한 성폭력으로 얼룩져 있던 그녀에게 이번 인터뷰는 그렇게 힘든 과정이었다"고 말한다.[14]

6·25전쟁 때와 독재 정권 치하에서 아들을 잃은 두 어머니, 헤어졌던 가족을 30년 만에 찾은 사람들, 매춘 관광 종사자와 기지촌 여성들 모두가 분단으로 인한 상처와 아픔의 역사 속 피해자들이다. 이처럼 분단으로 말미암아 "국가의 안전과 번영"이라는 이름 아래 가부장적 문화가 굳어졌고 매춘 관광과 기지촌과 같은 "집단적 성폭행"이 정당화되었으며 "여성의 비인간화"가 초래되었다.

4) 통일은 한국 여성에게 새로운 삶을 열어주는가?

한국 여성은 통일이 되면 경제·교육·정치 분야에서 새로운 기회를 얻을 수 있으리라는 막연한 기대를 가진다. 그러나 독일의 경우처럼 충분한 준비 없이 통일이 이루어지면 오히려 여성의 위치가 후퇴할 수도 있음을 명심해야 한다.

여성 사학자 정현백은 한국의 역사 속에서 독일과 비슷한 사례를 발견했다. 여성들은 민족이 어려움에 처했을 때 희생과 헌신을 감수했지만 당장의 문제가 해결된 후에 정작 여성 문제는 등한시되었다. 국가 변환의 시기에 "국가"와 "여성"이라는 두 개의 축이 만나면 성차별 문제는 쉽게 무시되었다. 예를 들어 식민 통치를 거쳐 독립을 이룬 국가에

---

14) 「한겨레」(2014.7.5).

는 독립적이고 현대적인 국가를 설립해야 하는 과제가 주어졌다. 이를 위해 개화된 여성들이 정치·경제 및 민족 해방 과정에 참여했다. 정현백은 국가의 상황 변화에 따라 여성의 가치가 어떻게 바뀌는가를 다음과 같이 설명한다.

> 식민지 조선의 담론에서도 주권을 상실한 조국이 "어머니"로 상징되면서 모성은 찬미되었다. 아버지를 대신하여 생계를 꾸려가는 강인한 어머니의 모습이 강조되었지만 이는 임시방편적이었다. 독립국가, 민족을 상징하는 아버지의 역할이 회복된다면 모성의 역할은 다시 수동적이거나 주변화될 수밖에 없었다.[15]

여기서 "어머니 담론"은 민족의 이익을 위해 여성의 이익은 희생될 수 있다고 간주한다. 여성들은 남편과 아들의 옥바라지를 하는 생계 책임자로, 식민치하에는 위안부로, 민족의 건설이라는 미명 아래서는 값싼 노동력으로 살아왔다. 이를 두고 정현백은 "여성은 민족 차별과 성차별의 이중 착취의 희생자"였다고 말한다.[16]

한편 남한의 산업화 과정에서 "여성의 주변화" 현상이 일어났다. 한국 사회는 해방 이후 국가 정체성과 문화를 확립하고자 했으나 가부장적이고 봉건적인 과거의 모습을 벗어나지 못한 채 여성을 차별하여 여성의 노동을 착취했다. 남한에서는 1970-80년대의 산업화를 위해 값

15) 정현백(2001), 6-7.

16) 같은 자료.

싼 여성 노동력이 동원되었다. 남한 정부는 1960년대부터 저가 정책에 근거한 임금법, 노동 집약적 활동, 경공업 중심의 경제 개발 5개년 계획을 추진했다. 이에 따라 농촌 경제가 붕괴되고 이농 현상이 급속도로 증가했다. 농촌 소녀들은 무작정 수도 서울로 이주해 가족의 생계비, 오빠나 남동생의 학비를 벌어야 했다. 소녀들은 공장 노동자, 버스 차장(안내양), 가정부, 유흥업 종사자, 매춘부가 되었다. 국가 산업의 발전에 이바지한다는 명목으로 어린 여성들은 열악한 노동 환경과 사회적 멸시를 견뎌내야 했다. 그러나 남한 경제 발전에 대한 역사적 평가에는 여성들의 공헌과 가치가 고려되지 않았다.[17]

1980년 4월 12일자 「동아일보」에 보도된 내용을 바탕으로 당시 어린 여성 노동자들의 상황을 살펴보자. 삼일 고가도로 밑으로 재봉틀 소리가 계속 들린다. 그곳에서 어린 여성 노동자들은 지독한 화학 약품 냄새가 나는 젖은 천을 가지고 재봉을 하고 있다. 이곳 "평화시장"에는 7,000명이 일하는 작은 공장 600개가 있다. 어린 여성 노동자들은 형편없는 임금을 받고 보통 10시간에서 12시간 일을 한다. 1980년대의 노동 계약에 따르면, 보조사는 한 달에 4만 원, 재봉 보조사는 5만 2천 원에서 6만 원, 재봉틀 기술자는 8만 2천 원에서 12만 원, 재단사 보조는 7만 원 선의 임금을 받았다. 한 여공은 저임금 노동자의 고달픈 삶을 다음과 같이 증언한다.

생활비가 완전히 바닥나버린 이 며칠이 얼마나 길게 느껴지는지. 결근

17) 같은 자료.

한 번 하지 않고 일하여 받은 월급이 6만 8,650원. 이것을 가지고 한 달을 살아갈 일이 꿈만 같다. 가끔씩 잔업이나 철야가 없었으면 하는 생각이 들다가도 얇은 월급 봉투를 생각하며 꾹 참는다. 어쩌다 몸이라도 아파 일찍 퇴근하려 하면 반장이나 주임이 도끼눈을 뜨고는 회사가 바빠도 도와줄 생각을 않고 저 하나만 생각한다는 둥, 다른 애들은 다 힘들어도 견디는데 어떻게 너만 엄살을 피우는지 모르겠다고 야단하는 바람에 아무 말 못하고 그냥 주저앉아서 일을 할 수밖에 없다. 잔업이 없는 날, 집으로 돌아오는 그 햇빛이 환한 길, 1년 365일 중 몇 번이나 걸어볼까?…어제는 과장님에게 부식을 개선해달라고 건의를 했다. 모래알 같은 정부미 밥에 매일 김치, 나물, 된장국, 똑같은 반찬이다. 우리들은 풀만 먹고 사는 염생이인가? 일은 힘들기만 하고 먹는 것은 부실하니 날로 몸무게가 줄기만 한다. 이런 우리 사정을 뻔히 알면서도 과장님은 회사 예산을 들먹인다. 자기 동생이나 딸이 우리들과 같이 일한다면 이런 밥, 이런 반찬을 먹게 할 수 있을까? 6월로 접어들자 한낮에는 무덥기 그지없다. 수백대의 히터에서 나오는 열기 때문에 작업장은 푹푹 찌고 작업복은 땀으로 흠뻑 젖는데도 선풍기를 틀어줄 생각은 않고, 마냥 생산량 늘리라는 말뿐이다. 화단의 꽃이 내다보이는 창가에 앉아 볼펜을 굴리는 사무실에는 초여름부터 에어컨이 부지런히 돌아가고 있는데 우리들은 더위도 타지 않는 기계처럼 보이나 보다. 온종일 일하고 후줄근히 늘어져 돌아오면 쓰러져 자기 바쁘다. 정말 언제쯤 우리도 졸리지 않는 눈으로 보고 싶은 책이라도 한 권 읽고, 여름이 오면 시원한 바닷가에 친구들이랑 놀러도 가고, 걱정 없이 집에 동생 학비도 넉넉히 부쳐주고, 저녁에 실컷 잘 수 있을까? 내일이 월급날이지만 기쁘기보다

어느 새 걱정만 되는구나.[18]

초과근무 수당도 지급되지 않지만 이는 단지 월급만의 문제가 아니다. 더 심각한 것은 일과 관련된 질병 문제다. 희미한 형광등 아래서 일하는 여성 노동자의 대부분이 눈과 관련된 질병으로 고생한다. 또한 온종일 앉아서 일하기 때문에 운동 부족으로 인한 위장 질환도 생긴다. 호흡기 질환으로 고생하거나 과로와 영양 부족으로 결핵에 걸리는 사람도 많지만 해고될 것을 우려해 병을 숨긴다.[19] 그런데도 남한 산업 발전의 토대를 마련한 어린 여성들은 그 공헌을 인정받기는커녕 소위 "공순이"라는 이름으로 불리며 사회적 경멸의 대상이 되었다.

이와 같은 역사적 사례들은 통일이 되면 여성들에게 새로운 시대와 기회들이 자동적으로 제공되는 것이 아님을 보여주는 증거다. 그러므로 여성들은 역사를 되돌아보며 교훈을 얻고 과거의 잘못이 되풀이되지 않도록 준비해야 할 것이다.

---

18) 한국컴퓨터선교회, "민족, 민주, 민중과 함께 사는 새로운 길을 향하여", 「한국 기독교 여성 100주년의 발자취」 8(kcm.co.kr/korchur/female/text08.html[2017.4.17]).

19) 「동아일보」(1980.4.12). 전태일의 자살 이후 노동청이 조사한 바에 의하면 평화시장(2.5mg), 동화시장(2.3mg)의 공장 먼지는 허용 기준인 $1cm^3$당 평균 1mg을 훨씬 초과했다. 조도의 경우 평화시장(75lux)과, 동화시장(80lux), 통일시장(150lux) 모두 기준 조도(160lux)에 미치지 못했다. 환풍기 수는 평화시장이 38개, 동화시장이 38개, 통일시장이 7개였다. 이곳 노동자들의 건강진단 결과 결핵환자 1,660명, 시력 장애자 185명, 난청자 36명, 피부 질환자 23명, 이질 환자 29명, 이비 질환자 51명이 확인되었다.

2. 여성의 관점(perspective)을 담은 통일 정책의 필요성

독일 통일은 우리에게 많은 교훈을 준다. 통일 과정에서 여성의 삶은 거의 고려되지 않았고 정책 수립 과정에서도 여성의 필요와 어려움은 반영되지 않았다. 더 나아가 두 개의 시스템이 통합되는 과정에서 국가적 문제와 다른 사회적 문제들이 우선시되면서 여성 문제는 뒤로 밀렸다. 이런 상황은 독일뿐만 아니라 과거 한국에서도 똑같이 발생했다. 이와 관련해 박의경은 "만약 정치적 통합의 목적이 사회적 통합이라면 독일의 통일은 실패했다"고 비판한다.[20]

한국 통일의 경우 북한 주민들이 겪을 어려움도 고려해야 한다. 만약 통일 한국에서 남한의 민주주의와 시장경제 체제가 유지된다면 북한 사람들은 큰 충격을 받을 수밖에 없다. 대다수 북한 주민이 기존의 재원, 기술, 경험, 교육 등의 가치가 떨어지는 상황 속에서 일자리를 찾기 어려워 빈민층으로 떨어질 가능성이 높다. 또한 그들은 거의 70년 동안 "주체사상"을 교육받으며 김일성과 김정일을 아버지나 "신"과 같은 존재로 믿고 섬겼기에 통일 후 심각한 이데올로기적 불안을 겪을 것이다. 그들에게 민주주의 사회의 문화와 가치 체계를 수용하는 일은 매우 어려운 과제가 될 것이다.

특히 새로운 제도 속에서 북한 여성은 남한 여성보다 큰 문제에 직면할 것이다. 따라서 우리는 독일의 발자취를 따르지 않으려면 새로운 통일 방안을 발전시켜야 한다. 통일 과정에서 여성이 사회적 낙오자로

20) 박의경, "한국에서의 여성, 평화 그리고 통일", 「대한정치학회」 14권 2호(2006), 11.

전락하는 일이 없도록 여성들이 통일 과정, 정책 입안 과정에 동참해 역사적 과오가 되풀이되지 않게 해야 하는 것이다. 지금부터 구체적인 사항들을 살펴보도록 하자.

1) 남한의 정책 결정 과정에서 여성의 참여율이 저조한 원인

왜 남한의 통일 담론에서 여성의 참여율이 저조한가? 남한에서는 소수의 여성만이 정치·군사·경제적 의제에 제한적으로 참여하고 있는 실정이다. 여성의 활동은 대개 몇몇 사회적 영역에 집중되어 있다. 아래의 도표는 1990년부터 2003년까지 통일부, 외교부, 국방부의 회의에 참여한 여성의 숫자를 나타낸다.

[표7] 통일부, 외교부, 국방부의 여성 참여 비율(단위: %)

		통일부	외교부	국방부	전체
1990		9.7(7/72)	3.3(2/60)	0.5(1/203)	9.0(1019/22374)
2000		22.7(17/75)	7.9(5/63)	4.1(10/244)	15.0(972/6494)
2003	일반직	0.0(0/11)	-	0.0(0/24)	1.3(25/1983)
	임명직	22.7(10/44)	25.0(2/8)	21.5(44/205)	27.3(1237/4523)

출처: 한국여성 정책연구원(www.kwdi.re.kr)

위의 도표에 따르면 1990년 여성 위원의 비율은 통일부가 9.7%, 외교부가 3.3%, 국방부가 0.5%였다. 2000년에는 그 수치가 각각 22.7%, 7.9%, 4.1%로, 2003년에는 모두 20%가 넘는 비율로 올랐다. 얼핏 보기에는 이 분야에서 여성의 지위가 향상된 것 같다. 하지만 자세히 보면 일반직 여성의 수는 전혀 늘지 않고 오직 임명직 숫자만 증가했음을 알 수 있다. 임명직은 1년에 몇 차례 있는 모임에만 참석하는 직위로, 정책결정에 실제로 참여하는 고위 공무원 중 여성은 단 한 명도 없다.[21]

한국여성단체연합의 2012년 11월 자료집을 보아도 거의 10년간 상황이 크게 나아지지 않았음을 알 수 있다. 통일·외교·국방 분야의 정책결정 과정에 참여하는 여성은 매우 드물었다. 장관이나 차관급 인사 중 여성은 전무하며 2009년의 5급 이상 여성 공무원 비율도 통일부 14%, 외교부 18.3%, 국방부 11.7%에 그쳤다. 이는 여성의 이해와 요구를 수용하고 이를 바탕으로 균형 있는 정책을 세워가기에는 턱없이 부족한 수치다. 한반도의 운명을 좌우하는 "6자 회담"의 대표도 전원 남성이다.

왜 이런 분야에서 여성의 참여가 적은 것일까? 왜 여성들은 제외되었는가? 그 이유를 크게 3가지로 분류해볼 수 있다.[22] 첫째, 유교 전통과 분단으로 한층 강화된 가부장적 문화에서 이런 영역은 "남성들의 영역"으로 여겨졌다. 따라서 남성의 분야에 여성이 참여하는 것은 매우 어려운 일이었다. 예를 들어 남한에서 출판되는 대부분의 출판물과 교과서는 남성을 밖에서 일하는 사람으로, 여성을 가정주부로 그려 "성 역할의 구분"을 분명히 한다. 그러므로 정치, 군사에 관련된 것은 남성의 일이 되고 가정을 돌보고 아이를 양육하는 일은 여성의 임무가 된다.[23] 성 역할을 분리하는 사고를 가진 한국인들은 어린 시절부

---

21) 심영희, "통일과정에서의 젠더 관계의 현황과 전망", 「사회과학연구저널」 25(2006), 54.

22) 정현백, 5-8; 심영희, 59.

23) 심영희, 59.

터 여성과 남성의 역할이 분명히 다르다고 믿는다. 하지만 이제는 그런 고정관념을 넘어서서 여성이 국가의 정책 수립과 사회운동에 활발히 참여할 필요가 있음을 인식하고 새로운 시대 변화의 동반자로서의 역할을 해야 할 것이다.

둘째, 여성이 정치, 군사, 경제 영역에서 힘을 가지지 못했기 때문이다. 그 분야에 전문적 식견을 가진 소수의 전문 여성이 진출해 있어도 여성에게 힘을 보태줄 수 있는 집단이 없기에 남성이 주도하는 분야의 진입 장벽을 뚫기 힘들다. 여성이 홀로 남성들의 영역에 들어서려면 인식의 장벽과 공고한 남성 중심의 권력 구도를 넘어서야 한다. 이는 아무리 뛰어난 여성이라도 개인의 힘만으로는 불가능한 일이다. 따라서 정부 차원에서 제도적 장치를 통해 남성 중심의 기구에 여성이 더 많이 참여하고 더 중요한 역할을 할 수 있는 방안들을 마련해야 할 것이다.

셋째, 여성학이 그동안 한국의 분단 상황을 제대로 다루지 못했기 때문이다.[24] 그동안 남한 사회의 여성학은 일터와 가정에서의 차별, 여성에 대한 폭력에 초점을 맞추었다. 여성학자들은 남한 사회를 가부장적 사회로 규정하며 가부장적 문화의 정체성을 드러내고자 시도했다. 앞서도 살펴보았듯이 "분단"이 여성의 삶에 미친 영향은 대단히 크다. 하지만 여성학은 "분단 상황"을 간과하고 그로 인한 많은 문제들을 일반적인 여성 문제로 치부했다. 심영희는 한국의 여성학자들이 마치 북한이라는 나라가 현존하지 않는 양 분단 상황을 배제한 연구를 해왔다고 비판한다.[25] 분단에 대한 인식이 부족하니 통일 문제와 통일 담론에

---

24) 심영희, 61.

25) 같은 자료.

대한 연구가 미미할 수밖에 없고 자연히 여성의 역할에 대한 이해도 부족했다. 그러나 통일 담론과 정책을 위한 준비와 참여 없이는 미래 통일 사회에 여성들이 설 자리는 없을 것이다.

2) 여성 통일 담론의 필요성

통일 과정에 여성이 참여한다는 것은 여성이 남성의 자리를 차지하거나 피억압자의 위치에서 억압자의 위치로 이동한다는 뜻이 아니다. 남녀가 동등한 대우를 받으며 동등한 권리를 누리고, 남녀 모두 평등한 기회를 가지는 세상을 세우기 위해 통일 과정에 여성의 관점을 포함시키고자 하는 것이다. 그리하여 여성을 위협하는 불안정한 요소들을 제거하고 평화롭고 평등한 사회를 이루는 것이 목적이다.[26]

심영희는 통일된 한국의 미래에 있어 "평화 통일은 중간 목표이며 여성의 안전이 궁극적인 목표다"라고 말한다.[27] 통일을 위한 여성들의 평화운동은 여성이 미래 사회에 통합되고 동등한 존재로 여겨지기를 바라는, 구별된 형태의 운동이다. 통일이 민족의 궁극적 소망과 목표이기는 하지만 통일이 된다고 해서 저절로 양성평등이 도래하는 것은 아님을 알기 때문이다. 심영희는 남녀평등 사회 건설을 위한 4가지 지침을 제안한다. 첫째, 새로운 통일 국가에는 전쟁이나 무장, 독재가 없어야 한다. 둘째, 가난과 폭력의 구조로부터 자유로운 사회, 주변화된 사람들을 돌보는 사회가 되어야 한다. 이를 위해 국방비는 줄이고 약자를 위한 사회적 보장 기금을 늘려야 할 것이다. 셋째, 남녀평등 사회는

26) 심영희, 63.
27) 같은 자료.

노동, 가족, 법의 영역에서 여성에 대한 편견이 없는 사회다. 우리 사회는 민주적이고 관용적이며 비폭력이 보편화된 남녀평등 사회로 발전해야 한다. 넷째, 가부장적 군사주의와 같은 폭력적 문화가 줄어들어야 한다. 곧 서로가 서로를 돌보는 사회, 여성과 남성 사이의 상호 책임을 허락하는 사회가 되어야 한다.[28] 심영희의 이 같은 전망은 여성 담론을 포함한 통일 사회가 궁극적으로 도달해야 할 모습을 잘 보여준다. 우리는 평등을 넘어 모든 사람이 조화와 균형을 이루는 평화로운 세상을 추구해야 한다. 여기서 통일 과정에 대한 여성의 참여는 여성주의 관점에 근거한 새로운 접근법을 제시하고, 남성 중심의 정치에 돌봄과 협력이라는 평화적 생각을 더하며, 경쟁과 싸움의 터전을 회복시킬 수 있는 좋은 씨앗이 될 것이다.

---

28) 같은 자료.

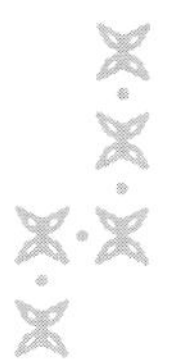

3부

통일 한국을 위한 문화적 기반

유교는 조선(1392-1910) 사회에 매우 큰 영향을 미쳤다. 이 시기에 유교 사상은 국가의 남성 우월주의를 유지하는 데 사용되었으며 가정에서도 남성 지배적 삶을 형성하는 기반이 되었다. 그렇다면 유교 전통의 영향력이 유지되는 곳은 남한 사회뿐인가? 북한 공산주의 정부는 종종 북한 사회에는 더 이상 조선왕조의 정책과 유교 사상이 적용되지 않는다고 말해왔다. 그러나 북한의 정치, 경제, 문화의 면면을 들여다보면 북한 정부가 유교의 특정한 측면들을 존중하며 유교 사상과 관습을 유지하고 있음을 알 수 있다. 북한의 공산주의 정부는 유교를 매우 유용한 도구로 사용하는 것이다. 이 책에서는 이처럼 공산주의 사회에 적용된 유교를 "유교 사회주의"(Confucian socialism)라 명명한다. 남한의 군사 정부(1960-1988) 역시 유교 사상을 유지하거나 어떤 측면에서는 촉구하기까지 했다. 유교 사상은 지금도 남한 사람들의 삶에 전반적으로 영향을 미치고 있다.

이 책에 쓰이는 "유교"라는 용어는 공자(孔子, 기원전 551-479)의 사상과 그 후에 나타난 다양한 형태의 "유교" 개념과는 구별된다. 여기서 사용된 유교 개념은 조선왕조 시대, 북한의 공산주의 정부 시기, 남한의 군사정부와 민주정부 시기를 특징짓는 "유교"의 개념이다.[1] 남성 중심 정부와 남성 주도적인 가

1) 이 글에서 말하는 유교 사상은 공자의 사상이나 그의 글과는 거리가 있

정 유지에 강한 영향을 미쳤던 특성에 초점을 둔 것이다. 유교 중심주의는 아직까지도 여성의 교육, 결혼 생활, 고용, 법적 지위 등에 많은 영향을 미치고 있다. 따라서 이 책에서는 한국 통일을 위한 문화적 기반으로서의 "유교"를 한국 문화에 가장 많은 영향을 미친 틀로 규정한다.

다. 사실 유교의 많은 형식과 사상이 공자의 사상과 무관하다.

1장

유교가 한국 여성의 삶에 미친 영향

앞서 우리는 종교가 어떤 방식으로 문화와 정치에 영향을 미치는지 살펴보았다. 서독 사회에서는 로마 가톨릭과 개신교가 주류를 형성한다면 한국 사회에서는 유교가 지배적이다. 조선 시대부터 한국 사회에 큰 영향력을 발휘해온 유교는 지금까지도 강한 남성 중심 이데올로기와 시스템을 유지하는 데 크게 기여하고 있다. 유교의 이념 및 질서 하에서 가부장적 가족 구조를 효과적으로 강화하기 위해 남성에게 절대적인 힘이 주어졌고 여성과 아이들은 가장인 남성에게 순종해야 했다. 여성들은 이를 위해 부여된 "삼종지도"(三從之道),[1] "칠거지악"(七去之惡)[2]

1) 삼종지도(三從之道)란 여성이 평생 세 명의 남자, 즉 어렸을 때는 아버지, 결혼 후에는 남편, 나이가 들어서는 아들을 따르며 살아야 함을 말한다.

2) 칠거지악(七去之惡)이란 여성이 다음과 같은 일을 했을 때 시집에서 쫓겨날 수 있다는 뜻이다. ① 시부모에게 순종하지 않을 때, ② 아들을 낳지 못할 때, ③ 부정을 저지를 때, ④ 질투할 때, ⑤ 심한 질병에 걸렸을 때, ⑥ 말이 많을 때, ⑦ 물건을 훔쳤을 때.

과 같은 도덕법들을 도덕적 원칙으로 생각하고 실천했다. 여성의 순종은 가정과 국가 차원에서 남성의 지위를 강화하는 도구가 되었다. 따라서 여성의 미덕이란 "선"(善)으로서 착하고 "순종"적인 여성상이 강조되었다. "착한" 여성은 남편을 잘 내조하고 아이들을 양육하는 역할에 초점을 둔다.

이번 장에서는 유교가 한국 여성의 삶에 미친 영향을 집중 조명할 것이다. 유교 사상으로 말미암아 한국 여성의 역할은 어머니와 아내로 한정되었다. 수 세기 동안 한국 사회에서 유교는 여성의 삶에 지대한 영향을 미쳐왔으며 정치 문화, 가족 정책, 여성의 지위를 결정짓는 요소로 작용했다.

1. 유교 문화 속 한국 여성의 이해: 어머니와 아내

"음양"(陰陽)은 여성(陰)과 남성(陽) 사이의 연합에 관한 유교와 성리학(Neo-Confucianism)의 가장 기본적 개념이다. "음양"의 원리는 모든 인간관계, 도덕과 예식을 포괄한다. 기본적으로 음과 양은 보완적인 성격을 가지기 때문에 양쪽 모두 중요하다. 그러나 이 음양의 원리가 사회에 적용될 때는 "남존여비"(男尊女卑)[3]라는 위계 질서의 기반이요, 한국 사회의 지배-피지배 구조를 정당화하는 원칙이 되었다. 따라서 남성과 여성의 보완적인 성격을 강조하는 "음"과 "양"이 한국인의 실제

3) 남존여비(男尊女卑)란 남자를 높게 여기고 여자를 낮게 여긴다는 뜻이다.

적인 삶에서는 종속의 원리로 작용했다. 유학자 주희(朱熹, 1130-1200)에 따르면 남자는 훈련을 통해 스스로 하늘의 원리를 발견할 수 있다. 그러나 열등한 "음"의 특성을 가진 여성은 아버지와 남편, 아들에게 의존해야 하며 이는 우주의 질서를 발견하는 적합한 길이다. 따라서 우주적 조화를 위해 "음" 위의 "양", "여성" 위의 "남성"과 같은 자연적인 위계 구분이 필요하다고 이해되었다.[4]

심영희와 강남순은 "음"을 여성의 차원으로, "양"을 남성의 차원으로 나누는 형태의 이데올로기를 비판한다. 그들은 여성 존중이 우주의 중요한 요소 중 하나임을 주장한다. 음과 양 모두가 중요한 이유는 이 둘이 상호보완적인 특성을 가지고 있기 때문이다. 그러나 문제는 앞서 언급했듯이 이 같은 원리가 사회 속에서 지배자와 피지배자를 구분 짓는 위계질서를 만드는 데 사용된다는 점이다. 보통 "양"은 강함, 성장, 빛, 삶을, "음"은 약함, 부식, 어두움, 죽음을 함의하고 음과 양의 위계적 해석은 인간의 마음을 합리적 측면과 감정적인 측면으로 구분하는 데도 쓰인다. 이때도 "음"은 무질서와 오류를 뜻하는 반면 "양"은 도덕적 우수함을 뜻한다.[5] 또한 여성의 활동 무대는 "안"(inner)이라는 가정의 영역으로 제한되는 반면 남성은 외적이고 공적인 영역에서 활약한다. 이 같은 해석 때문에 여성은 남성과 구별되고 남성에게 종속되었다.[6]

---

4) Vivian-Lee Nyitray, "The Real Trouble with Confucianism," *Love, Sex and Gender in the World Religions*, ed. Joseph Runzo, Nancy M. Martin(Oneworld, Oxford, 2000), 187.

5) 같은 자료, 184-185.

6) Young-Hee Shim, "Feminism and the Discourse of Sexuality in Korea: Continuities and Changes," *Human Studies*, Vol. 24(2001), 135; Kang Nam-Soon,

한편 여성에 대한 차별은 주로 "아시아의 가치"라는 이름 아래 정당화되었기에 여성 문제의 해결과 동등한 권리 보장을 요구하는 것은 동양의 덕을 버리고 서양의 미덕을 따르는 "서양화"로 여겨지기도 했다. 이처럼 아시아 문화를 무시한 결과 계급과 성 및 나이에 따른 불평등이 신비화되고 은폐되었다.[7]

이처럼 음과 양의 우주론은 여성의 종속을 강화하고 여성의 영역을 가정으로 규정했으며[8] 여성의 주된 임무를 대가족과 국가의 필요에 의한 봉사로 한정했다. 중국의 경우 중화인민공화국은 1911년 마지막 황제의 재위 기간이 끝남과 더불어 가부장적 유교와 결별했다. 그러나 사회학자들은 공자와 그의 사상이 공식적으로는 사라졌을지 몰라도 실제로는 계속해서 유지되었다고 평가한다. 왜냐하면 유교 사상은 아직도 많은 중국인의 삶과 생각 속에 현존하기 때문이다. 마오쩌둥(毛澤東, 1893-1976) 시대에 여성 해방은 당의 주요 목표 중 하나였다. 당은 가정을 국가의 통제 영역으로 만들어 여성의 몸과 생식 능력까지도 국가가 관리하는 것에 관심을 두었다.

한국의 상황도 중국과 마찬가지였다. 조선왕조 이후 "대한민국"과 "조선민주주의인민공화국"이 수립되었으나 유교 사상은 새로운 국가의 문화와 정책 속에 그대로 남아 있었다. 이에 대해 나이트레이(Vivian-

"Confucian Feminism and Its Social/Religious Embodiment in Christianity: Reconsidering the Family Discourse from a Feminist Perspective," *Asia Journal of Theology*(2004), 171.

7) Kang, 같은 자료.

8) 조선 시대 여성교육서인 『내훈』(內訓)에 따르면 며느리, 아내, 어머니로서의 역할을 잘 하는 것이 진정한 여성의 삶이다.

Lee Nyitray)는 여성들에게 세대를 넘어 한결같이 "정숙한 아내와 좋은 엄마가 되라"는 구호가 요구되었다고 지적한다. 즉 여성들은 가정에 헌신하고 집안 환경 조성에 힘씀으로써 조화로운 국가를 만드는 데 이바지한다는 것이었다. 이것은 결코 새로운 현상이 아니었으며 여성의 삶을 풍성하게 만드는 유일한 길처럼 여겨졌다. 이런 생각은 국가의 여성 복지 정책에 영향을 미쳤으며, 여성의 노동력은 국가의 경제 상황에 영향을 받게 되었다.[9] 독일에서도 같은 현상이 발생했다. 독일 지도자들은 여성의 역할을 "어머니와 가정주부"로 이해했고, 통일 과정에서 같은 관점으로 여성의 고용과 정치 참여 문제에 접근했다.

2. 한국 여성의 삶 속에서 드러나는 유교의 영향

유교 사상은 아시아 여성들의 삶에 많은 영향을 미쳤다. 동아시아의 가정에서는 공자 시대 이전부터 아들, 특히 큰아들을 매우 중요시해 태어날 때부터 다르게 대했다. 공자 이전에 쓰인 『시경』(詩經)은 아들과 딸의 차이를 다음과 같이 설명한다.[10]

---

9) Nyitray, "Confusion, Elision and Erasure," *Journal of Feminist Studies in Religion*, Vol.26, 1(2010), 150.

10) 『시경』은 수 세기 동안 많은 사람의 손을 거쳐 쓰인 중국 최초의 시가집으로, 기원전 11세기부터 7세기 사이의 305개 작품으로 구성된다. 공자 당시에는 원래 3,000편 이상의 시가 기록되어 알려져 있었지만 그중에는 모작이 많았다. 공자는 그 시 중에서 고대 역사의 진실을 담고 있다고 생각되는 것들을 선별해 『시경』을 만들었다.

아들이 태어나면
침상에 잠들게 두어라.
그 아이는 고운 저고리로 몸을 감싸고
비취 홀(scepter)을 가지고 놀 것이다.
딸이 태어나면 바닥에 두어라.
그 아이는 광목으로 몸을 감싸고
기왓장을 가지고 놀 것이다.[11]

이 시는 딸보다 아들을 귀하게 여기는 당시 사람들의 사고방식을 묘사한다. 또한 한(漢) 왕조 초기(기원전 202-기원후 8)의 유교 의식 교본인 『예기』(禮記)를 보면 남자와 여자는 제사와 장례식을 제외한 모든 면에서 구별된다. 남자와 여자는 같은 이부자리를 쓸 수 없고, 비슷한 옷을 입을 수도 없으며 같은 옷걸이에 옷을 걸 수도 없다.[12]

아들이 중요시되는 이유 중 하나는 아들이 집안의 대를 잇기 때문이었다. 초기 중국 사상에서는 대를 잇는 것이 가족의 가장 중요한 의무였는데 이는 아들을 통해서만 가능했다. 또한 맹자에 의하면 가장 큰 불효는 자손을 가지지 못하는 것인데[13] 여기서 자손이란 "딸"이 아

11) Shijing Xiaoya II. iv.V.8-9; James Legge, trans. *The She King or The Book of Poetry*, vol. IV, *The Chinese Classics*(Oxford University Press, 1871; reprint Hong Kong University Press, 1970), 306-307.

12) James Legge, trans., *The Four Books: Confucian Analects, the Great learning, the Doctrine of the Mean, and the Works of Mencius*(New York: Paragon, 1966), 454.

13) 같은 자료, 725.

닌 "아들"을 말한다. 가령 자녀가 몇 명이냐는 질문을 받은 아버지는 아들의 숫자만을 말했다. 가정의 수입원으로서의 역할을 할 가능성이 있고 공적인 자리에 나가 가족의 명예를 높일 수 있으며 가족의 이름을 유지할 수 있는 아들만이 가족 수에 포함되기 때문이다. 부모님이 돌아가시면 아들만이 조상의 제사를 모실 수 있다. 따라서 여성들은 가문의 혈통을 이을 수 있는 아들을 낳아야 한다는 압력을 받아왔다. 아들을 통해 가문을 잇는다는 생각은 현대 한국 사회에도 많은 영향을 미쳐서 태아가 여자일 경우 낙태를 시키는 경우도 비일비재했다.

나의 큰 시아버지는 한국 사회가 얼마나 아들을 통한 가문의 승계를 중요하게 여기는가를 잘 보여주는 예다. 큰 시아버지는 딸만 아홉을 두셨는데 숫자에 "순" 자를 붙여서 딸들의 이름을 지었다. 그러다가 여덟째 딸을 낳았을 때는 이제 딸은 이번이 마지막이라는 뜻에서 "종(終)순"이라고 이름을 지었다. 그는 여덟째 딸을 끝으로 더 이상 아이를 가지지 않겠다는 아내를 강하게 설득했다. 아들을 낳지 않고 죽으면 조상님을 뵐 면목이 없다는 것이 그 이유였다. 그러나 아홉째도 딸이라는 소리를 듣고 큰 시어머니는 기절을 하셨다. 두 분은 절망적인 마음에 아기가 자연적으로 죽기를 바라며 돌보거나 젖을 물리지 않고 방 윗목에 내버려두었다고 한다. 그러나 아이의 생명력은 강했다. 큰 시아버지는 그래도 살아남은 이 아이를 받아들였지만 보름달의 절반을 가리키는 "반달"이라고 이름 지었다. 원했던 아들을 끝내 얻지 못한 아쉬움이 고스란히 담긴 이름이었다.

나는 어린 시절 종종 이런 이야기를 들으며 자랐다. 아들을 갖기 원해 딸을 다섯, 여섯, 일곱 명이나 낳는 가정들이 있었다. 내 친구 중에도

"다음번 아기는 아들"이라는 뜻에서 "후남"(後男)이라는 이름을 가진 여성이 있었다. 이처럼 부모들은 딸을 낳으면 실망하고 딸의 이름을 지을 때 그들의 기대를 반영했다. 이런 남아 선호 사상 때문에 한국에서 기이한 성비가 나타나기도 했다.[14]

이처럼 아들을 중요하게 여기는 이유는 유교 사회의 가장 기본적인 사회적·종교적 개념인 "효행" 때문이었다. 공자는 효행을 인간의 도덕적 발달에서 가장 근원적인 요소로 생각했다. 또한 효행은 유교의 기본적인 전통에 속하는 조상 숭배와 연결된다.

효행의 기본은 조상에게 드리는 제사에서 나타난다. 아들은 부모님이 돌아가신 후에 제사를 모시게 되는데 이때 조상이란 "남편의 남자 조상"[15]을 뜻한다. 여성은 결혼과 동시에 남편 쪽 집안의 일원이 되기 때문이다. 따라서 결혼 후의 제사는 남편의 조상을 숭배하는 것이다. 모계 혈통은 족보에 기록되지 않았으며 오직 부계 혈통만이 가족의 계보를 이루었다. 고로 가정에 아들이 없으면 족보가 끊어져 조상을 기리지 못하게 된다. 그렇기 때문에 아버지와 아들의 관계는 유교 가정의 중심이 되었다. 아들이 그만큼 중요성을 가졌기에 가정 안에서 남성의 권위가 높아지고 아내는 남편에게, 딸은 남자 형제에게 종속되는 도식이 생겨났다. 여성에 대한 사회적 차별은 당연한 사회적 질서와 규범으로 여겨졌다.

한편 유교는 여성의 성을 억압했다. "순결 이데올로기"를 내세워 "과부의 재혼을 금지"한 것이 그 예다. 초기 성리학 철학자 정이(程頤,

14) 강남순, 188-189.
15) 강남순, 174.

1033-1107)는 과부의 재혼을 금지하는 것이 가족의 고결함을 지키는 길이라고 강조했다. 그는 정조를 지키는 것이 생명을 지키는 것보다 더 중요하다며 다음과 같이 말한다.

어떤 사람이 "도리상 과부를 아내로 맞을 수 없다고 했는데 어째서 그런가요?"라고 묻자 정자는 "그렇다. 무릇 아내로 맞는다는 것은 배필로 삼는 것이다. 만약 절개를 잃은 사람을 맞아서 배필로 삼는다면 자신도 절개를 잃게 된다"고 말했다. 그러자 "어떤 과부가 가난하고 궁핍하며 의지할 곳이 없다면 재가하는 것이 어떻겠습니까?"라고 물었다. "그것은 후세 사람들이 춥고 굶어 죽는 것을 두려워해서 그렇게 말한 것이다. 굶어 죽는 일은 아주 작은 일이지만 정조를 잃는다는 것은 매우 큰 일이다"라고 대답했다.[16]

이처럼 과부는 생계가 막막해도 재혼할 수 없었다. 주희는 송나라에 확산되던 재혼을 막기 위해 정이의 가르침대로 재혼하는 과부보다 자살을 택하는 과부를 칭송했다. 이런 흐름은 송나라에 이어 원나라와 명나라에서 심화되고 청나라에 이르러서는 병폐가 되었다.[17]

조선 시대에 이르러 기혼 여성의 실질적 지위는 고려 시대보다 떨어졌다. 고려 시대에도 여성의 재혼을 규제하는 규칙이 있었지만 남편의 사회적 지위와 평판에 따라 적용 방법이 달랐다. 남편의 평판이 낮

16) 주진오 외, "열녀, 죽음인가, 죽임인가", 『한국 여성사 깊이 읽기』(서울: 푸른역사, 2013), 169.

17) 같은 자료.

으면 여성의 재혼은 문제가 되지 않는 반면, 남편의 평판이 높은 경우는 문제가 되었다.[18] 고려는 "일부일처제" 국가였으며 남편과 사별한 여성은 재혼할 수 있었다. 그러나 조선은 "일부다처제" 국가였고, 여성은 남편의 사후에 재혼할 수 없었다.

결혼 풍습을 보아도 고려 시대와 조선 시대 여성의 지위가 다름을 알 수 있다. 고려의 결혼 풍습인 "부처제"(婦處制, 처가살이)[19]는 여성의 지위를 보장하고 여성이 가정을 통솔하도록 이끌었다. 남성은 결혼 후 오랫동안 처가살이를 하면서 장인과 장모를 친부모처럼 섬겼고, 장인과 장모는 사위와 손주들을 아들과 자녀처럼 여겼다. 이처럼 고려 여성은 가정에서 남성과 거의 동등한 지위를 누렸다.[20] 조선 시대까지도 이런 경향이 이어졌지만 17세기를 기점으로 기혼자의 거주지가 여자 집에서 남자 집으로 바뀌는 현상이 나타났다.[21] 한국 여성의 정체성 변화에 대해 쓴 『한국 여성사 깊이 읽기』를 보면 조선 시대의 대표적 현모양처로 알려진 신사임당(1504-1551)은 "며느리"보다는 "딸"로서의 삶을 살았다. 신사임당의 아들인 율곡도 외가인 강릉에서 태어났으며 신사임당은 19세에 결혼하여 38세가 되기까지 근 20년을 친정인 강릉 근처에서 살았다. 따라서 신사임당이 그녀의 재능을 살릴 수 있었던 것은 며느리로 살기보다 딸로서의 삶을 산 기간이 길었기 때문이라고 볼 수 있

18) 최재숙, 「고려 시대의 혼인제도」(서울: 서울대학교, 1987), 124-126.

19) 고려 시대의 풍습에 따르면 사위는 자녀가 생겨 다 자랄 때까지 아내의 집에서 오랫동안 머물렀다. 이 같은 부처제는 조선 시대에 접어들면서 점차 줄어들다가 마침내 사라지게 되었다.

20) 권대근, "고려 시대의 여성의 지위에 관한 고찰", 「문학의 향기」(2005.5.9).

21) 주진오 외, 142.

다. 그때까지만 해도 결혼한 딸이 친정에 오래 사는 것이 일반적이었다.[22] 그러나 결혼 후 여성이 남성의 집으로 가는 식으로 결혼 풍습이 바뀐 후에 사회 역시 부계 중심으로 바뀌었다. 이는 유교를 국가 원리로 삼은 조선왕조가 들어선 이래 여성의 지위가 떨어졌음을 뜻한다.

로(Ping-cheung Lo) 교수는 주희의 여성과 성(sex and gender)에 대한 인식을 "천상의 원리 보존과 인간의 욕구 억제"라는 말로 표현한다.[23] 로 교수에 따르면 주희는 『시경』에 수록된 애정시를 비난하며 부부를 동반자적 관계보다는 가족의 승계를 위한 관계에서 바라본다. 그리고 부부 사이에서도 음란하고 음탕한 "이기적 욕망"을 제거해야 하며 오로지 출산을 위한 성관계만 가능하다고 주장한다.[24] 결국 주희의 사상을 계승한 성리학은 음양 사상과 더불어 가정 안에 매우 엄격한 남녀의 구별을 적용하며 여성의 성적 즐거움을 아예 배제한다. 그래서 남편은 대문 가까이 있는 "사랑채"에, 아내는 집안의 중문을 넘어 깊숙이 있는 "안채"에 머물러야 했다. 남편과 아내는 출산을 위해 시어머니가 정한 날에만 관계를 맺었다. 여성에게는 오로지 출산을 위한 성생활만이 허용되었으며 성적인 즐거움을 위한 행위를 요구할 수 있는 권한이 없었다. 그러나 남편의 경우는 달랐다. 사회적 지위에 따라 여러 명의 아내를 둘 수 있던 남성들은 다른 부인들과 성적인 유희를 즐기거

22) 같은 자료, 152.

23) Ping-cheung Lo, "Zhu Xi and Confucian Sexual Ethics," *Journal of Chinese Philosophy*, 20, 4(1993.12), 465.

24) Vivian-Lee Nyitray, "The Real Trouble with Confucianism," *Love, Sex and Gender in the World Religions*, ed. by Jeseph Runzo, Nancy M. Martin, Vol. II (Oneworld, Oxford, 2000), 187.

나 기생집 등을 이용할 수 있었다. 즉 남성들은 공식적으로 집에서는 출산을 위한 성생활을 즐기고 그 밖의 많은 비공식적 공간에서도 성적인 즐거움을 누릴 수 있었다.[25]

여성에게는 성 억압으로도 모자라 "순결"이 요구되었다. 순결 또는 아내의 충절은 최고의 미덕이자 여성의 도덕성을 가늠하는 척도였다. 또한 여성이 평생 한 남편만을 섬길 것을 권장했다. 심지어 "강간" 당한 경우에도 순결이 요구되었다. 중국 청나라의 강간법(1646)에 따르면 강간 피해자는 생명을 다해서 순결을 지켜야 했다.[26] 양반 여성은 성폭행을 당할 위기에 처했을 때 자발적으로 자살을 택하는 것이 미덕으로 여겨졌다. 그래서 대부분의 양반 여성들은 항상 "은장도"라는 작은 칼을 몸에 지니고 다녔다. 간통은 유교 사회에서 허용되지 않았고 조선시대에는 매우 엄한 처벌의 대상이었다. 당시에는 태형, 장형, 도형, 유형, 사형의 5가지 형벌[27]이 있었는데, 간통의 상대가 친척이면 더 엄중한 처벌을 받았고 노비가 주인과 간통을 하면 교수형에 처했다. 그런데 흥미로운 점은 이 엄격한 처벌 규정이 여성 주인과 남성 노비 사이에만 적용되었다는 점이다. 반면 남성 주인과 여성 노비에 관한 처벌규정은 없었다. 더욱 특이한 점은 남성은 여성의 간통 현장을 목격했을 때

---

25) 심영희, 136.

26) Vivien W. Ng, "Ideology and Sexuality: Rape Laws in Quing China," *Journal of Asian Studies*, 46, 1(1987), 65.

27) 태형은 아랫도리를 벗기고 회초리로 볼기를 치는 형벌로 10대부터 50대까지 5등급으로 구분된다. 장형은 큰 몽둥이로 볼기를 치는 형벌로 60대에서 100대까지 5등급으로 구분된다. 도형은 죄인을 중노동에 종사시키던 형벌이었고 유형은 멀리 내쫓은 다음 정해진 구역을 벗어나지 못하게 하는 형벌이었다. 사형은 목숨을 끊는 형벌이다.

여성을 관아에 넘길 수 있었지만 여성은 간통을 저지른 남편을 고발할 수 없었다는 것이다. 남편은 부모나 마찬가지로 여겨졌기에 고발의 대상이 될 수 없었다. 또한 간통한 여성의 자식들이 벼슬길에 나가지 못하도록 하는 법도 있었는데 간통이 쌍벌죄임에도 불구하고 여성에게 특히 가혹한 처벌이 내려졌다.[28]

순결 및 정절에 대한 요구는 개인적인 차원에서뿐만 아니라 가정과 사회적 차원에서도 이루어졌다. 고려 시대만 해도 여자들의 재혼이 빈번했고 여자들의 수절이 그리 큰 사회적 관심사가 아니었다. 그러나 조선 시대에 들어오면서 상황은 크게 바뀌었다. 『한국 여성사 깊이 읽기』의 "열녀를 권하는 사회"[29]라는 장 제목에서 알 수 있듯이 정부는 열녀문을 세워 재혼하지 않은 젊은 과부들을 칭송하기 시작했다. 열녀문은 마을 입구에 세워져 마을의 자랑이 되었다. 또한 여성의 정절은 경제적이고 제도적인 방식으로 장려되었다. 관료의 미망인 중 정절을 지킨 자에게는 특별히 "수신전"(정절을 지킨 땅)이 주어졌는데 이 혜택은 1466년에 경제적 이유로 폐지되었다. 또 다른 방법은 "재가 금지법"을 통한 제재였다. 『경국대전』(1471)에 의하면 세 번 결혼한 여성의 아들과 손자는 고위 관직에 오를 수 없었다.[30] 세종대왕(1397-1450)은 두 번째 결혼부터 이 규정을 적용했고 그 내용을 『삼강행실 열녀도』라

---

28) M. Deuchler, *The Confucian Transformation of Korea*(Cambridge, MA: Harvard University Press, 1992), 259; 주진오 외, 123.

29) 주진오 외, 173.

30) 『경국대전』(經國大典)은 조선에서 500년 이상 법률, 행위, 관습, 의식을 포함한 정치의 기초로 기능했다.

는 책으로 펴내기까지 했다.[31] 1485년에 개정된 『경국대전』에서는 간음하거나 재혼한 여성의 아들과 손자는 문무 관직에 나가지 못하게 했다. 또한 첩의 자식은 과거에 응시조차 할 수 없었다. 재혼이 법으로 금지된 것은 아니었으나 그 여파를 감안하면 여성들이 재혼을 고려하기는 불가능에 가까웠다.[32]

이처럼 조선 시대에 재가 금지법까지 만들어진 이유는 무엇일까? 당시 조선은 중국이 택한 "부계 중심의 가족제도"가 선진 문화라고 생각했으며 고대부터 내려오는 모계 중심의 가족제도를 축소하기를 원했다. 한 사회에 부계와 모계가 공존하면 힘이 분산될 수밖에 없다는 생각 때문에 부계 중심 가족제도의 정착을 바란 것이다. 부계를 확고히 하는 데는 재혼을 하지 않는 열녀들이 필요했다. 여자가 남편과 사별한 후 재혼을 하지 않고 시댁에 남아 있으면 부계의 구성이 흐트러지지 않고 유지될 수 있었기 때문이다. 부계의 순수성을 유지하고 권력을 일원화하기 위해 여성의 수절이 요구될 수밖에 없었던 것이다.[33]

그런데 열녀 현상은 사회적·정치적 관습에 따른 것만은 아니었다. 조선 초기에 열녀란 재가하지 않는 여자를 의미했다. 사별 후에도 재혼하지 않고 시부모나 조상의 제사를 잘 받드는 것이 일반적인 열녀의 모습이었다. 그러나 17세기에 접어들면서 열녀는 "남편을 따라서 죽는 여자"를 의미하게 되었다. 열녀의 "상"이 "재가하지 않는 여자"에서 "남편을 따라서 죽는 여자"로 변한 것이다. 그렇다면 왜 여성들은 "열녀"가 되

31) 심영희, 136.
32) 같은 자료.
33) 주진오 외, 175-176.

기를 그토록 열망했을까? 열녀를 추앙하고 권장하는 중국과 조선 사회 속에서 여성들 스스로가 열녀가 되는 것이 완성된 인격체가 되는 길이라고 생각했기 때문이다. 즉 여성에게 열녀의 길은 성리학의 최고 목표인 "도덕적 인격체의 완성에 이르는 길"이었다. 따라서 "조선 여성들은 사실상 최고의 도덕적 인격체가 되기 위해서 열녀가 된 것이다."[34] 이는 사회가 어떤 가치와 이념을 내세우는가에 따라 개인의 목표가 달라지는 것을 보여주는 하나의 예다. 당시 여성들은 그 가치를 지키기 위해 스스로 죽음을 선택했다.

3. 가족 정책 속 여성의 지위 및 사회 활동

조선왕조는 성리학을 받아들이고 『주자가례』(朱子家禮)를 배포해 중요한 기준으로 삼았다. 『주자가례』는 가족제도, 그중에서도 특히 여성의 지위에 많은 영향을 미쳤다.

첫째로 살펴볼 수 있는 것은 "상례"(喪禮)다. "상례"란 장례와 관련한 예의를 말하는데, 이는 앞서도 살펴보았듯이 가정에서 아들을 선호하는 이유와 깊은 관련이 있다. 조상들의 신주를 모시는 사당(祠堂)을 세우는 일은 고려 시대부터 조선 시대에 이르기까지 정부에 의해 매우 권장되었다. 고려 시대에 불교 전통을 따르는 가정에서는 "상례"를 백일 동안 치렀는데 후에 그 기간은 3년으로 늘어났다. 하지만 유교는 남

34) 같은 자료, 181.

성과 여성의 분리를 촉진했고 남성 중심의 시스템을 강화했다. 예를 들어 아버지가 돌아가시면 상례의 기간은 3년이지만 어머니가 돌아가신 경우에는 1년으로 줄었다. 즉 남성과 관련될수록 상례의 기간이 길었던 것이다.

둘째는 "제례"(濟禮)다. 이는 추모 예식과 관련된 예의로서 조선 시대에 제례의 구축은 가부장제의 가장 근본적인 힘이었다. 성리학은 조상에 대한 제례를 국가의 가장 기본적인 통치 원리로 여겨 강하게 권장했지만 주로 엘리트 그룹만이 제례를 제대로 시행할 수 있었다. 조선 시대에는 본부인의 장남이 주관하는 제례가 강조됨으로써 동등한 분배의 원리가 사라지고 부계혈족 조직이 강화되었다. 또한 이는 점차적으로 문중[35]을 형성하는 힘으로까지 발전하게 되었다. 제례는 가정과 사회 그룹의 기본적인 의무였기에 조선 말기에는 제례를 위한 입양 가능 범위가 6촌[36]까지 확대되었다.[37] 본처의 맏아들에 의해 시행되는 제례는 여성을 차별하는 문화를 강화하는 요소가 되었다. 조선 시대의 제례는 고려 시대의 제례와 대상의 범위, 방법 면에서 상당히 달랐다. 조선 시대에는 장남의 집에 사당을 만들고 부계혈족들이 모여서 제사를 지낸 반면 고려 시대에는 절에서 재(齋)를 지냈고 그 대상도 부모와 처부모, 조부모, 외조부모 정도였다. 즉 고려 시대의 추모 예식은 부계에 집중된 수직적인 형태가 아니라 수평적인 형태였다. 또 고려 시대에 시주

35) "문중"이란 같은 조상을 모시는 부계혈족 집단을 말하는 것으로서 그 구성원들은 성과 본이 같다. "제례"는 "문중"에 정체성을 부여하고 모임을 유지시키는 중심 역할을 했다.

36) "촌수"는 인척의 관계를 표시하는 방법이다. 예를 들어 부모와 자식의 촌수는 1촌이다.

37) 송영희, "조선후기 가족제도의 변화"(인제대학교, 석사학위논문, 2005).

한 토지나 노비, 물품 목록에 일일이 남편의 소유인지 아내의 소유인지를 명시한 것을 보면 제사 비용을 남편과 아내가 함께 마련했음을 알 수 있다. 더 나아가 절에서 예식을 주관했기에 여성들은 조선 시대 여성과는 달리 제사에 필요한 노동에서 벗어날 수 있었다.[38] 이와 같은 사실에서 유교 사상이 조선 시대의 정치, 문화, 삶 속에 적용되면서 여성들의 지위와 역할이 큰 영향을 받았음을 알 수 있다.

셋째는 재산의 상속(相續)이다. 고려 시대에는 아들과 딸에게 동등한 상속이 이루어졌다. 조선 시대의 경우도 17세기까지는 차별이 없었다. 그러나 17세기 중반부터 18세기 중반에 이르면서 큰아들이 우선 상속인이 되었다. 이는 19세기와 20세기 초반까지 주류 형식이 되었으며 점차 성차별로 자리 잡게 되었다. 『경국대전』은 남성과 여성의 동등한 상속을 기본 원리로 삼아 여성의 상속분을 분명하게 밝혔다. 기혼 여성도 일부 상속권이 있었다. 아시아의 여러 지역에서는 상황이 달랐지만 결혼 후에도 상속권을 누린 여성들이 있었던 것이다. 따라서 아들과 딸들은 부모님이 돌아가신 후에 동등한 권리와 이익을 나누어 가졌다. 아내에게 상속권이 없던 때도 아내에게 딸려 온 종들은 남편이 재혼할 때 원래 집안으로 돌려보냈다.[39] 그러나 아내가 자신의 상속분을 관리하거나 처분하려고 할 때는 남편의 허락을 받아야만 했다.

고려 시대에서 조선 시대 초까지는 상속이 동등하게 이루어졌으나 17세기 말부터 변화가 일어났다. 17세기의 상속자는 주로 남자였고 여성에게 상속할 것을 고려하는 경우는 드물었다. 상속은 본처의 아들에

38) 주진오 외, 98-99.

39) 『세종실록』 97권(세종 24년 7월).

게 집중되었고 여성은 점차 상속자의 지위를 잃게 되었다. 그만큼 성차별이 심해진 것이다. 드클러(M. Deuchler)에 따르면 조선왕조는 16세기 중반과 17세기 후반에 급격한 인구 성장을 경험하면서 소규모 농지는 나누지 않기로 결정했다. 땅을 그렇게 관리해야 식량 공급에 효과적일 것이라는 계산 때문이다. 따라서 왕조는 장남에게 주요 상속분을 할당하고 결혼한 딸의 상속을 제한했다. 이 때문에 조선의 가부장적 가족제도는 더욱 견고해졌다.[40]

유교를 기반으로 한 조선왕조의 기본 원리가 여성의 역할과 지위에 변화를 가져왔다. 그때부터 여성은 집안에 거하는 수동적이며 순종적인 사람, 남성은 밖에서 활동하는 활동적이고 지배적인 사람으로 규정되었다. 법적인 규제에 따라 남성은 세상과 가정을 다스리는 자, 여성은 가정과 특별히 아이를 돌보는 자가 되었다. 유교적 사고로 인해 조선 시대 후기에 여성의 지위는 더욱 악화되었다. 남녀에게 부여된 이미지와 역할은 북한과 남한의 이념적 기초가 되었고 아직까지도 고착화되어 있다.

지금까지 유교가 고려와 조선 시대를 거쳐 한국 여성의 삶에 미친 영향을 살펴보았다면 다음으로는 유교가 20세기 북한 여성의 삶에 미친 영향들을 살펴보고자 한다.

---

40) Deuchler, 225.

2장

유교가 북한 여성의 삶에 미친 영향

북한 헌법은 동독의 헌법과 비슷한 방식으로 여성의 권리를 보장하며 모성 보호 제도(maternal system)를 지원한다. 그러나 마르크스-레닌주의 이데올로기가 일과 가정에 대한 성차별적 태도를 완전히 버리지 못했듯이 가부장제에 기초한 북한 사회 역시 "가부장적 사회주의"를 벗어나지 못했다. 즉 가부장적 이데올로기와 이론적인 사회주의 시스템이 공존하는 것이다. 박현선은 가부장적 사회주의를 "혁명을 통해 동등성이 성취된 사회주의하에 성차별적·가부장적 성격이 발현된 시스템"으로 규정한다.[1] 가부장적 사회주의의 구체적인 모습을 살펴보면 다음과 같다.

1) 박현선, "북한의 가족 정책", 『북한의 여성과 가족』(서울: 경인문화사, 2006), 12.

1. 북한의 여성 정책

북한의 여성 정책은 마르크스-레닌주의 이론을 기본으로 한다. 북한 정치 지도자들은 여성 해방이 사유 재산제 폐지와 봉건적·가부장적 가족제도 타파, 여성의 사회적·경제적 활동 증가를 통해 성취될 수 있다고 생각했다. 따라서 북한은 여성의 노동력을 활용함으로써 여성을 위한 사회적 기반을 만들고자 시도했으며 "일하는 여성과 함께하는 사업"을 여성 해방 정책의 중심으로 규정했다. 김일성은 유아원과 유치원을 통한 어린이의 사회화를 시도했고[2] 여성을 사회주의 국가 건설의 주체로 세우려고 노력했다. 또한 북한은 헌법상 여성과 남성의 동등한 권리를 보장하고 차별을 금지하는 정책을 제정했다. 북한 헌법 제65조에는 "시민은 모든 지역과 사회적 생활에 있어서 동등한 권리를 가진다"고 명시되어 있으며 헌법 제77조 역시 "여성은 남성과 같은 지위와 권리를 가진다"고 규정한다. 국가는 출산휴가, 다자녀 여성을 위한 근무시간 단축, 산부인과 병원 확장, 탁아소 및 유치원 운영 등의 사회보장체계를 마련했고, 더 나아가 어머니와 어린이를 정책적으로 보호함으로써 여성의 사회 진출이 가능하도록 했다.[3]

여성의 권리 보장을 위한 중요한 정책 한 가지는 1946년 7월 30일 제정된 "남성과 여성의 동등한 권리를 위한 법률"이다. "노동법"이 발표된 지 한 달 후, "북조선임시인민위원회"는 다음과 같은 목표를 정했다.

2) 김일성, "여성동맹의 금후 과업에 대해서", 『김일성 저작집 3』(평양: 조선로동당출판사, 1980), 488-495.

3) 국가인권위원회, 『인권백서』(2005), 3-4.

"우리는 일본 식민지 역사의 잔재를 청산하고 봉건주의 사고를 개혁한다. 여성들은 문화, 사회, 그리고 정책 분야에 전체적으로 참여할 것이다."[4] 이 법의 요지는 핵가족 형태를 정착시키고, 사회주의의 현대화를 위해서 여성 개개인에게 힘을 실어주는 것이었다.[5] 각 항목의 구체적인 지시 사항과 주요 이행 사항들을 보면 여성은 국가와 경제, 문화, 사회, 정치적 삶에서 동등한 권리를 가진다(제1조). 따라서 여성도 투표권을 가지며 지역 및 국가 선거에 선출될 수 있다(제2조). 여성은 남성과 동일한 임금, 사회보험, 교육의 기회를 갖는다(제3조). 남성과 마찬가지로 여성에게도 결혼의 자유가 있다. 또한 결혼에 있어 여성의 선택권이 존중된다(제4조). 여성에게도 이혼할 자유가 있을 뿐만 아니라 자녀 양육을 위해 전 남편에게 소송하는 것도 허용된다(제5조).[6]

결혼이 가능한 최소 연령은 여성이 17세이고 남성이 18세다. 이 같은 규제는 봉건주의의 잔재인 조혼의 부작용을 막는 역할을 했다. 조혼은 원하지 않는 임신, 일부다처제, 가부장적 문화의 원인이 된다. 더 나아가 정부는 여성들이 결혼 시기를 늦춤으로써 생산과 사회 건설에 참여할 것을 독려했다. 또한 일부다처제 및 아내나 첩의 매매가 금지되었

---

4) 김일성, "북조선 남녀 평등에 대한 법률", 『김일성 저작집 3』, 327-328.

5) 박영자, "북한의 양성평등 정책의 형성과 굴절", 『북한의 여성과 가족』(서울: 경인문화사, 2006), 241.

6) 같은 자료, 243. 이혼은 가정의 큰일로 여겨졌기 때문에 다음과 같이 자세한 시행 세칙이 있다. 합의 이혼은 "이혼서"를 소관 시·군 인민위원회에 제출함으로써 해결했다. 그러나 합의가 이루어지지 않은 이혼의 경우도 동일하게 시·군 인민위원회에 이혼 소송을 제기함으로써 해결하지만 일시적 감정에 의한 이혼이라고 생각될 때는 재판부에서 소송을 일시적(3-6개월)으로 중단한다. 이후 지정기일에 소송 당사자들이 출석하지 않을 경우 이혼소송이 취소된 것으로 처리한다. 두 번 이상 이혼하는 사람의 경우는 좀 더 신중하게 처리하기 위해 시·군 인민재판소가 아닌 도 재판소에서 관리한다.

다. 북한 정부는 혈족이 힘을 모으는 것이나 혈연관계에 바탕한 독점을 막으려 했다(제7조). 여성들은 재산을 소유하고 유산을 받을 권리가 있으며 이혼할 경우 남편과 함께 형성한 재산과 유산으로 받은 땅을 나누어 가질 수 있다(제8조). 이 같은 법령이 발표됨으로써 일본제국의 법과 조선 여성의 권리에 대한 규제는 무효가 되었다. 이는 여성들이 사회주의와 현대의 주체가 되었음을 의미했다.[7]

그런데 북한의 여성 정책은 북한 사회주의 체제의 성격이 변하고 경제적 상황이 바뀜에 따라 같이 변화했다. 북한의 여성 정책은 두 개의 이데올로기, 즉 "사회주의 성평등 이데올로기"와 "가부장적 유교 원리"의 영향을 받았다. 서로 모순된 두 개의 이데올로기가 공존한 것이다. 이에 대해 사회학자인 심영희는 북한의 여성 정책 형성 과정을 3단계로 나누어서 설명한다.

첫째 단계로, 정권 수립부터 1959년 초기까지는 사회주의 혁명의 완성이 필요한 시기였다. 따라서 정치 지도자들은 봉건적·가부장적 가족제도를 제거하고 여성들이 사회적 노동에 합류하는 것에 초점을 두었다. 그런데 6·25전쟁을 계기로 북한에 강한 민족 정부 체제가 들어섰다. 전쟁으로 김일성의 힘이 강화되었으며 전쟁 기간 동안 포악한 점령군이 자행한 집단학살은 북한 정부가 합법적으로 통제 시스템을 구축할 수 있게 했다. 이 같은 상황에서 북한은 민족과 가정의 통합을 시도했고 한편으로는 강제적으로, 다른 한편으로는 여성들이 자발적으로 국가와 가정 양쪽에 합류하도록 이끌었다. 여성은 단지 어머니와 아

7) 같은 자료, 243-245.

내만이 아니라 민족주의적 시민으로 규정되었다. 국가는 행복을 보장한다는 명분으로 여성에게 국가를 위한 충성과 헌신을 요구했으며 이는 조선 여성의 전통적인 도덕과 특성에 부합하는 것으로 홍보되었다. 1952년 3월 9일자 「로동신문」은 여성들에게 다음과 같이 호소했다.

> 모든 여성이여, 전쟁의 일선에 나간 남편, 형제, 딸들을 대신하여 용감하게 싸우라! 노력으로 더 뛰어난 봉사를 해라.[8]

둘째 단계로, 1960년에서 1970년에는 여성의 노동력을 최대로 강화하기 위해 다양한 사회보장 정책들이 나왔다. 그러나 북한 정부가 중공업을 선호했기에 생산 분야의 위계질서가 생겨났다. 북한 정부는 중공업에 첫째가는 노동력과 재료를 공급하는 혜택을 제공했다. 중공업 노동자들은 찬양을 받는 반면 경공업과 지역 산업에 종사하는 노동자들은 열등한 일을 하는 사람으로 취급되었다. 더욱 심각한 문제는 생산 체계의 위계질서가 남성과 여성 노동자 사이의 위계질서로 심화되었다는 점이다. 여성의 역할은 특정 분야에서 남성 노동자를 보조하는 것으로 규정되었다. 남편의 일을 돕는 여성들이 존경을 받았으며 사랑과 희생으로 생산을 증대시키는 여성이 올바른 삶의 모범으로 제시되었다. 이는 일터와 가정에서의 성 위계질서를 이끌었고 북한 정치 사회의 위계 구조와도 연결되었다. 이와 더불어 "봉건적 가부장제"는 점점 강화되었다. 이 시기에 북한 여성의 권리는 뒤로 후퇴

8) 같은 자료, 252-254; 윤덕희, "북한의 여성", 김광수 외, 『북한의 이해』(서울: 집문당, 1996), 328.

할 수밖에 없었다.[9]

셋째 단계로, 1980년 이후 북한 경제가 심각한 위기를 맞게 되자 여성의 경제적 역할이 확대되었다. 그러나 아이러니하게도 이런 경제적 환경의 변화는 북한의 여성 정책을 "사회주의 여성 정책"으로부터 "전통적·가부장적 여성 정책"으로 되돌려놓았다. 특히 1990년에 "가정법"이 시행되면서 어머니와 아내로서 여성의 중요성 및 가정에서 여성의 역할이 강조되었고 여성 해방 이데올로기는 경시되었다.[10]

기근이 닥친 1990년대 이후에는 여성들이 가족의 생계를 책임지게 되어 할 수 있는 일이라면 무엇이든 했다. 가장 보편적인 것이 장사나 보따리장수 일이었다. 그러나 제한된 여행 제도, 담당 관리의 뇌물 요구, 운송 체계의 낙후 등으로 인해 여성이 장사를 하기란 매우 힘들었다. 그런데도 여성들이 이런 일에 뛰어든 이유는 남성들이 그런 일을 자존심 상하고 부끄러운 일이라고 생각했기 때문이다. 부업을 하거나 가족이 먹을 음식을 마련하기 위해 텃밭에서 채소를 재배하는 여성도 많았다. 남성들이 일하지 않고 집에 머물러 있는 사이 여성들은 가정 일과 생계 유지라는 이중 부담을 떠안은 것이다.[11]

---

9) 박영자, 256.

10) 전복희, "남북한의 여성 지위와 통일 세대의 여성 문제", 『정책 연구 시리즈』 99-11(아시아-태평양 평화재단, 1992.12.), 10.

11) 심영희, 167.

2. 북한 여성의 경제적 상황

북한은 봉건적 성 역할을 폐지하고 1946년 "민주개혁"을 통해 법으로 평등한 남녀 관계를 확립했다. 또한 북한의 "남녀평등권에 대한 법령"(제3조)과 "사회주의 노동법"에 의해[12] 여성들이 경제 활동 시 노동권과 고용 평등을 보장받으며 사회적·경제적으로 더 나은 삶을 살 수 있는 길이 열리게 되었다.

북한 여성 노동의 특징 가운데 하나는 여성의 노동 참여율 증가 현상이다. 여성의 노동 참여가 결정적으로 증가한 계기는 6·25전쟁이었는데 전후 재건에 필요한 노동력—특히 남성 노동력—이 부족해 여성의 노동력을 이용하는 상황이 벌어진 것이다.[13]

그러나 생산 노동에 참여하는 여성들은 초기에 두 가지 저항에 직면했다. 첫째는 남성들의 부정적인 반응이었고 둘째는 다른 여성들의 저항이었다. 북한은 유교 사상에 기반을 두었고 사람들은 대가족 제도를 당연시했다. 따라서 일각에서는 여성들의 사회 진출 자체를 매우 부정적으로 바라보았다. 종종 "요즘 여자들이 미친 것 같아", "이건 부적절한 일이야"라는 말이 나왔다.[14] 김일성은 여성의 사회 활동에 부정적 시각을 가지고 저항하는 여성들을 비판했다. "어떤 여성들은 여성이 할 수 있는 일은 아무것도 없다고 생각합니다.…그래서 그들은 국가가 세

---

12) 국가인권위원회(2005); 심영희, "북한 여성의 인권 실태와 요인", 「아시아여성연구」 45권 2호, (아시아여성연구소, 2006), 247-248.

13) 윤덕희, 341-342. 전복희, 16-17.

14) 「조선녀성」(1947.1), 33.

워놓은 산업에 참여하기를 주저합니다. 더 나아가 그들은 일하는 여성들을 비난하고 그들의 뒤에서 말을 합니다." 김일성은 여성들의 사회활동에 대한 저항이 "일본의 식민지와 봉건 사고의 잔재"[15] 때문이라고 생각했다. 김일성은 유교적 사고방식이 공산주의 국가를 세우는 데 장벽이 된다고 보았고 정부 수립을 추진함과 더불어 여성의 노동 참여를 독려했다.

[표8] 북한의 여성 노동력 증가 현상[16]

연도	총 노동자수(1,000명)	남성(1,000명)	여성(1,000명)	여성 비율(%)
1953	628	463	165	26.3
1956	850	680	170	20.0
1957				20.0
1958				29.0
1959	1,459	948	511	35.0
1960	1,506	1,014	492	32.7
1961	1,609	1,073	536	33.3
1962	1,865	1,214	651	34.9
1963	1,924	1,228	696	36.2
1964	2,095	1,287	805	38.5
1976				48.0
1987				57.0
1988				49.0
2008				51.4

이 표에서 알 수 있듯이 전쟁 후 농업의 집단화가 완성된 1958년에 여성이 전체 노동력의 29%를 차지했고, 그 비율이 이듬해인 1959

15) 김일성, "현 국제 정세와 여성들의 과업", 『김일성 저작집 3』, 1979, 369-372.
16) 같은 자료, 341.

년에는 35%까지 올랐다. 1960년에는 여성의 비율이 32.7%로 떨어졌으나 1963년에 여성 혁명운동이 일어나고 노동 분류 정책이 시행된 것을 계기로 1976년에는 48%, 1987년에는 57%로 증가했고, 1988년에는 다시 49%로 떨어졌다. 이는 여성 노동력의 성장 속도와 경제 건설 및 전후 복구 과정에서 여성들의 공헌도를 보여준다.[17] 더 나아가 유엔인구기금(UNFPA)의 2008년 통계에 의하면 16세 이상 경제활동 인구의 47.8%가 여성이며 가사 노동을 포함하면 노동인구 가운데 여성의 비율은 51.4%를 차지한다.[18] 그렇다면 과연 북한 여성은 남성과 동등한 권리를 누리며 노동에 참여했을까? 앞의 표를 보면 여성의 노동 참여율이 높아지기는 했지만 일의 형태와 임금에는 많은 차이가 있었다. 즉 성에 따른 직종의 분리가 분명하게 나타난 것이다. 북한에서는 개인의 선호도나 경쟁에 의해서보다는 정부의 인력 배치에 따라 직업이 결정된다. 사회주의 설립 초기에 모든 노동력은 중앙정부에 의해 조정되었다. 즉 정부가 노동 분배를 계획했고 1960년대 후반의 각 경제 분야에 필요한 인력의 숫자를 결정했다. 나중에는 시스템이 바뀌어 각 지방에서 필요에 따라 노동자 수를 조정했다. 그러나 직업 선택을 관장하는 행정조직이 중앙정부에서 각 지방 행정부로 바뀌었을 뿐, 여전히 직업은 개인이 선택하는 것이 아니라 국가에 의해 주어지는 것이었다.

직업별 성비를 보면 여성들이 주로 사회적으로 저평가되거나 임금이 낮은 직종에 종사하는 것을 알 수 있다. 고위관료나 관리자 중 남성이 83.6%를 차지하는 반면 서비스 및 판매업 종사자의 93.4%가 여성

17) 윤덕희, 341-342; 전복희, 16-17.

18) 김원홍, 「북한 여성의 일상생활」(서울: 통일교육원, 2011), 18

[표9] 북한의 직업별 성비[19]

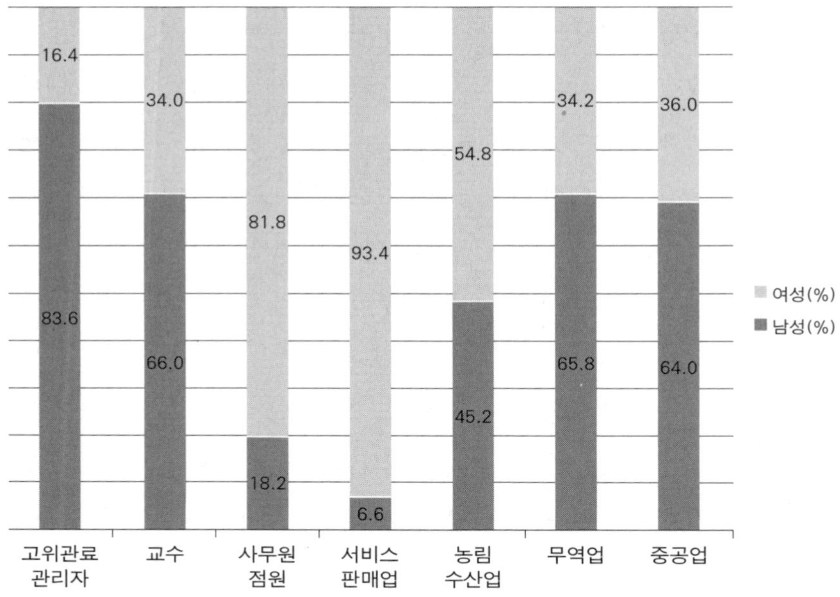

출처: 북한 중앙통계(2009) 및 북한 인구조사(2008). 국책보고서 "표 38"의 내용을 재정리.

이다. 북한 정부는 중화학공업 우대 정책을 추진하며 모성을 보호한다는 명목 아래 여성들을 경공업과 서비스업에 우선 배치했다.

북한의 사회주의 노동법 제84조는 "국가 경제의 각 분야에서 여성의 수입에 관하여" 말하기를 교육과 건강 분야에서 60% 이상, 다른 분야에서는 30% 이상으로 여성의 일자리를 늘리겠다고 했다. 그러나 여성은 사무직과 경공업 분야의 일을 맡고, 남성은 중요도가 높은 일이나 공업 분야에서 일했다. 여성의 신체 조건을 고려한 결정처럼 보이지만

19) 김원홍, 재인용.

성차별적 직업 배치는 여성의 지위와 수입에 영향을 미친다. 그 결과 북한에서는 여성의 일이 "가볍고 쉬운 일"로 인식되고 있다.

앞서 언급했듯이 이 같은 성별 분업 현상은 결국 임금 차별로 이어진다. 북한 법령에도 "동일 노동-동일 임금, 남녀 간 동일 임금 지급 원칙"이 있지만 실제로는 직종이나 기능에 따라 임금에 차별이 생기고 이는 남녀의 역할과 분야를 구별해 남녀 간 임금 격차가 발생할 수밖에 없는 성차별적 구조를 만들어낸다. 북한은 노동력을 합리적으로 배치하고자 노동자의 성별, 나이, 체질, 기술력을 평가한다. 이에 따라 쉬운 일은 여성과 약자가, 힘든 일은 건강한 청년들이 맡고, 기술적인 일은 기능을 소유한 사람이 맡는다. 이는 합리적인 분배 방식 같지만 이 때문에 여성 노동력은 중요성이 떨어지는 보조 인력으로 취급될 수밖에 없다.[20] 즉 다음 페이지의 도표에서 볼 수 있듯이 여성들이 주로 종사하는 경공업과 서비스 산업은 다른 산업보다 임금이 낮다. 경공업 분야의 여성 노동자 비율은 70%에 육박한다. 여성 비율이 특히 높은 가죽과 음료수 산업도 경공업 분야에 속하며 가장 임금이 낮은 상업과 음식 서비스 산업도 여성 비율이 높다.

여성 노동력이 경공업에 몰리고 임금 차별을 받는 원인 중 하나는 북한의 중공업 중심 경제정책 때문이다. 중공업 공장들은 경공업이나 지역 산업 공장에 비해 엄격한 생산 규칙과 당 규율을 적용받는다. 그런데 여기서도 여성들은 관리 기술이 별 의미 없거나 아예 필요 없는 분야에 배치된다. 공장 임원이나 남성 노동자들이 여성을 동료로 받아들이지

---

20) 박현선, "북한 경제 개혁 이후 가족과 여성 생활의 변화", 「금강산에 울리는 여성 통일 골든벨」(평화를만드는여성회, 2005) 58-61.

[표10] 2002년 경제 개혁 이후 산업 유형별 평균 임금(단위: 북한 원)[21]

산업 유형에 따른 평균 임금	
산업 유형	임금
농업, 임업, 어업	2,161
경공업*	1,623
중공업	2,329
서비스 산업*	1,676
합계	1,888
경공업 주요 분야의 평균 임금	
산업 유형	임금
섬유	2,055
가죽*	1,400
신발류	1,583
음료수*	1,373
기본 식품	1,548
합계	1,623
서비스 산업 주요 분야의 평균 임금	
산업 유형	임금
전기	2,388
조선	2,370
철도 수송	1,980
자동차 수송	1,805
문화	1,515
상업*	1,321
음식*	1,300
합계	1,676

* 표시가 된 것은 여성 비율이 특별히 높은 분야임.

21) 김원홍, 19.

않기에 여성은 중공업 분야에서 살아남기 힘들다.[22] 그 결과 여성은 대개 비교적 업무의 난이도와 중요도가 낮은 경공업, 서비스 산업, 사무직에 종사하게 되는 것이다. 이런 식으로 성별에 따라 일하는 분야가 명확히 구분되는데 이 같은 차별은 사회주의 노동법 제37조가 제시한 동일 노동·동일 임금의 원칙과 어긋난다.[23] 이런 현상에 대해 윤덕희는 다음과 같이 설명한다.

> 북한은 사회주의 국가 건설에 여성 노동력이 절대적으로 필요하다는 현실적인 이유에서 여성 노동자를 대거 양산했다. 이 과정에서 대다수의 여성들은 가정을 벗어나 사회적 노동을 경험하고 경제적 주체로서 남성과 동등하게 설 수 있는 기회를 갖게 되었다. 그러나 북한의 성별 분업은 북한 여성의 광범위한 경제 활동에도 불구하고 가부정적인 사회가 남성을 우위에 두고 여성을 예속시키는 요소로 작용하고 있다.[24]

더욱이 1990년대 이후 북한 경제가 심각한 어려움에 봉착하자 여성들은 집으로 되돌아가야 했다. 당시 실업자의 대부분이 여성이었다.[25] 여기서 우리는 독일 통일 후에도 같은 현상이 일어났고 여성의 실업률은 거의 남성의 두 배에 이르렀다는 사실을 기억해야 한다.

---

22) 박영자, 319-321.

23) 심영희(2006), 165; 윤덕희, 345.

24) 윤덕희, 346.

25) 김영란, "북한 여성의 사회복지 정책 연구", 「지역학논집」 5권(2001), 53-84.

3. 북한 여성의 정치적 지위

북한은 정권 창립 이전부터 “남녀평등권에 대한 법령”을 통해 여성의 정치적 평등을 규정했으며 여성에게도 선거권과 피선거권을 보장해 국정 참여의 길을 열어주었다. 또한 호적법 폐지, 국가가 지원하는 자녀 양육 제도 시행, 가사 노동의 사회화를 통해 여성들이 정치와 사회에 참여할 수 있도록 지원했다.

북한은 여성의 정치 참여율을 높이기 위해 최고인민회의의 대의원 687명 중 20%를 여성으로 선출하는 여성 할당제를 채택했다. 이 같은 정책 때문에 실제로 제5기 최고인민회의(1972)의 여성 대의원이 21%, 제10기(1998)와 제11기(2003)가 20.1%, 제12기(2009)가 15.6%를 차지했다. 상임위원회의 경우는 제8기와 제9기에 20%, 제10기에 11.8%, 제12기에 20%였다.

이는 1998년 남한의 여성 국회의원 비율이 2%에 불과한 것에 비하면 매우 높은 수치다. 그러나 과연 북한 여성이 눈에 보이는 결과만큼의 대표성을 확보한 것일까? 한마디로 말해 북한 여성이 남성과 대등한 정치 참여도를 보였다고 할 수는 없다. 왜냐하면 20%의 여성 위원이 노동당에서 성·지역·직종·계층에 따라 안배한 후보자들 중 사전에 정해진 비율에 따라 선출되었기 때문이다. 또한 최고인민회의는 1년에 1-2회 열리는 정기 회의인데 여기에 뽑힌 여성 위원은 주로 국민 영웅(로력영웅)으로서 판매원 출신 등 전문적인 소양이 없는 사람들이었다. 게다가 최고인민회의 자체가 최고의 입법기관임에도 불구하고 실질적인 권한이 없는 형식적인 추인 기관에 불과하다. 최고인민회의 주업무 중 하나가 국가 예산

안 및 결산을 다루는 것인데 대부분 잘 됐다는 자화자찬만 주고받을 뿐이다. 따라서 이곳에서 여성 문제나 의제를 다루기는 쉽지 않다.

한편 북한의 여성 기구들도 북한 여성의 정치 참여와 지위 향상에 기여했다. 북한 공직자들은 여성 기구의 결성을 정부의 중요한 과제로 생각했으며 이를 통한 사회 구성원들의 연대를 기대했다. 김일성은 공적인 민주주의 여성 조직의 결성을 요청했고 "최근 국제 그리고 국내의 상황과 여성의 일"이라는 연설(1945.10.15.) 후에 북조선민주여성동맹이 결성되었다(1945. 11.18). 이는 후에 북한 최대의 여성 조직인 조선민주여성동맹(이하 "여맹")으로 발전했다(1951.1.20). 창립 당시 가입 대상자는 18-55세의 여성들로서 주부와 직업여성들이 주로 가입했다. 정당이나 다른 단체에서 활동하는 여성들은 처음에 여맹에 들어오지 않았으나 1971년에 고위 임원과 일본 식민 통치에 대항했던 투사의 부인들이 참여하면서 회원 수가 270만에 이를 정도로 확대되었다.[26] 그 후 1983년 제5차 여맹 중앙위원회 전원회의는 다른 근로 단체에 가입하지 않은 여성만 가입할 수 있다는 조건을 내걸었는데 이로 말미암아 주요 구성원의 나이가 30세 전후부터 60대까지로 제한되고 동맹이 약화되는 결과를 낳았다.

애초에 여맹의 활동은 봉건주의의 폐습 타파, 여성의 권리 증진, 성차별과 사회문제 해결을 통한 사회주의 국가 건설에 역점을 두었다. 그러나 1961년 김일성이 여성들이 국가의 우선 과제인 사회주의 건설의 한쪽 수레바퀴 역할에 주력할 것을 교시하면서부터 분위기가 달라졌

---

26) 윤미량, "북한 여성의 위상과 역할", 『북한의 여성과 가족』(서울: 경인문화사, 2006), 78-79.

다. 예를 들어 2005년 여맹 중앙위원회는 "노동당의 선군 사상, 선군 정치를 여맹 사업에 어떻게 구현할 것인가"를 토론했다.[27] 이들의 주된 논의 내용은 여맹이 선군의 요청에 부응해 여성 혁명 조직으로 발전하고 여맹원들을 선군 혁명 동지로 키우며 군사력을 강화하는 데 최선의 힘을 쏟아야 한다는 것이었다.[28] 이처럼 여성 기구인 여맹조차 여성 문제를 핵심 의제로 삼지 못했을 뿐더러 양성평등을 위한 사회 비판자로서의 역할도 하지 못했다. 오히려 당의 요구에 따라 여성들을 교육, 관리, 통제하는 북한 세습 체제의 유지에 기여하고 가부장적 질서를 강화하는 역할을 했다.[29]

이처럼 북한 여성의 정치 참여율이 남한 여성보다 높지만 그 수치는 북한 여성의 사회적·정치적 지위를 대변하지 못한다. 여성 대표들이 북한 사회에서 여성의 지위 신장에 많은 공헌을 하지 못한 데는 3가지 이유가 있다. 첫째, 앞서 보았듯이 여성 대표들은 자기 분야에서의 영웅적인 노력을 당에 인정받아 선출된 사람들이다. 따라서 그들은 정부의 이데올로기에 집중하고 아버지 김일성과 김정일에게 충성한다는 정치적 평판에 갇힐 수밖에 없었다. 둘째, 봉건주의 폐지와 여성에 대한 차별 금지를 주장하는 정책은 있었으나 이런 변화를 이끌어내려는 여성들의 자발적 헌신이 없었다. 여성을 위한 북한의 정책들은 여성들이 경험과 투쟁의 과정을 거쳐 "쟁취한" 것이 아니라 사회주의 국가를

27) 김원홍, 30-31.

28) 조선중앙통신사, 「조선중앙연감」 제58호(북한: 조선중앙통신사, 2005). 김원홍, 31에서 재인용.

29) 전복희, 14.

건설하는 과정에서 여성에게 "주어진" 것이었기 때문에 힘이 없었고, 여성 정치인 역시 힘이 미약했다. 셋째, 여성 정치인들은 스스로의 가치관·삶·제도 속에 자리한 차별에 대해 인식하지 못했다.[30]

왜 북한 여성들은 삶 속의 차별을 인식하지 못했을까? 그 이유는 2가지다. 첫째, 유교 전통에 따르면 남성이 지배하고 여성은 지배받는 것이 당연했기에 여성들은 자신이 남성에 비하여 열등하다는 생각을 가지고 있었다. 이런 인식 때문에 여성들은 강력한 정치적 지위의 필요성을 느끼지 못했다. 둘째, 김일성과 김정일의 통치하에서 국민들의 자아의식에 대한 교육은 최소화되었다. 김일성 세습 정부는 매우 강한 의식화 교육을 통하여 통치를 유지하는 데 집중했다. 따라서 북한 사람들은 김일성과 김정일이 세워놓은 삶의 목적과 의미를 따르며 김 씨 일가에 충성하는 것을 시대적 명령으로 여겼던 것이다. 반면 정부에 대해 회의적이거나 비판적인 생각을 갖는 것은 곧 김일성 일가에 대한 불충으로 여겨졌다. 이 모든 것은 북한의 공산주의가 표면적으로 마르크스-레닌의 이데올로기에 기초하고 있지만 실질적으로는 유교와 가부장적 문화에 기반을 두고 있음을 보여준다.

4. 출산과 육아, 집안일의 사회화

여성의 동등한 권리를 보장하기 위한 북한의 정책을 평가하기 위해서는

30) 윤덕희, 351-354; 심영희, 179-183.

우선 1946년 6월 24일과 1946년 7월 30일에 26개 조항으로 제정된 "노동법"을 살펴보아야 한다. 그 구체적인 내용은 다음과 같다. 모성 보호, 여성과 남성의 동일 노동-동일 임금과 유급휴가 제도, 노동 안전과 위생 안전 보장(제7항), 출산 전 35일과 출산 후 45일의 유급휴가와[31] 남녀 동일한 출산휴가, 임신 여성의 가벼운 노동 보장(제15항), 수유 시간—한 살 이하의 아이를 둔 여성은 하루에 30분씩 두 번—보장(제16항). 임신 중 철야 작업 금지 및 수유 시간 보장(제17항). 이처럼 북한의 노동법은 사회적 보험 제공과 같은 모성 보호 법률을 수용함으로써 여성이 남성과 동등한 노동자가 될 수 있는 기초를 마련했다.[32] 북한은 이것을 여성 해방을 위한 정책이라고 불렀고 여성들에게 이 같은 혜택을 주는 데 따른 보상으로서 정부에 협력하고 생산성을 향상시킬 것을 요구했다. 정부가 보다 나은 환경을 제공했기 때문에 여성들은 주어진 과제를 잘 수행해야 한다는 것이었다.[33]

또한 북한 정부는 생산직 일자리의 장벽을 제거해 여성들이 참여할 수 있게 하고 여성의 경제적 독립을 격려하기 위해서 집안일과 "자녀 양육의 사회화"를 시도했다. 따라서 북한은 1947년 6월 13일 "탁아소 규칙"과 "보육에 관한 규정"을, 1949년과 1976년에 "보육 시행령"을 통

31) "육아 규제 행위"는 출산 전 60일, 출산 후 90일, 총 150일의 출산휴가를 규정했다(1993).

32) 임혜란, "북한의 젠더 불평등과 국가 역할: 남북한 비교의 관점에서", 「남북한 체제통합 과제와 정책: 북한 여성과 정치, 복지, 사회의 변화」(서울: 서울대학교 통일학 프로젝트 위원회, 2006.3.15), 8; 박영자, 239.

33) 박영자, 238.

해 여성들의 육아 부담을 덜어주기 위한 법을 제정했다.[34] 또한 각종 국가 단체와 사회 기관들은 생후 1개월에서 3세에 해당하는 아기를 위한 보육원 설립 방침을 전달받았다. 그에 따라 여맹은 보육원 설치 운동을 촉구했고 "보육에 관한 법령"에 의해 1949년 10개의 보육원과 116개의 유치원이 세워졌다. 1958년 각료들의 결정에 따라 보육원과 유치원이 의무교육으로 선언되자 1956년에서 1960년 사이에 보육원 숫자가 극적으로 증가하여 340개에 이르렀다. 1976년에는 6만 여개 시설에서 350만여 명의 어린이를, 1991년에는 166만여 명, 2002년에는 228만여 명의 어린이를 돌보았다.

보육원의 종류도 다양했다. 월요일에서 토요일까지 문을 여는 주중 보육원의 경우 부모들은 주중에 아이를 맡기고 주말에만 아이들을 데려가면 되었다. 이 같은 주중 보육원은 1961년부터 각 지방 및 도시마다 2, 3개씩 설치되었다. 아이들을 한 달 동안 돌보는 보육원은 1965년 기준으로 단지 두세 군데에 불과했다. 보육원과 유치원이 증가하자 관리를 강화할 필요를 느낀 정부는 보육원과 유치원 교사의 자격 요건을 고등학교 졸업에서 대학교 졸업으로 강화했다. 또한 유치원 지도 기관을 만들어서 보육원과 유치원의 교육 제도를 정비했다.[35] 이런 노력을 통해 1970년 이래 북한에서는 해당 나이의 아동 중 80%가 보육원과 유치원에 다녔다. 조부모나 일을 그만둔 엄마가 돌보는 아이들도 있었을 테니 그 정도면 그 나잇대 아이들에게 필요한 보육 지원을 충분히

34) 김혜란, "북한 여성의 여성 문제 인식 및 복지 서비스 욕구: 탈북 여성을 중심으로", 「남북한 체제통합 과제와 정책」, 2.

35) 윤미량, 77.

제공할 수 있었다. 또한 형평성 문제 때문에 보육원이나 유치원 교사들은 자녀들을 자기 반에 둘 수 없었다. 다른 아이들의 정서 발달에 문제가 될 수 있기 때문이다. 북한의 이념 교육 내용과 방법에 비판의 여지가 있기는 하지만 그럼에도 북한 정부가 양질의 보육 제도를 실시하려고 노력을 기울인 것은 분명하다.[36] 그러나 북한의 경제 위기로 운영이 불안정해지자 문을 닫는 탁아소가 많아졌고 육아에 대한 부담은 전적으로 여성의 몫이 될 수밖에 없었다.

여성의 동등한 권리를 보장하기 위한 또 다른 정책으로는 "집안일의 사회화"를 들 수 있다. 북한 정부는 1973년 정무원 결정 제11호에서 이 정책을 두고 "위대한 지도자 김일성의 제안을 이루기 위한 제안, 즉 힘든 부엌일과 버거운 집안일로부터의 여성 해방을 위한 기술 혁명의 과제"라고 기술했다. 이를 위해 북한 정부는 현대화에 필요한 두부 공장, 된장 공장, 밥 공장과 국수 공장을 각 지역에 늘리기로 하고 야채와 고기를 지급했다. 그러나 북한 정부의 노력은 여성의 가사 노동을 줄이는 데 큰 도움이 되지 못했다. 예를 들어 여성을 부엌일에서 해방시키기 위해 1980년대 초 평양에 세워진 밥 공장에서는 밥을 짓는 과정에서 쌀이 줄어드는 일이 많았기 때문에 여성들의 외면을 당했다. 이는 당시 북한 사회가 얼마나 식량공급 문제로 고전했는가를 보여준다. 이처럼 집안일을 줄이기 위한 정책의 일환으로 세워진 공장들은 잘 가동되지 않았고 여성들에게도 별 도움이 되지 못했다. 집안일이 다시 여성의 의무가 되자 여성들은 바깥일과 집안일의 이중 부담을 질 수밖에

36) 같은 자료, 99-100.

없었다.

5. 가정에서 북한 여성의 역할

1) 자녀 교육의 책임자이자 "혁명적 어머니"인 여성

「조선녀성」은 여맹의 회보로서 북한의 유일한 여성 잡지다.[37] 「조선녀성」을 보면 북한은 여성을 전통적인 역할인 어머니, 아내, 딸로 재정의하고 있다. 사회주의의 원리대로라면 여성의 새로운 역할은 "혁명적 어머니"다. 이에 대해 김일성은 다음과 같이 말했다. "어머니는 자녀들이 위대한 공산주의자가 되도록 교육할 막대한 의무를 가지고 있다. 그리고 이 목적을 위한 교육과 자녀의 인격 형성에 있어 어머니의 역할이 아버지보다 더 중요하다." 또한 「조선녀성」에 따르면 아버지도 자녀 교육에 영향을 끼치지만 자녀를 낳고 키우는 어머니가 더 많은 책임을 진다고 한다.[38] 「조선녀성」이 묘사하는 혁명적인 어머니는 매일 자녀들과 함께 거리를 청소하고, 자녀들을 교육시키고 예의범절을 지켜 모범을 보인다. 또한 공부를 게을리하는 자녀가 열심히 공부하고 자기 일을 스스로 할 수 있도록 가르친다. 따라서 북한 사회에서 어머니의 보편적 역할은 자녀의 잘못된 행동과 성향을 고치는 것뿐만 아니라 자녀들이 공동

---

37) 「조선녀성」은 1946년 7월부터 1982년 8월까지 1년에 6차례 발행되었다. 이 잡지는 정당의 정책을 설명하고 정책과 사업을 홍보하는 동시에 공산주의 이데올로기를 논리적으로 교육하고 전파하는 미디어로서의 역할을 했다.

38) 「조선녀성」(1991.6.15).

체와 국가에서 자신의 역할을 발전시킬 수 있도록 지도하는 것이다.

더 나아가 자신의 자녀뿐만 아니라 모든 아이를 향한 사랑이 강조되었다. 예를 들어 「조선녀성」은 부모 없는 아이들을 데려다가 돌보는 여성을 소개했다.[39] 주민이 15가구뿐인 대천시 광천동에 사는 조고범이라는 여성은 어머니가 없는 7명의 아이들을 위대한 일꾼으로 키웠다.[40] 또한 함경북도 황성군의 김순금 씨는 13명의 전쟁고아를 돌보았다.[41]

1990년대 "혁명적 어머니"의 가장 중요한 역할은 자녀들을 "충성된 공산주의자"로 키우는 것이었다.[42] 다음은 여성의 충성에 대한 좀 더 구체적인 설명이다.

> 녀성은 가정의 주부이며 온 가정에 건전하고 화목한 분위기가 차고 넘치게 하는 꽃이다. 늙은 부모들이 여생을 값있게 보내도록 잘 돌봐주는 것도 녀성들이며 남편이 혁명 사업을 잘하도록 적극 도와주고 받들어 주는 것도 안해이며 혁명 동지인 녀성들이다. 아들딸들을 낳아 키우는 것도 녀성들이며 그들을 혁명 위업의 미더운 계승자로 준비시키는 첫째가는 교양자도 녀성들이다.[43]

39) 「조선녀성」(1989.6).

40) 「조선녀성」(1991.6).

41) 같은 자료.

42) 송두율, "북한 사회를 어떻게 볼 것인가?", 「사회와 사상」(1988.12). 송두율에 따르면 충성스러운 공산주의자란 첫째, 노동을 사랑하며 자발적으로 참여하는 자다. 둘째, 주체사상적 인간으로 자본주의 이데올로기를 거부하고 주체사상을 구현하는 사람이다. 셋째, 개인의 이익보다는 그룹의 공동 이익을 추구하는 공동체적 인간이다. 넷째, 공산주의자들의 승리를 위해 헌신하는 낙관적인 사람이다.

43) 「조선녀성」(1993.3.15).

북한이 새로운 이데올로기의 이상적인 어머니로 규정하는 "혁명적 어머니"도 실은 이름만 다를 뿐 남편을 돕고 어린이와 노부모를 돌보는 전통적인 여성의 역할을 수행해야 하는 것이다.

2) 남편의 보조자인 여성

북한 여성의 역할은 혁명가인 남편의 보조자이며 자녀를 다음 세대의 혁명가로 훈련시키는 어머니로 사는 것이었다. 어머니는 스스로 사회주의 문화를 실행함으로써 집안을 혁명가의 가정으로 만드는 주인공이다.[44] 김일성이 1967년 절대적 권력을 확립한 후 그의 어머니 강반석은 여성들의 표상이 되었다. 북한의 「로동신문」 1967년 7월 31일자는 그녀를 "우리 모두의 어머니"로 소개했다. 그때부터 모든 여성, 특히 기혼 여성은 강반석을 삶의 모범으로 삼아야만 했다. 여맹은 모든 여성이 『강반석 녀사를 따라 배우자』라는 책을 100번 읽도록 했고 1970년에는 이것을 암기하게까지 했다. 그들은 그녀를 아래와 같이 선전한다.

> 강반석 녀사는 조국의 광복을 위하여 싸우신 남편 김형직 선생의 혁명활동을 자기의 모든 것을 다 바쳐 도와주신 방조자였으며 친근한 전우였을 뿐만 아니라 김일성 동지를 조선 민족의 탁월하고 위대한 수령으로 키우신 어머니이시며 조국의 광복과 녀성들의 해방을 위하여 녀성대중을 혁명으로 이끄는 투쟁을 직접 조직·지도한 훌륭한 혁명가였다. …녀사의 빛나는 생애와 활동은 우리 녀맹원들과 녀성들에게 어떻게

44) 박영자, "북한의 남녀평등 정책의 형성과 굴절(1945-1970): 북한 여성의 정치 사회적 지위 변화를 중심으로", 「아시아여성연구」 43권 2호(2004), 323.

혁명하는 남편을 돕고 자제분들을 키우며 시부모를 공대하고 가정을 혁명화해야 하는가를 가르쳐주는 생활과 투쟁의 훌륭한 본보기다.[45]

그러나 혁명적인 이데올로기를 제외하면 북한 여성의 모델인 강반석도 전통적인 한국 여성의 모습과 다를 바가 없다. 그녀 역시 어렸을 때는 아버지에게 순종했고 결혼 후에는 남편의 뜻에 순종했으며 남편의 죽음 이후에는 아들에게 순종한 삼종지도의 전형이었다. 1970년대 후반 김정일이 권력을 계승하자 김정일의 어머니인 김정숙도 위대한 지도자에게 충성스레 순종했던 "주체적 혁명 전사"로 알려졌다. 김정일의 삶은 주체사상에 의해 각색되었고 모든 여성이 강반석과 김정숙을 따를 것이 적극 권장되었다.[46]

그러나 김일성과 김정일의 어머니를 강조하는 것이 곧 어머니의 권리 강화를 의미한 것은 아니다. 대신 그들은 어머니의 훈육이 아들을 최상의 지도자로 만들어 부자 승계를 이끌었다고 주장함으로써 권력 세습을 정당화하고자 했다. 강반석과 김정숙을 어머니와 아내의 최고 모델로 내세움으로써 북한 가정에 특정한 어머니와 아내의 역할을 정착시키고자 시도한 것이다. 남성 또는 아버지의 모델이 부재한 상황에서 현명한 어머니와 아내의 모델만을 강조한 것이다. 흥미로운 점은 김일성의 어머니인 강반석을 어머니와 여성의 모델로 부각시킨 반면에 그의 아버지인 김형직은 단지 항일 투사로만 묘사했다는 점이다. 이를

45) 조선민주녀성중앙위원회, 『강반석 녀사를 따라 배우자』(평양: 근로단체출판사, 1967), 1-2.

46) 같은 자료, 324.

통해 북한의 지도자들이 오직 김일성만을 북한 백성의 아버지로 만들고자 했음을 알 수 있다.[47]

이처럼 북한의 여성들은 늘 희생할 준비가 되어 있는 "혁명적 어머니"가 되라고 요구받았다. 여성은 자녀들이 어머니를 도덕적 모델로 삼아 그 뒤를 따르도록 양육하고, 자녀들을 이기적이지 않고 집단 정신을 가진 훌륭한 공산주의자로 키워야 한다. 강반석과 김정숙을 "혁명적 어머니"의 모범으로 부각하는 것은 북한 정부가 추구하는 여성상을 잘 보여주는 예다. 북한 정부는 여성들에게 국가를 위한 혁명가들이 되기를 요구하면서도 유교적 여성상과 별반 다르지 않은 여성상을 촉구한다. 북한 사회는 여성들에게 혁명가의 특성과 자녀를 위한 일차적 교육의 책임자로서 무조건적인 희생을 동시에 요구하는 것이다. 결국 "혁명적 어머니"라는 개념은 "사회주의적 공산주의 어머니"와 "전통적이고 희생하는 여성", 이 2가지 상을 모두 내포한다.

3) 여성의 가정 내 지위와 부부의 역할 분담

1990년 시행된 북한의 가족법 제18조는 "남편과 아내는 가정에서 같은 권리를 가진다"고 규정한다. 그러나 이런 가족법이 남편과 아내가 진정 동등한 권리를 누리도록 만들었는지는 의문이다. 탈북자의 증언과 북한의 문학작품을 보면 북한 가정은 남편 중심으로 움직인다. 남편은 집안의 머리라고 불리며 가정 내 의사 결정 과정에서 절대적 권위를 가진다. 부계가 계승되는 호적 제도는 폐지되었지만, 1990년 제정된 가족

47) 박현선, 32-34.

법 시행령 제26조("자녀들은 아버지의 성을 따른다")에서 볼 수 있듯이 가정의 중심, 친족 관계 모두 남편 쪽에 맞춰져 있다. 부부가 대화할 때도 아내는 남편에게 존칭을 쓰는 반면 남편은 아내에게 반말을 한다. 아내는 남편을 "집안의 가장" 또는 "주인"이라고 부른다. 아내가 남편에게 순종하며 헌신하는 것은 이론의 여지 없이 당연한 것으로 여겨진다. 남편의 외도는 흔한 일이요, 큰 문제도 아니며 아내에 대한 구타가 허용되는 것이 북한 가정의 일반적인 모습이다.[48]

북한의 단편 소설 "행복의 무게"에 보면 가정불화를 경험한 한 여의사가 연구원으로 일하는 친구에게 다음과 같이 말한다.

> 유경이, 차마 너를 못 보겠구나. 물론 연구 사업은 훌륭하고 숭고한 일이지. 그래서 난 연구 사업을 그만두라고 하고 싶진 않아. 그러나 우린 어머니이고 안해이며 한 가정의 주부야. 녀성이 가정을 잃으면 도대체 무엇이 남겠니?…노엽게 생각지 말아. 난 네가 편안하지 못하고 불화가 많았던 우리 가정처럼 되지 않길 바랄 뿐이다.….우리 녀자들이야 가정이 있잖니. 아이를 잘 키우고 남편을 성공시키고 자기 자신도 성공하고 싶은 것은 우리 같은 녀성들의 리상이지. 하지만 그것이 그렇게 쉽진 않아. 녀성의 성공에 비껴진 가정은 벌써 균형이 파괴되어 엉망이 되었다는 걸 의미하지. 남편이 주부가 되었던지 아니면 아이들이 때식을 번지[끼니를 거르]던지.[49]

48) 임선희, "소설을 통해 본 북한 여성의 삶", 『북한의 여성과 가족』(서울: 경인문화사, 2006), 187.

49) 리라순, "행복의 무게", 「조선문학」 3(2001), 31-33.

또 다른 단편 소설 "삶의 향기"에서 한 대학 교수는 가정에서의 아내의 역할에 대해 다음과 같이 말한다.

> 도대체 녀자에게 무슨 큰 뜻이 있다구.…도무지 녀인들은 생활을 모르거던. 아이들을 훌륭히 키우는 일이며 가정의 화목과 알뜰한 꾸림이 곧 녀성의 희망 중에서 큰 몫을 차지한다는 것쯤이야 알고 있어야 할 게 아닌가.…안해가 남편의 말을 잘 듣는 것이 왜 약점으로 된단 말인가?…남편을 돕는 것을 안해로서의 본분으로 미덕으로 생각하며 살아온 안해는….[50]

앞의 두 이야기는 북한 여성이 어머니로서, 남편의 내조자로서 자신을 어떻게 규정하는가와 직업을 가진 여성들이 일과 가사를 병행하는 것이 얼마나 어려운가를 잘 보여준다. 이는 북한 사회가 유교적 관념에 근거한 "여성 복종"의 이념에 기초하고 있음을 보여주는 예다. 법으로는 여성 복종의 이데올로기와 여성을 향한 경멸을 금했으나 실상은 달랐다. 즉 법적으로는 여성과 남성이 동등한 권리를 보장받았으나 정작 북한 사회의 기저를 이루는 것은 매우 강한, 남성에 대한 여성 복종의 이데올로기였다.

다음의 두 탈북 여성의 증언을 통해 북한의 가정과 사회에서 여성의 지위를 알아보자.

---

50) 정현철, "삶의 향기", 「조선문학」 11(1991), 42-43.

북한 여성은 아직도 남존여비 사상에서 헤어나지 못하고 있다.…남자들의 입에서는 버젓이 "남녀칠세부동석"이라는 말이 나오며 남자들은 여자들이 자기 앞을 지나가는 것조차 싫어한다. 한 예로 우리 학교가 남녀공학이 되었을 때 여학생들은 교실에 남학생이 한 명만 있어도 교실에 들어가지 못했다.…더욱 한심스러운 것은 쉬는 시간이 되어도 여학생들은 볼일을 보러 가지 못했다는 것이다. 소변을 보러 가자면 창문 쪽에 앉아 있는 여학생들은 복도 쪽에 앉아 있는 남학생들 앞을 지나가야 했는데 여학생들이 남학생들의 앞을 지나가는 것을 매우 꺼렸기 때문이다.…그 당시 나도 남자들을 위해 응당 그렇게 하는 것이 여자로서 몸가짐을 바로 하는 것인 줄 알았다.[51]

…남자들 앞에서 술을 마실 수도 없을뿐더러 담배를 피웠다간 여지없이 비판의 대상이 된다. 더욱이 여성으로서 동년배의 남자에게 반말을 하는 것은 어불성설이다. 또한 결혼하여 살더라도 무조건 남편에게 복종해야 한다. 남편의 잘못을 보고도 아내는 싫은 소리 한마디는커녕 불만스러운 표정 한 번도 보이지 않아야 한다.[52]

탈북자들의 증언에 의하면 여성들은 남편을 집안의 머리로 받아들임으로써 가정의 평화를 유지해야 한다고 생각했기 때문에 남편들로부터 불평등한 대우를 받아도 저항하지 않는 경향이 있다. 그 결과 남편의

51) 여만철 외, 『흰 것도 검다』(서울: 도서출판 다나, 1996), 230-231.
52) 박혜란, "남북한 생활 문화와 삶의 질", 이배용 엮음, 『통일을 대비한 남북한 여성의 삶의 비교』(서울: 이화여자대학교 한국여성연구원, 1997), 254.

학대를 견디지 못해 탈북을 한 경우도 있다.[53] 하지만 식량 위기로 고통을 당하는 많은 북한 가정에서 가부장적 문화는 더 강해지고 있다.[54]

집안의 대소사도 실제로 아이들을 돌보고 집안일을 도맡아 하는 여성이 아니라 남편이나 시어머니가 결정한다. 남편과 아내의 일은 분명히 구분되며 남편에게는 가정을 대표하고 가족을 부양하며 자녀를 교육할 책임이 있다. 반면 아내의 역할은 집안을 돌보며 아이들을 양육하는 것이다. 일반적으로 여성이 남편에게 순종적인 자세를 취하는 것이 부부 사이의 기본 태도다. 또 다른 탈북 여성의 증언에 의하면 남편은 그녀를 아내라기보다는 하녀처럼 대했다고 한다. 남편은 그녀의 일거수일투족을 감시했으며 결혼 생활 내내 법으로 보장된 동등함은 전혀 누릴 수 없었고 오히려 남편이 항상 그녀를 겁주어서 남편을 모시며 살았다는 것이다.[55] 또 다른 여성의 증언에 의하면 결혼하기 전 그녀의 어머니는 여성은 절대적으로 남편에게 순종하면서 살아야 한다고 가르쳤다고 한다. 그래서 그녀는 마치 "벙어리", "귀머거리", "장님"처럼 참고 살았다. 결혼 생활을 하면서 그녀는 매일 직장에서 돌아와 남편의 저녁을 준비했다. 가까이 있는 친정집에도 방문할 수 없었고 북한을 떠나올 때까지 저녁 상차림을 한 번도 거른 적이 없다고 한다.[56]

북한 여성들은 이 같은 대우에 의문을 제기하지 않았다. 이들은 장

53) 통일연구소, 『북한인권백서』(서울: 통일연구소, 2004), 178.

54) 임선희, 192.

55) 김정미, "북한 여성의 정체성 변화에 관한 연구"(서울: 이화여자대학교 대학원, 석사학위논문, 1999), 21-22.

56) 김석향, "일상생활에서 본 북한의 성평등 실태와 여성 인권 문제", 『북한의 여성과 가족』, 288.

을 보고 음식을 준비했으며 음식 조리를 위해 석탄이나 나무 같은 연료까지 준비해야 했다. 전기와 물이 충분치 않을 때도 남편들은 가사를 도우려 하지 않았지만 북한 여성들은 그것이 자신의 역할이라고 받아들였다. "당연히 이것들은 여자의 책임이지", "여자의 일과 남자의 일에는 구별이 있지", "여자들은 절대 순종적인 소녀가 되는 운명을 가지고 태어났지"라는 말들이 일상에 흔히 쓰였다. 따라서 여성들은 남편의 도움을 받게 되면 매우 고맙게 생각했으며 남편이 돕기를 거절하면 그 모든 짐을 혼자서 감당해냈다. 식량난 이후에 행상을 나가 생계를 책임지는 일 역시 여성들의 몫이었다.

4) 1990년대의 경제난 이후 여성 역할의 변화

1990년대 발생한 경제난으로 말미암아 북한 사회는 많은 변화를 겪게 되었다. 공식적인 식량 공급 체계가 무너지면서 개인 스스로가 생계를 책임져야 했다. 가사를 맡던 여성도 예외가 아니었다. 물자와 전기가 부족해 북한이 내건 "3대 기술 혁명"의 하나인 여성의 가사 노동 해방을 실생활에 적용할 수 없게 되자 1998년 사회주의 헌법(개정)에서 남녀평등권에 관한 규정 중 "여성들을 가정일의 무거운 부담에서 해방하며"라는 부분을 삭제했다.[57]

경제난 이후 다음과 같이 여성들의 역할이 변화했다. 첫째, 장사 등의 부업을 통해 가정의 생계를 책임지게 되었다. 식량 배급이 끊어지고 아사자가 (대량) 발생하면서 개인적 상업 활동에 대한 북한 당국의 단

57) 김원홍, 36.

속이 사라지자 여성들은 장사나 외화벌이를 통해 생활비를 마련했다. 이처럼 북한 여성들은 가족을 부양하게 되었다.[58]

둘째, 여성들 스스로의 의식 변화다. 경제난 이후 여성들은 그동안 배워왔던 헌신적이고 복종적인 여성상에 대해 의문을 가지기 시작했다. 즉 자아의식이 생겨나고 주체 의식을 갖기 시작했다. 이로 인해 여러 가지 사회 현상이 발생했는데 이를테면 가정 폭력과 과도한 노동에 시달리던 여성들이 가출이나 이혼을 하는 일이 발생했다. 또한 심각한 영양 부족과 생활고에 시달리던 여성들이 출산을 기피하면서 북한 사회의 출산율이 감소했다. 덧붙여 독신 여성을 매춘 여성으로 생각하던 인식이 점차 변하고 가족 부양의 짐에서 벗어나기를 원하는 여성들의 독신 선호가 확산되었다.[59]

셋째, 물질적 개인주의 경제관이 확산되었다. 배급제가 붕괴되고 시장경제 요소가 도입되는 상황에서 여성들은 장사 등 경제 활동에 참여하며 자본주의적 요소들을 채득하게 되었다. 폐쇄된 사회 속에 살던 사람들이 중국과의 교역을 통해 외부 세계의 정보를 접하게 되었고 새로운 가치관을 갖게 되었다. 돈이 사회 속에서 절대적 가치로 자리 잡으면서 물질주의가 확산되기 시작했고 빈부 격차는 개인주의를 더욱

---

58) 배영애, "1990년대 북한의 경제난 이후 여성의 역할과 의식 변화", 「통일 전략」 10권 2호(2010), 107-198. 여성들의 장사 유형은 크게 다섯 가지로 나뉜다. 가정에서 떡이나 빵, 국수를 만들어 파는 (불법적) 가게형, 당국의 허가를 받고 텃밭에서 경작한 농산물이나 간단한 먹거리를 장마당에 파는 합법적 장마당형, 국경 지역의 조선족에게 물건을 사서 되파는 불법적 되거래형, 생필품을 들고 북한 전역을 돌아다니는 보따리형, 지하자원을 불법으로 거래하는 지하자원형이다.

59) 임순희, 『식량난과 북한 여성의 역할 및 의식 변화』(서울: 통일연구원, 2004).

강화하는 요인이 되었다. 또한 직접 돈을 벌기 시작한 뒤로 자신의 능력에 따라 생활 수준이 변화될 수 있다는 것을 경험한 북한 여성들은 생계 유지를 위한 경제 활동을 하는 데서 생활의 편익을 추구하는 쪽으로 방향을 바꾸었다. 2003년 공식적으로 시장 경제가 허용된 이후, 소설이나 기관지 등에는 여성들의 물질주의적인 경향과 비도덕적인 모습을 지적하는 내용이 많이 실렸다.[60]

넷째, 가사 분담의 변화다. 1980년대에는 집안일이 전적으로 여성의 책임이었다. 그러나 여성들이 경제 활동을 시작하면서부터 남편들의 가사 참여가 점차 증가했다.

> 이전에는 여자가 집에 들어와서 밥도 짓고 가정일도 하고 그랬는데, 이제는 남자들이 나가서 자기네 역할을 못하니까, 본인들 잘못은 아니고 국가적 사정 때문이지만, 여자가 시장에 나가서 장사를 하든 산에 가서 산나물을 뜯어 오든 해서 이젠 세대주 역할을 하니까, 남자가 밥도 해주고 청소도 해주게 되는 추세예요. 예전에는 남자가 그런 일을 하면 부끄러워했는데 이제는 크게 부끄럽지 않은 일로, 할 수 있는 일로 생각하더라고요.[61]

그러나 이는 북한 사회 전체의 변화라기보다는 경제적 타격을 입은 중하층에서 주로 나타나는 현상이었으며 북한 사회 전반에 걸친 남성

---

60) 김원홍, 48-49.

61) 박현선, 「현대 북한의 가족제도에 관한 연구: 가족의 사회적 재생산과 가족 제도의 관계를 중심으로」(서울: 이화여자대학교 대학원, 박사학위논문, 1999), 245-246.

중심적·가부장적 생활 방식에는 큰 변화가 없었다. 남성의 가사 분담도 아내를 도와주는 남편의 배려로 생각하는 경향이 더 많다.

6. 북한 여성과 유교

1) 북한 여성이 짊어진 이중의 짐

법적으로나 표면적으로는 북한 여성도 진취적인 경제 활동에 참여하기에 북한 사회에서 여성이 남성과 동일하게 가치 있는 존재로 여겨진다고 보아도 무리가 없다. 그러나 북한 사회는 여성들에게 가정과 사회에서 제 역할을 할 것을 동시에 요구한다. 북한의 법에 따르면 여성은 모름지기 현숙한 어머니로서 남편과 자녀, 부모를 공경해야 한다. 여성들은 공적으로는 훌륭한 경제 활동자가 되어야 하고 가정에서는 아내, 어머니, 며느리로서의 기대치를 충족시켜야 한다. 즉 "혁명적 여성"과 "전통적인 아내"의 모습을 동시에 갖추어야 한다. 따라서 여성들은 사회적인 일과 집안일을 동시에 만족스럽게 해내야 하는 이중의 짐을 짊어지게 되었다.[62]

북한의 많은 여성은 이런 이중 부담을 지고 있음에도 불구하고 남녀가 평등한 세상에서 살고 있다고 생각한다. 북한 정부가 교육한 대로 자신들이 주체적인 삶을 살아가고 있다고 여기기 때문이다. 반면에 이들은 남한 여성들이 자본주의 사회에서 곤경에 처해 있다고 믿는다. 북

62) 전숙자, 27; 심영희, 178.

한의 「로동신문」은 "남한 여성들은 착취와 억압을 받으며 미군들에게 희롱을 당하는"[63] 반면 북한은 여성을 노예로 여기는 오래된 봉건적 자본주의 사회로부터 벗어나 여성들이 남성들처럼 품위 있고 당당하게 살 수 있는 유일한 곳이라고 보도한다.[64]

a. 북한 여성과 유교

비록 새롭게 등장한 사회주의 이데올로기가 북한의 주도적인 이데올로기로 자리 잡았다 해도, 옛 전통과 문화는 사람들의 생각과 삶에 지속적인 영향을 미치고 있다. 새로운 사회주의가 봉건주의와 오래된 유교 전통을 타파했다는 이들의 주장은 어느 정도 일리가 있다. 실제로 북한의 새로운 사회체제와 법령은 여성의 지위와 역할에 주요한 변화를 가져왔다. 그러나 앞서 보았듯이 실질적인 삶에서 북한 여성의 역할과 지위에는 큰 변화가 없었다. 여성 종속의 이데올로기는 아직도 뚜렷이 드러나며 여성의 역할은 어머니와 남편의 보조자로 규정된다. 호주제가 폐지되어 법적인 성평등이 이루어진 후에도 북한 여성들은 여전히 남편과 시부모에게 순종할 것을 강요받고 있다. 북한 여성의 역할 모델인 강반석과 김정숙은 한 번도 남편과 시부모에게 대꾸를 하지 않았다고 묘사된다. 이들은 최대한 남편을 도우며 순종하는 모습으로 그려지고, 자녀들을 훌륭하게 훈련시켰다는 점이 강조된다. 지혜로운 어머니이자 좋은 아내로서 남편에게 상냥히 대하고 또 남편에게 절대적으로 순종해야 한다는 김일성의 요청은 곧 북한 여성들의 삶의 기준이

---

63) "더 이상 모욕당할 수 없다", 「로동신문」(1999.3.8).

64) 김석향, 296-298.

되었다.[65]

윤미량은 사회주의에 기초한 북한의 새로운 정책도 봉건주의 전통을 완전히 제거하지는 못했다고 지적한다. 오히려 새로운 법률 정책과 오래된 유교적 전통이 섞여 북한 사회는 전적인 "사회주의 국가"도 아니고, 전적인 "유교 국가"도 아니게 되었다. 그녀는 이를 "이상과 실체의 복합체"라고 일컫는다. 따라서 북한의 사회주의는 "유교적 사회주의"라고 부를 수 있다.

북한의 "유교적 사회주의"를 이해하려면 북한의 이데올로기와 사회 체제가 일종의 "종교"에 가깝다는 특이성을 감안해야 한다. 김일성과 김정일은 단지 국가 지도자들이 아니라 북한 주민들의 "아버지"이며 "하나님"이었다. 북한 주민들은 그들이 성취하고 즐기는 모든 것이 지도자의 은혜와 자비에서 비롯되었다고 고백한다. 따라서 북한 주민들의 삶의 목표는 위대한 지도자를 위한 충성과 헌신에 있다.

이처럼 북한의 "유교적 사회주의"는 제도만이 아니라 "신앙"이요, 따라서 "숭배"적 성격을 가지고 있다. 북한 주민들에게 국가 지도자들에 대한 충성은 곧 가부장적 전통과 문화 안에서 "혼합된 종교"가 되었다. 이러한 현상들에 대해 다음과 같은 질문들을 제기할 수 있다. 과연 북한 여성들이 미래 사회에 나타날 불평등을 바로잡기 위해 남한 여성들과 함께 투쟁할 수 있을까? 또한 정부가 제공하는 혜택을 누리며 살았다고 고백하는 북한 여성들이 스스로를 유교적 사회주의 안에서 사는 존재로 볼 수 있을까?

---

65) 김일성, "여성은 여성다워야 하오", 「조선녀성」 4권(1989), 5.

앞서 설명했던, 통일 후 독일 여성이 남성과 동등한 권리와 사회적 위치를 누리지 못했다는 분석은 미래의 통일 한국을 준비하는 데 참고할 만하다. 또한 이는 북한 여성들의 고용과 권리를 보호하는 지침으로서 통일의 과정에 이바지할 수 있을 것이다.

3장

유교가 남한 여성의 삶에 미친 영향

남한 헌법은 1948년부터 남성과 여성의 법적 평등을 보장해왔다. 헌법 제8조는 성, 종교, 사회적 지위에 기인한 정치적·경제적·사회적 차별을 금지한다. 그러나 북한의 경우와 마찬가지로 이런 헌법 조항이 남한 여성의 지위 향상에 큰 영향을 미치지는 못했다. 2014년 유엔 개발계획(UNDP)이 새롭게 마련한 GDI(Gender-related Development Index, 여성개발지수)에 따르면 남한은 148개국 중에서 85위로 하위 그룹에 속하며 OECD 국가 중에서는 34개국 중에서 33위로 최하위인 터키 바로 앞이었다.[1]

또한 경제 분석 기관인 EIU(Economist Intelligence Unit)는 2010년도의 여성경제기회지수(WEOI, Women's Economic Opportunity

1) 주재선, 문유경, 임연규, 「2014년 한국의 성평등 보고서」(여성가족부, 2014), 107, 111.

Index)를 통해 113개국의 여성 노동자 및 직장인의 경제적 여건을 조사하고 법과 제도, 관습과 태도 면에서 여성이 남성과 같은 조건으로 참여할 수 있는 여건인지 밝혔다.[2] 남한의 여성경제기회지수 순위는 113개국 중 35위였다.[3] 분야별 순위에서는 금융이 21위로 최고인 반면 법적·사회적 지위는 66위로 최하였다. 전체 순위는 중간 정도지만 OECD 34개국 중에는 30위로 매우 낮은 수준이다. 또한 남한의 점수는 금융을 제외한 모든 분야에서 OECD 평균 이하였고, 임금 및 직장 내 대우 면에서도 다른 선진국들에 비해 매우 낮은 점수를 보였다.[4]

남한 여성들의 위상을 제대로 파악하기 위해 경제적·정치적 지위, 가족 정책과 사회 지원 제도, 가정에서의 지위를 자세히 살펴보자.

1. 남한 여성의 경제적 지위

남한은 노동 집약과 수출 주도 전략을 통해 1960년대 이래 급격한 경제 발전을 이루었다. 이에 따라 수출액은 4,100만 달러(1961)에서 650억 달러(1990)로 올랐고 그중 제조업 비중이 83%를 차지했다. 제조업은 경제 발전의 결정적 요인이었다. 수익을 올리기 위해 직물, 의류, 고무 및 플라스틱 제품, 전자 제품, 신발, 도자기와 같은 저임금 비숙련 노

---

2) 김태홍, 전기태, 주재선, 「2011 한국의 성평등 보고서」(서울: 여성가족부), 85.

3) 2012년 보고에 의하면 조사 대상이 128개국으로 늘어났는데도 남한의 순위는 35위로 변화가 없었다.

4) 김태홍, 전기태, 주재선, 89-92.

동으로 가능한 물품 생산에 집중했기 때문이다.[5] 또한 여성의 노동 참여율은 1963년부터 증가했고[6] 제조업 노동자의 절반 이상이 여성이었다. 이 같은 사실은 여성들이 한국 경제 발전에 선도적인 역할을 했음을 보여준다.[7]

남한 정부가 경제 발전의 주도권을 쥐고 "선발전 후분배"라는 슬로건을 앞세워 산업을 지배한[8] 상황에서 여성의 노동력은 값싸게 취급되었다. 대다수 남한 사람들은 나라가 경제 발전을 이루면 만인에게 부가 공평하게 분배될 것이라고 기대했다. 그러나 현실에서는 부자가 더 부유해졌으며 가난한 자는 가난을 벗어나기 어렵고 동일 노동-동일 임금의 원칙은 지켜지지 않았다. 이런 현상은 인권 보장과 정치 변화를 위한 민주화 운동과 노동운동을 촉발했다. 이 시기에 남한의 여성운동은 노동운동, 민주화 운동과 더불어 매우 활발하게 전개되었다.[9]

1) 여성의 노동 참여율

여성의 노동 참여율은 1963년 이후 점차적으로 상승했으나 경제 상황에 따라 변동되는 양상을 띠었다.[10] 구체적으로 살펴보면 IMF 경제

---

5) Kyung Ae Park, "Women and Revolution in South and North Korea," *Women and Revolution in Africa, Asia, and the New World*, ed. Mary Ann Tetrreault (University of South Carolina Press, 1994), 165.

6) 여성의 참여가 가장 활발했던 시기는 1980년대 후반부터 1990년대까지다.

7) Kyung Ae Park, 166 .

8) Bong-Suck Sohn, "Women's Political Engagement and Participation in the Republic of Korea," *Women and Politics Worldwide*, ed. Barbara J. Nelson, Najma Chowdhury(Yale University Press, 1994), 438.

9) 같은 자료.

10) Tae-Hong Kim, "An Analysis of Determinants in Female Labor Market

위기와 더불어 감소했으나(1998-1999), 경제 회복과 더불어 반등했고 (2005-2006), 경제 위기 때 다시 줄었다가(2009-2010) 점차 증가하는 모습이다(2011-).[11]

여성 노동력 비율의 증가는 남한의 노동시장에 변화가 있었음을 보여준다. 여성의 학력 증진, 일에 대한 여성들의 인식 변화, 더 나은 어린이 양육 지원과 가전제품의 사용이 변화의 원인이었다.[12] 그러나 여성의 고용 구조는 회사 규모와 지위에 따라 다르게 나타났다. 남한 여성의 경제활동 참여율은 50% 정도인데 그중 69%가 중소기업에 고용

[표11] 남한 성인의 경제 활동 참여율(2007-2013)[13]

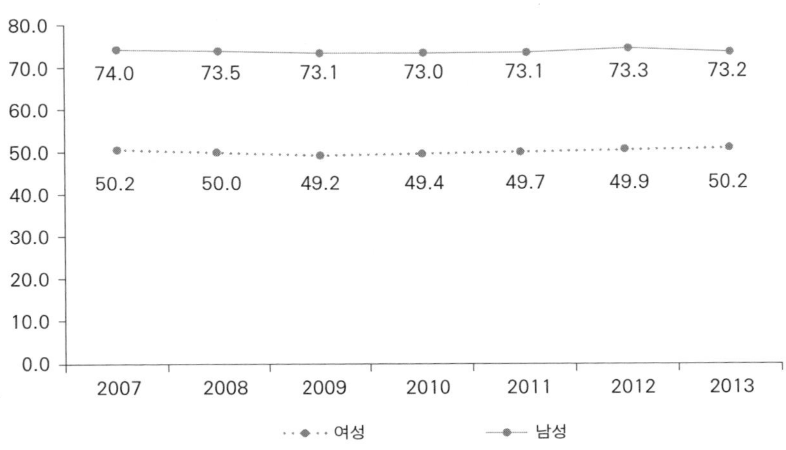

출처: 통계청(2014), KOSIS DB.

Participation," KWDI Research Reports, *Women's Studies Forum*, Vol.17(2001.12), 1-2.

11) 김태홍, 전기태, 주재선, 63.

12) 같은 자료.

13) 주재선, 문유경, 임연규, 40.

되었다. 또 그중 18.8%의 여성이 직원 수가 5-49명인 곳에서 일하고, 8.9%는 50-200명인 곳에서, 그리고 단 3.3%의 여성만이 300명 이상인 일터에서 일했다. 결과적으로 경제활동 참여 여성의 54.4%는 피고용자가 4명 이하인 소규모 작업장에 고용되었고 임시직이나 일용직으로서 근로기준법의 보호를 받지 못했다. 또한 여성 노동자의 55.3%가 비임금 근로자(non-wage worker)로서 이들 중 1.2%는 고용인, 17.1%는 자영업자, 37%는 무급 가족 근로자였다. 유급 근로자(44.7%) 중 정규직은 53.1%, 임시직 및 일용직은 46.9%였다.[14]

결혼 여부에 따른 노동 참여율을 보면 기혼 여성의 노동 참여율은 전체 여성의 노동 참여율과 마찬가지로 1980년대에 극적으로 증가하는 추이를 보였다.[15] 즉 결혼 여부는 노동 참여에 별다른 영향을 주지 않았고 기혼 여성도 여성의 노동력 증가에 크게 기여했다. 그런데도 결혼 여부에 따라 고용 형태가 차이를 보였다. 기혼 여성 가운데 23.9%가 불완전 고용 상태인 반면 미혼 여성의 불완전 고용률은 4.7%에 불과했다.[16] 또한 6세 이하의 자녀를 둔 기혼 여성은 노동 참여가 어려웠다. 예를 들어 1985년을 기준으로 6세 이하의 아이를 둔 여성은 그렇지 않은 여성에 비해 노동 참여율이 13% 포인트 낮았다. 그 차이는 1992년에는 10.9% 포인트로 줄었으나 1997년에는 20.6% 포인트까지 벌어졌다. 이것은 기혼 여성들에게 어린 자녀의 양육 문제가 노동 참여를 막는 가

---

14) 김태홍, "여성 고용 구조의 변화와 과제", 「여성연구」 9권(1993.12), 6-7.

15) 1985년: 41.0%, 1992년: 47.0%, 1997년: 49.5%(통계청).

16) 김태홍, 12.

장 큰 걸림돌임을 뜻한다.[17] 따라서 남한 여성의 나이에 따른 노동 참여율은 M자 형태를 보이는데, 2000년 국가 통계 보고서의 경제인구조사에 따르면 여성 노동 참여율은 20대와 60세 이상 연령대에서 높은 수치를 보였다. 즉 여성들이 결혼과 육아 문제로 일터를 떠났다가 자녀들이 충분히 성장한 후에 다시 일터로 돌아온다는 의미다.[18] 25-29세 여성은 대개 생산 관련 직업이나 기술 관련 직업에 종사했다. 특히 사무직 종사자가 20%에 달했다. 그러나 전문직·기술직·관리직 여성들은 나이와 상관없이 직업을 그대로 유지했다.[19] 또한 남편의 태도는 여성의 노동 참여에 영향을 미치는 중요한 요소였다. 여성 고용 현황 조사에 따르면 일하는 아내를 둔 남성들은 그렇지 않은 남성들보다 아내가 일하는 데 대해 긍정적인 태도를 가지고 있었다. 일하는 여성의 남편 중 53.7%는 "환영과 동의"를 표했고, 22.1%만이 "반대" 의견을 가지고 있다. 반면 일을 하지 않거나 앞으로 일을 하려고 하는 아내의 남편 중 49.4%가 "환영과 동의", 30.9%가 "반대"라고 대답했다.[20]

또 다른 특징은 고학력 여성일수록 노동 참여율이 높다는 것이다. 대졸자의 90%, 고졸자의 80%가, 중졸자의 60%가 유급 노동을 했다.[21] 한편 1980년부터 15-19세 여성의 노동 참여율이 줄어든 것은 곧 고등

---

17) Tae-Hong Kim, "An Analysis of Determinants in Female Labor Market Participation," 6-14.

18) 같은 자료, 4.

19) 김태홍(1993), 5.

20) 같은 자료, 14-15.

21) 같은 자료, 7-9.

교육을 받은 여성이 늘어났음을 보여준다.[22] 2011년에는 남학생과 여학생의 대학교 등록률이 각각 77.6%, 80.5%로 여학생 수가 남학생 수보다 많았다.[23] 그러나 전문직 여성이 많아졌다고 해도[24] 여성의 노동 참여율 그래프는 여전히 M자를 그리고 있다. 2009년 통계에 따르면, 25-29세 고용률(65.6%)이 다른 연령대에 비해 가장 높았다. 30-34세가 되면 고용률은 급감하고(50.1%), 45-49세에 다시 증가한다(64.2%). 전형적인 M자형 그래프다. 이는 남한 사회의 출산·육아 지원이 충분치 않아 여성 노동자들의 경력 단절이 이루어진다는 의미다.[25] 또한 여성의 노동참여율이 증가했음에도 여성 정규직 비율은 34.5%(남성은 47.9%)에 그쳐 고용의 질이 여전히 남성에 비해 크게 떨어지는 실정이다.[26]

b. 임금 격차

2014년 8월 4일자 「한겨레」 신문 경제면에는 "남녀 간 임금 격차 13년째 OECD 1위"라는 기사가 실렸다. 한국 남녀의 임금 격차는 37.4%로

---

22) 남한의 15-19세 여성의 노동 참가율은 다음과 같다. 1963년: 37.4%, 1970년: 44.1%, 1980년: 34.4%, 1985년: 21.1%, 1990년: 18.7%, 1995년: 14.5%, 1997년: 13.0%, 1998년: 12.0%.

23) 대졸 이상 남한 여성의 고용률은 다음과 같다. 1980년: 2.5%, 1990년: 8.2%, 2000년: 19.2%, 2005년: 27.6%, 2009년: 33.5%, 2010년: 34.5%.

24) 2009년 치과의사 4명 중 1명이 여성이며, 1980년에는 2.4%였던 여성 한의사 비율이 2009년에는 16.4%로 올랐다. 중학교의 여성 교장 비율은 1980년 3.8%에서 2010년 17.6%가 됐다. 2010년 공무원 시험별 여성 합격자는 행정부 시험에서 47.7%, 사법부 시험에서 41.5%, 외교부 시험에서 55.2%를 차지했다(「동아일보」[2010.6.28]).

25) 한국여성단체연합, 「19대 국회에 바란다. 당신의 삶을 바꾸는 100가지 젠더 정책」(2012.3.), 42.

26) 「동아일보」(2011.6.28).

OECD 11개 회원국 가운데 1위였다(2012). 남성이 100을 받는다고 가정할 때 여성은 62.6의 임금을 받는다는 뜻이다. 이는 뉴질랜드(6.2%)와는 큰 차이를 보인다. 더욱 큰 문제는 임금 격차 문제를 개선하는 속도가 매우 더디다는 점이다. 2000년에서 2012년 사이에 40.4%에서 37.4%로 고작 3% 포인트밖에 줄지 않았다.[27] 2011년 열린 제29차 유엔 여성차별철폐위원회(CEDAW)는 남녀 고용 평등법의 동일 가치 노동 동일 임금에 관련된 조항의 집행을 한국에 권고했다.[28]

여성은 남한의 경제 발전에 많은 공헌을 했음에도 경제적으로는 낮은 지위에 머물러왔다. 좀 더 구체적으로 살펴보면 1988년에야 처음으로 여성의 임금이 남성의 절반에 도달했다. 이런 차이가 발생한 이유 중 하나는 다수의 여성이 가장 임금이 낮은 제조업 분야에 종사했기 때문이다.[29] 여성 노동자의 월 평균 임금은 2005년을 기준으로 약 139만 6,000원이었고, 2009년에는 169만 3,000원, 2010년에는 177만 2,000원으로 올랐다. 반면 같은 시기에 남성 평균은 각각 210만 9,000원, 254만 6,000원, 264만 8,000원이었다. 상승 폭이 남성보다 높기는 하지만(여성: 4.7%, 남성: 4.0%) 아직까지 여성은 남성보다 절대적으로 낮은 임금을 받고 있다.

김태홍과 양성주의 조사에 따르면 대졸 여성을 채용한 33개사가 남녀 임금에 차등을 두었다. 회사는 학력과 성별에 따라 시작 호봉 및 직급을 결정하는데 설문 조사에 응답한 23개 회사 가운데 단 7개사만

---

27) 「한겨레」(2014.8.4).
28) 한국여성단체연합, 38.
29) 박경애, 166.

[표12] 성별 유급 근로자의 임금 수준(단위: 원)

구분	2005	2009	2010	2011	2012	2013	임금증가율 (2005년 대비)	
							2011	2013
계	1,887,507	2,270,303	2,360,466	2,454,269	2,566,585	2,659,549	30.0%	40.9%
남성	2,108,732	2,546,113	2,648,052	2,749,950	2,878,121	2,986,146	30.4%	41.6%
여성	1,395,979	1,692,533	1,771,724	1,861,940	1,958,161	2,032,905	33.4%	45.6%
임금 비율	66.2%	66.5%	66.9%	67.7%	68.0%	68.1%	-	-

출처: 고용노동부(각년도), 「고용 형태별 고용 실태 조사」.

이 남성과 여성에게 동등한 급여를 지급한다고 밝혔다. 반면 16개사는 성별에 따라 시작 직급이 다르거나(10개사) 다른 직급 체계를 적용했다(6개사). 또한 고졸자들의 경우 사무직과 생산 분야의 31개사 가운데, 남녀의 직급이 동등한 경우는 단 네 곳뿐이었다. 이들 가운데 20개사가 성별에 따라 직급이나 호봉을 달리했다. 특히 생산 노동자의 경우 31개사 가운데 단 세 곳만이 동일 학력(고졸)을 가진 남녀에게 동일한 직급을 할당했다. 노동 조합이나 회사의 관리자들에게 차별의 이유를 묻자 여성과 남성의 일이 다르기 때문이라는 대답이 돌아왔다. 그러나 여성과 남성의 업무가 확연히 다른 생산 노동자의 경우라면 몰라도 업무가 거의 동일한 사무직의 임금이 다른 것은 이해하기 어렵다. 이는 임금이 일의 성격이나 학력보다는 "성별"에 의해 결정된다는 사실을 보여준다.[30] 일례로 두산그룹의 경우 대학을 졸업하고 10

30) Tae-Hong Kim, Seung-Ju Yang, "The Equal Pay Principles and Related Policy Issues In Korea KWDI," *Women's Studies Forum*, Vol. 10(KWDI Research Reports, 1994). 김태홍과 양성주는 성별에 따른 임금의 불균형을 없애기 위하여 다음 사항들을 제안한다. ① 최저 수준 임금의 합리적 적용, ② 학력과 시작 등급의 차이로 인해 발생하는 임금의 불균형을 없애기 위해 높은 수준의 근로자보다는 근로자에

년 이상 일한 여성이 대졸 신입 사원 남성보다 낮은 임금을 받기도 한다. 더 심각한 문제는 이것이 임금 자체만이 아니라 임금 조정, 부서 배치, 승진과 같은 부분에까지 영향을 미친다는 점이다.[31]

이 같은 남녀 임금 차별은 정규직과 비정규직을 비교해보면 더 극명하게 드러난다. 2010년 통계청의 경제 활동 인구조사에 따르면 한국은 OECD 회원국 중에서 저소득계층이 가장 많고 임금 불평등도 극심한 나라다. 2010년 8월 기준으로 시간당 임금이 법정 최저임금에 못 미치는 노동자 196만 명 중 비정규직은 185만 명으로 94.3%에 이른다. 그리고 그중 여성이 61.5%를 차지하고 있다.[32] 여성 비정규직의 임금은 남성 정규직의 52%에 불과하다.[33] 정규직의 경우 임금격차의 55.1%가 생산성의 차이로 인한 것이며 44.9%가 설명할 수 없는 요인으로 인한 차별인 반면 비정규직의 경우 설명할 수 없는 요인에 의한 차별이 55.6%다. 따라서 성별·고용 형태별로 보면 가장 큰 불이익을 받고 있는 집단은 바로 "여성 비정규직"이다.[34]

이처럼 여성이 겪는 임금 차별, 특히 비정규직 여성 문제를 해결하기 위해서는 여성 근로자들이 장기적으로 일할 수 있는 여건을 마련해야 한다. 이를 위해 출산·육아 지원 및 일·가정 양립 지원 제도의 강화가 필요하며 열악한 임금 현황과 근로조건을 개선하기 위한 정책이 수

게 더 많은 보상 제공, ③ 고용 시장에서의 성차별 제거, ④ 회사의 인력 채용 및 배치 시 남성 중심적인 직업에 보다 많은 여성 배치. 같은 자료, 7-8, 20.

31) 같은 자료, 14-15.

32) 한국여성단체연합, 39.

33) 김태홍, "성별 고용 형태 임금 차별 현황과 요인 분해", 「여성연구」 제84호(2013), 36.

34) 같은 자료, 56.

립되어야 한다.[35] 또한 동일 노동-동일 임금 원칙에 입각한 정책이 확립되어야 할 것이다.

2. 남한 여성의 정치적 지위

남한 여성의 정치 참여는 항일운동부터 시작되었다고 볼 수 있다. 조선의 여성들은 독립운동에 적극 참여했다. 한 예로 많은 여성이 민족의 독립을 위해 3·1운동에 투사, 재정적 지원자, 접선자로 헌신했다(1919). 그러나 여성 독립운동가들은 최근 여성학자들에 의해 소개되기 전까지는 잘 알려지지 않고 역사 속에 묻혀 있었다. 여성 항일 지도자 중 임영신, 박순천, 박현숙은 신설된 남한 정부에서 정치인으로 활동했다. 광복 이후 여성을 위한 3개 정당이 구성되었는데 1945년 임영신이 첫 번째 정당인 대한여자국민당을 창설했고 박순천이 같은 해 8월, 정부의 개각 계획에 여성의 참여를 촉구하고자 건국부녀동맹을 출범시켰으며 박현숙은 3·1여성동지회를 구성했다.[36]

1) 여성의 정치 참여

손봉숙은 한국 역사에서 남한 여성의 정치 참여를 3단계로 나누어 설명한다. 첫째는 1948년부터 1961년까지의 국가주의 기간이며, 둘째는 1960-1970년대 박정희 통치하의 현대화 기간, 셋째는 1989년 중반

35) 같은 자료.

36) 박경애, 174.

부터의 민주화 시기다.[37] 첫 번째 시기의 특징은 소수의 개척자들에 의해 여성의 정치 참여가 이루어졌다는 점이다. 이들은 자신이 여성을 대표한다는 인식을 가지지 못했기에 여성 문제 해결에 수동적일 수밖에 없었다. 예를 들어 1963년에 2명이던 여성 국회의원 수는 10년 후인 1973년에도 12명에 불과했다. 또 이들은 국민에 의해 선출된 것이 아니라 1963년에 처음 시행된 전국구 비례대표제를 통해 정당에 의해 간접적으로 지명되었다. 당시의 사회적·문화적 배경을 보면 유교적 의식과 전통의 영향으로 여성의 정치 참여는 매우 제한적인 반면 남성은 학자나 관료로 성공하는 것이 격려되었다. 따라서 소수의 특권 계층과 사회 엘리트 여성들만이 정부에 의해 공직에 임명되었다.

두 번째 단계에서는 주목할 만한 몇몇 여성이 권위주의적인 정부를 지지했다. 그러나 한편으로는 다음의 두 가지 요소로 인한 변화가 일어났다. 첫째, 1982년부터 1997년까지 활발하게 진행된 남한의 민주화 운동이다. 이 운동은 여성의 정치 참여에 대한 인식을 강화시켰다. 이 시기에는 저임금 여성 노동자와 교육받은 전문직 여성 모두 사회·경제적 활동에 적극적으로 참여하는 빠른 변화가 일어났다. 둘째, 1975년 유엔의 "세계 여성의 해" 선언과 같은 전세계적 흐름에 발맞춰 보다 활발하게 벌어진 여성운동이다. 또한 지방자치제 시행으로 인한 민주 정부로의 이행과 1980년대의 빠른 경제성장은 여성의 정치 참여를 자극했다. 그 결과 정치 참여는 여성운동의 중요 분야가 되었다. 이 시기에 여성 국회의원들도 여성의 이슈에 많은 관심을 가졌으나 여성의 정치

37) Sohn, 439.

참여는 여전히 미미했다.[38]

최근 남한의 여성 국회의원 비율을 보면 2006년에 13%(39명), 2007년에 14.4%(43명), 2008년에 13.7%(41명)였다. 그 후 2010년 14.7%(44명), 2012년 15.7%(47명), 2016년 17%(51명)으로 증가해왔다. 이 수치를 통해 알 수 있듯이 여성 국회의원의 증가 속도는 매우 느리다. 국제의회연맹(IPU)의 조사에 따르면 2011년 기준 한국의 여성 국회의원 비율(14.7%)은 188개국 중 81위다. 한국의 경제 규모나 국제사회에서의 위상을 감안하면 세계 평균 19.8%, 아시아 평균 18.3%에도 못 미치는 매우 부끄러운 수준이다.[39] 또한 의사 결정 관리직인 5급 이상 공무원 중 여성이 차지하는 비율도 2005년부터 매년 1%씩 증가하고 있으나[40] 2010년을 기준으로 4급 이상 공무원 중 여성은 중앙의 경우 7.4%, 지방의 경우 4.9%에 불과했다. 한국 10대 대기업의 여성 임원 비율은 1.3%에 그쳤으며 여성 임원이 아예 없는 대기업도 4개사나 되었다.[41] 반면 노르웨이는 종업원의 규모에 상관없이 여성 임원 40% 할당제를 시행한다. 프랑스 의회는 기업의 여성 임원 비율을 40% 이상으로 하는 할당제 실시 법안을 마련했다. 스페인, 스웨덴, 핀란드, 벨기에, 이탈리아, 독일, 네덜란드에서도 40% 여성 할당

38) 같은 자료, 439-441.

39) 한국여성단체연합, 114.

40) 다음과 같이 매년 약 1% 증가하고 있다. 2005년: 6.5%, 2006년: 7.4%, 2007년: 8.4%, 2008년: 9.3%, 2009년: 10.2%, 2010년: 11.0%, 2011년: 12.1%, 2012년: 13.2%, 2013년: 14.1%.

41) 「한겨레」(2011.8.29).

제를 시행하고 있거나 비슷한 법안을 검토 중이다.[42] 이런 점을 고려할 때 공적으로 의사 결정을 하는 자리에 여성이 앉는 경우가 조금씩 늘고 있더라도 여전히 개선할 점이 많다는 사실은 부인할 수 없다. 오히려 남한은 사기업과 공기업의 관리직 여성의 수가 2006년에서 2008년 사이에 감소했으며(602→549) 국제 금융 위기 이후인 2010년부터 지속적으로 하락하는 추세다.[43]

a. 여성 정치인과 CEO의 필요성

그렇다면 여성 정치인이 더 많아져야 하는 이유는 무엇일까? 사회학자들은 여성의 정치 참여가 늘어날수록 사회의 부패가 줄어든다고 말한다.[44] 실제로 여성 대표의 비율이 높은 나라일수록 정치적·경제적 부패 비율이 낮다. 베른하르트 고츠(Bernhard Goets)는 남성에 비해 여성의 부패 가능성이 적은 이유는 여성이 뒷거래 네트워크에서 제외되기 때문이라고 말한다. 이는 곧 여성들이 남성들의 부패한 접촉을 제한할 수 있다는 뜻이다. 여성은 자신의 이익을 위해 불법행위를 저지르는 데 익숙하지 않을 뿐만 아니라 정직하고 신뢰감 있으며 헌신적이다.[45] 많은 학자가 여성이 남성보다 이타적이며 높은 도덕적 기준을 가지고 있다

42) 「총선 젠더 정책 자료집」, 40.

43) 주진오 외, 45. 연도별 여성 관리자 수는 다음과 같다. 2006년: 52,000명, 2009년: 47,000명, 2010년: 53,000명, 2012년: 51,000명, 2013년: 46,000명.

44) 같은 자료, 18-19.

45) Bernhard Goetz, *Toward an Understanding of Gendered Networks and Corruption: the distinction between process during recruitment and representation*(QoG Working Paper Series; The Quality of Government Institute, University of Gothenburg, Aksel Sundstrom, 2011), 9.

고 강조한다. 따라서 경제와 정치 분야의 여성 참여 증가는 사회의 질을 올릴 뿐만 아니라 부패를 축소시키는 측면이 있다.[46]

더욱이 거버넌스 메트릭스 인터내셔널(Governance Metrics International)의 연구에 따르면 성 평등은 경제에 긍정적인 영향을 미친다. 여성의 노동 시장 참여로 인해 경제 성장 폭이 커지기 때문이다. 또한 기업의 이사회에 여성이 참여하면 창조성과 혁신성이 증가하며 사업 성과에 긍정적인 영향을 미친다. 기업은 여성 친화적 문화를 도입해 일과 가정을 양립하기 원하는 재능 있는 사람들을 고용함으로써 기업 이미지를 긍정적으로 만들 수 있다. "핀란드 비지니스와 정책 포럼"(EVA)의 자료에 의하면 여성 CEO와 여성 이사의 수가 절반 이상인 회사는 그렇지 못한 기업에 비해 수익성이 좋았다. 여성 CEO를 둔 회사의 수익률은 14.0%인 반면, 이사회에서 남성이 우세한 회사의 수익률은 12.2%였다. 이사 중 여성이 절반 이상을 차지하는 회사의 수익률은 14.7%인 반면, 남성이 우세한 회사의 경우는 11.5%였다.[47] 이 같은 통계는 여성이 기업의 결정 과정에 참여할 필요가 있음을 보여준다. 노르웨이는 2003년부터 여성 할당제를 주식회사, 개인, 국영기업, 지방 공기업에까지 확대 적용했고 여성 이사의 비율을 40% 이상으로 만들어야 한다는 목표를 달성했다. 스페인, 아이슬란드, 프랑스, 네덜란드도 2010년에 여성 할당제를 시행했다. 이제 여성의 정치적 참여 증진은 여성의 권리 신장뿐만 아니라 도덕적이고 생산적인 사회를 만드는 데

46) 같은 자료, 18-19.

47) Annu Kotiranta, Anne Kovalainen, Petri Rouvinen, "Female Leadership and Firm Profitability," *EVA Analysis*, No. 3(2007.9.24), 4.

필수적인 요소다.

3. 남한의 가족 정책 및 여성 지원 시스템

1975년부터 국제기구들은 여성의 사회적 역할 확보 및 성 평등을 위한 조약을 체결해왔다.[48] 유엔의 "여성에 대한 모든 형태의 차별 철폐에 관한 협약"(1979)이 그 대표적 사례다.[49] 남한은 1953년 제정된 근로기준법을 통해 노동자의 성 평등을 보장하고 여성 노동자에 대한 차별을 금지했다. 또한 국회는 1985년 여성에 대한 고용 차별 철폐 조치를 수용한 유엔 협약과 여성정책심의위원회의 결정에 따라 모든 종류의 차별 철폐 법안을 인준했다. 이처럼 남한 여성들은 법적으로 가정과 일터에서의 성 평등을 보장받았다. 하지만 실생활에서는 차별이 여전히 존재하고 있다.

1) 호주제 폐지

남한의 가정법 중[50] 가장 차별적인 것이 2008년 1월에 폐지된 "호주제"였다. 이는 유교 사상에서 비롯된 가족법의 대표적인 형태로서 1960년에 제정되어 2007년까지 47년간 시행되었다. 호주제는 아버지에서 아

---

48) 여기서 국제기구들은 유엔(UN), 국제노동기구(ILO), 유럽공동체(EC)를 말한다.

49) EI-lm Kim, "The Current Laws on Women in Korea," *Women's Studies Forum*, Vol.12(1996.12), 2.

50) 가정법에는 남성 지배적인 결혼·이혼·상속 관련 조항이 있다.

들로 이어지는 부계 혈통을 지속시키는 제도로서 호주를 중심으로 가족 집단을 등록 및 관리하는 데 쓰인다. 호주제에 따르면 우선적으로 남성이 가정을 이끄는 대표가 될 수 있다. 아버지인 "호주"가 돌아가시면 맏아들, 그 밖의 아들들, 결혼하지 않은 딸, 아내, 어머니, 며느리 순으로 그 자리를 잇는다. 맏아들이 호주가 된다는 원칙 때문에 심지어 2살짜리 아이가 호주가 되는 경우도 있다. 여성은 가정에 남자가 없거나 남자가 호주가 되는 것을 거절했을 때만 호주가 될 수 있다. 그러나 여성은 결혼과 동시에 호주의 지위를 잃게 된다. 가족법 제862조 3항에 따르면 신부는 자신의 이름을 남편의 호적에 등록해야 하며 본가의 호적에서는 이름을 제거해야 한다. 여성은 결혼과 더불어 가장이 될 가능성을 잃게 되는 것이다. 한국인들은 호적의 말소를 곧 가족의 소멸로 생각했기에 중요한 의미를 두었다. 이처럼 남성 중심의 가족 승계가 이루어지면서 자연적으로 "아들 선호 사상"이 장려되었다.

아버지의 "성"을 따르는 것 역시 남성 중심 가족제도의 일환이다. 더욱 흥미로운 사실은 남성은 아내의 허락 없이도 다른 여성과의 사이에서 낳은 자식을 호적에 올릴 수 있는 반면 반대의 경우에는 남편의 허락이 필요했다는 점이다. 심지어 "남성이 국적을 바꾸면 아내와 아이들도 그의 지위를 따른다"는 조항도 있었다(제3조 8항).[51]

1973년부터 62개 여성 단체들이 가족법 개정을 위한 투쟁을 벌인 결과 2008년에 드디어 호주제가 폐지되었다. 호주제는 개인의 평등권에 위배되며 가족과 배우자를 수직적이고 위계적인 주종 관계로 만드

---

51) El-lm Kim(1996).

는 제도였다. 따라서 호주제의 폐지는 남녀를 차별하는 독소 조항을 없앤 대표적 예라고 할 수 있다.

2) 남한의 보육 정책(출산휴가, 육아휴직)

남한 여성은 "남녀 고용 평등과 일·가정 양립 지원에 관한 법률" 제18, 19조에 근거해 출산휴가와 육아휴직을 보장받는다. 1989년 4월 1일에는 어린이 보육 시설의 설치 및 관리를 위한 정책이 제도화되어 1991년 1월부터 시행되었다. 남한 정부는 1953년 근로기준법 제정 시 출산 전후 60일의 휴가를 도입한 후 2010년 그 기간을 90일로 확대하면서 늘어난 30일분의 급여를 고용보험에서 지급하기로 했다. 2006년부터는 우선 지원 대상 기업을 선별해 90일분의 급여 전액을 지원하고 있다.[52] 2014년 한국 성 평등 보고서에 의하면 출산휴가와 육아휴직 사용 인원은 꾸준히 증가하고 있다.[53]

고용보험에 180일 이상 가입하고 30일 이상의 육아휴직기를 갖는 경우 해당 기간 중 매월 통상 급여의 40%를 지급받을 수 있다. 그러나 실제로 육아휴직을 사용하기란 쉽지 않다. 2014년 7월 3일자 「베이비뉴스」는 "육아휴직 쓴다고? 사직서부터 내라"라는 제목으로 일선 직장의 실태를 고발했다. 한 예로 육아휴직을 시도한 직장인 여성 A씨는 담당 본부장으로부터 "육아휴직 처리를 해줄 테니 사직서를 써두고 나가라"는 말을 들었다. A씨는 "회사에서 내가 나가길 원하는 것이면 권고

52) 고용노동부, "2014년 고용 노동부 보고서".

53) 출산휴가 사용 인원: 22,711명(2002년) → 88,756명(2014년).
육아휴직 사용 인원: 3,763명(2002년) → 76,833명(2014년).

사직에 해당하니, 육아휴직 후 실업 급여를 받을 수 있게 권고사직 처리를 해달라"고 요구했다. 그러나 담당 본부장은 "계속 육아휴직을 고집할 경우, 한 달 이전에 신청해야 하니 그 한 달 이내에 회사에서 네가 스스로 그만두게끔 괴롭힐 것"이라고 협박했다고 한다. 이처럼 직장인 여성들은 육아휴직을 쓰면서도 불안을 떨쳐버리지 못하고 때로는 사직을 권고받기도 한다. 휴직 후 회사로 복귀하지 못하는 경우도 많다. 아직도 1987년에 도입된 출산휴가 90일, 육아휴직 1년 보장 제도가 제대로 자리 잡지 못한 것이다. 서울시에서 운영하는 "직장맘지원센터"에는 A씨처럼 육아휴직으로 인한 해고 및 권고사직 등의 문제로 상담을 신청하는 사례가 상당히 많이 보고되고 있다.

더 심각한 문제는 남한의 여성 노동자 중 3분의 2 정도가 비정규직이라는 점이다. 여성단체연합의 2012년도 보고에 따르면, 비정규직 여성 노동자 가운데 육아휴직을 활용한 사람은 10%에 불과했다. 또한 비정규직 여성 노동자 가운데 모성 보호 관련 제도를 알고 있는 사람은 10명 중 1-2명에 불과했다. 출산휴가 제도에 대해 모른다고 대답한 여성은 44.6%인 반면 안다고 대답한 여성은 18.6%였다. 응답자의 59%는 고용보험 가입자가 출산휴가를 사용할 경우 고용보험에서 그 비용을 지급한다는 사실을 알지 못했으며 육아휴직 급여에 대해서도 모르는 사람이 반수 이상이었다.[54] 또 다른 문제는 고용보험에 가입된 경우에만 출산휴가와 육아휴직을 이용할 수 있다는 점이다. 그러나 비정규직의 경우 20대의 48.6%와 30대의 54.9%가 고용보험 미가입 상태다. 따

54) 「연합뉴스」(2011.12).

라서 비정규직의 경우만 보아도 여성 노동자 중에서 실질적으로 이 혜택을 이용할 수 없는 사람이 절반 이상임을 알 수 있다.

또한 육아는 어머니만의 몫이 아니라 부모가 함께 감당해야 할 일이라는 인식이 자리 잡아야 한다. 이는 육아휴직이 여성 노동자뿐만 아니라 남성 노동자도 이용하는 제도라는 말과 맥락이 같은 이야기다. OECD 국가 남성의 육아 및 가사 참여 시간이 하루 평균 4시간인 데 반해 남한 남성의 경우는 하루 평균 30분에 그친다. 남한의 기혼 남성이 하루 동안 가사에 참여하는 시간은 전국 평균 46분이며(2012, 통계청) 대구 지역의 경우 그보다 낮은 43분이었다. 그뿐만 아니라 남한은 OECD 15개국 중 남성의 출산 및 양육 참여를 지원하는 정책이 가장 부실한 상황이다. 일례로 2009년 육아휴직자 중 여성이 3만 4,890명이었고 남성은 여성의 1.44%인 502명에 불과했다. 물론 2010년에 자녀가 만 6세가 될 때까지 육아휴직을 사용할 수 있도록 법을 개정하고 민간 기업까지 적용 범위를 확대함에 따라 육아휴직률은 증가 추세를 보이고 있다(2012년: 2.87%, 2013년: 3.41%). 그런데도 육아의 일차적 책임자는 여성이라는 전통적 관념에는 변화가 없다. 남성의 육아 참여 권리와 책임은 육아휴직 제도의 개선을 위한 중요한 이슈가 될 것이다. 육아휴직이 여성 노동자만을 위한 제도로 정착되지 않고 남성 노동자도 양육의 공동 책임자로서 육아휴직을 할 수 있도록 제도와 사회적 인식이 개선될 필요가 있다. 스웨덴의 경우 16개월의 육아휴직이 주어지는데 부모가 각각 최소 2개월은 사용하도록 정해져 있다. 독일의 경우도 부모 중 1명이 육아휴직을 사용하면 상대 배우자도 총 14개월 중 2개월은 반드시 사용하도록 규정했다. 이는 남성 노동자가 육아의 책임을 함께 나눌 것을 격려하는 법적·사회적 장치다. 국가는 육아가 개인의 책임일 뿐만 아니라 국가와 사회의 책임이기도 하며 육아휴직이 모성을 보호하는 조치임과 동시에 남성과 여성의 동등한 권리를 보장하는 제도임을 인식할 필요가 있다.

4. 가정에서 남한 여성의 위치

1) 집안일 배분

육아와 마찬가지로 가사 부담도 여성에게 편중되어 있다. 남한의 "국가 성 평등 보고서"에 따르면 여성들은 직업의 유무와 상관없이 집안일의 대부분을 담당한다. 남성의 참여가 증가하고 있다고는 하나 아직도 불균등이 심각하다.[55]

[표13] 성별과 취업 여부에 따른 가사 노동 시간

		2005년	2009년
남성	취업인	31분	36분
	비취업인	55분	1시간 4분
여성	취업인	2시간 36분	2시간 36분
	비취업인	4시간 53분	4시간 41분

출처: 여성가족부, 국가 성 평등 보고서(2011).

위의 도표에 따르면 유급 노동을 하는 남성이 하루에 31분간 집안일을 하는 반면 여성은 직업이 있어도 하루 2시간 36분을 집안일에 쏟

55) 김태홍, 전기태, 주재선, 58.

는다(2005). 다음은 남한의 보편적인 가정의 모습이다. 남편과 아내 둘 다 일터에서 돌아온다. 남성은 씻고 소파에 앉아 신문을 들고 저녁 식사를 기다린다. 그러나 여성은 바로 집이라는 또 다른 직장에 투입된다. 여성은 퇴근길에 장을 보고 바쁘게 옷을 갈아입고는 서둘러 저녁 식사 준비에 돌입한다. 식사 후에는 설거지와 밀린 빨래를 시작한다. 이는 어린 자녀가 없다고 가정했을 때의 모습이고, 자녀가 있을 시 육아도 여성의 몫이 될 것이다. 맞벌이 부부라 해도 남성에게 가정은 휴식처인 반면 여성에게는 또 다른 일터가 된다.

흥미롭게도 남성이 직장을 가지고 있지 않은 경우에도 이런 불균형은 해소되지 않는다. 비취업인 중 남성은 하루 평균 55분간 집안일을 하는데 반해 여성은 4시간 53분 동안 집안일을 한다. 이 2가지 사례를 통해 한국 사회가 집안일을 여성의 책임으로 여긴다는 것을 분명히 알 수 있다. 또한 남성들은 집안일을 하면서도 가정생활의 의무를 공유한다기보다는 아내를 돕고 있다고 생각한다. 이런 관점은 남성들이 실직해도 똑같이 적용된다. 남편들은 실직 후 집안일을 하는 것이 불편하며 자존심이 상한다고 말한다. 그런데 놀랍게도 남편의 실직 시간이 길어지면 가정의 리더가 남편에서 아내로 바뀐다. 이는 마치 부계 가정에서 모계 가정으로의 이동처럼 보인다.[56] 이 같은 현상은 경제력이 가정에서의 지위에 미치는 영향을 보여주며 부부가 동등해지기 위해서는 여성도 노동에 참여해 수입을 가져야 함을 증명한다. 그런데도 정부와 각

---

56) Hye-Kyung Chang, Young-Ran Kim, "A Study of the Impact of Unemployment on the Family and the Role of Women," KWDI Research Reports, *Women's Studies Forum*, Vol. 16, 15.

종 기관의 육아 지원은 매우 부족하다. 또한 남편들은 가사에 대한 책임감이 부족하다. 이는 여성의 노동 참여를 더욱 어렵게 만들어 남한 사회의 출산율을 저하시키는 원인으로 작용하고 있다.[57]

2) 여성의 가정 내 지위

한국 여성은 유교 전통에 따라 결혼과 더불어 친정을 영원히 떠나야 하는 처지였다. 한국 여성은 결혼 전까지 아들만큼의 대우를 받지 못하는 경우가 많았지만 그래도 대개는 한 가정의 귀한 딸로 자라난다. 그러나 시집을 가서는 새로운 가정에서 가장 낮은 지위에 처하게 된다. 며느리는 모든 시댁 식구에게 존경을 표해야 하며 심지어 자신보다 어린 시누이나 시동생들에게도 존댓말을 써야 한다. 며느리가 공개적으로 시어머니나 시댁 식구들에게 학대를 당하는 경우도 흔했다. 특히 아들을 낳지 못할 경우 그 정도가 더욱 심해졌다. 따라서 남아 출산은 여성이 남편의 가정에서 지위가 약간 상승하는 주요인이었다. 남성은 가정에서 최종 결정권을 가졌고, "암탉이 울면 집안이 망한다"라는 속담대로 여성의 의견과 지도력은 철저하게 배제되었다. 집안의 가장인 남성이 모든 결정을 내렸기에 남편에게 무조건 순종하며 살아가는 것이 기혼 여성의 미덕으로 여겨졌다.[58]

그러나 상황이 많이 달라졌다. 현대화와 경제 발전, 여성의 교육 수준 향상, 여성의 노동 참여율 증가 등이 여성의 지위에 많은 변화를 주

57) 2015년 세계 평균 출산율은 2명이나 남한의 경우는 1명에 불과하다.

58) Connie Chung, "Korean Society and Women: Focusing on the Family" (www.harvard.edu[2011.7.13.], 1997), 3.

었다. 그래서 현재 남한 여성의 지위는 세대에 따라 차이를 보인다. 주로 노년 여성이 남편과의 관계에서 수동적이고 대상화된 존재에 머무는 데 비해 서로를 동료 또는 친구로 여기기 시작한 젊은 세대는 더 이상 우열 관계나 한쪽의 일방적인 순종을 요구하지 않는다. 요즘은 대학생 중 여성이 더 높은 비율을 차지하며, 젊은 세대 사이에서는 아들보다 딸을 선호하는 현상이 나타나기도 한다.

이처럼 남한 사회에 변화의 바람이 불고 있다는 것은 분명하다. 그러나 그것이 과연 남녀가 더욱 평등한 사회가 되었음을 의미하는가? 예전에 비해 여성에 대한 학대가 줄고 여성의 지위가 향상된 것은 사실이지만 여전히 여성에 대한 차별은 존재한다. 정(Connie Chung)의 지적처럼 빠른 산업화로 인해 여성의 사회 참여가 활발해지고 약간의 인식 변화가 일어났지만 여성의 실제 상황은 오히려 악화되었다. 경제 발전 이후에도 여성의 지위가 크게 개선되지 않았고 많은 여성이 일과 가사라는 이중 부담을 안게 되었기 때문이다. 여성들은 직장인의 역할과 주부의 역할을 모두 해내야 한다. 사회적 지원과 가족의 인식, 특히 남편의 인식 변화가 수반되지 않는다면 여성이 이중 부담(double burden) 때문에 고전할 수밖에 없는 상황인 것이다.[59] 따라서 남한 여성의 종속은 현존하는 문제다.

결론적으로 북한과 남한은 지금도 강한 유교 문화 안에서 성립된 문화와 인식의 틀을 벗어나지 못하고 있다. 한국의 유교는 조선 시대부터 이 땅에 남성 우월주의를 심어놓았고 정치, 남녀 관계, 가정, 일상의

59) 같은 자료, 3-4.

방식에 두루 적용되는 남성 지배적인 구도를 만들어냈다. 이런 유교의 영향은 아직도 북한과 남한 여성의 삶에 생생하게 남아 있다.

앞서 살펴본 것처럼 유교 사상이 더 이상 적용되지 않는다고 선언한 북한의 법령도 북한 여성의 실제 삶과 지위에 변화를 주지 못했다. 즉 북한 사회주의는 남성과 여성에게 동등한 노동권을 부여하려 했으나 실제 현장에서는 성별에 따른 노동 분리 현상이 일어나 여성들은 밀도와 중요성이 낮은 저임금 일자리에 종사하고 있다. 또한 유교의 영향으로 여전히 북한 여성들은 남편의 보조자 역할에 머무르며 남편에게 순종하고 헌신하는 것을 당연하게 여긴다. 따라서 북한의 유교적 사회주의는 북한 여성들의 실질적 삶의 방식을 결정했다고 할 수 있다.

남한에서도 남성이 정부와 가정을 지배하고 있다. 이런 남성 지배는 여성의 결혼, 직장, 교육에도 영향을 끼친다. 예를 들어 아시아의 경제 기적을 일으키고 2010년에는 G20 회의까지 개최한 남한의 남녀개발지수는 148개국 중 85위로 하위권에 속하며 OECD 34개국 중 33위다(2014). 남한의 산업화와 더불어 여성의 노동 참여율이 상당히 증가했지만(1963: 37%→2013: 50.2%) 여성의 경제적 지위는 아직도 낮은 수준이다. 특히 남녀의 임금 격차는 2014년을 기준으로 13년째 OECD 국가 중 1위라는 오명을 유지하고 있다. 또한 국제의회연맹의 조사에 의하면 남한 여성의 정치 참여도는 188개국 중에서 81위로 경제 규모나 국제사회에서의 위상에 비하면 매우 저조한 수준이다.

더 나아가 유교와 혼합된 한국 기독교는 보수적이고 가부장적이 되었다. 한국 기독교가 여성의 사회 참여에 대한 인식 변화에 많은 공헌을 한 것은 사실이나 여성을 남성에 다음가는 이등 시민으로 만들었고 교회와 가정, 사회에서 수동적인 여성의 이미지를 강화했다는 비판을 면하기 어렵다. 다음 장에서 이 부분에 대해 좀 더 구체적으로 다루고자 한다.

4부

여성통일신학 담론

앞서 우리는 독일 여성이 통일을 계기로 남성과 동등한 지위와 경제적 기회를 얻기보다는 오히려 사회적·경제적으로 후퇴하게 된 원인들을 분석했다. 또한 독일의 통일 과정에서 나타난 여성에게 불평등한 상황 및 제도는 단지 정치적 문제가 아니라 그보다 강한 종교적 근거를 가지고 있다는 점을 살펴보았다. 종교적 관념은 독일의 문화와 정책에 영향을 끼쳤다. 통일 과정에서 여성들의 참여가 없었다는 점도 그런 결과를 초래한 주요인 중 하나다. 더 나아가 독일 기독교는 새롭게 구성되는 통일국가에 평등한 공동체를 세우기 위한 신학적 기여를 하지 못했다는 비판을 벗어나기 어렵다. 이는 한국 기독교가 통일 후의 미래를 준비하려면 여성통일신학의 정립이 시급하다는 의미다. 여성통일신학은 단지 신념이나 문제의식을 드러내는 데 그치지 말고 한국의 통일 과정에서 새로운 공동체 형성을 구체적으로 지원하며 방향성을 제시해야 할 것이다.

최근의 정세를 보면 남한과 북한이 통일을 위한 한 걸음을 내딛기 위해 애쓰고 있음을 느낄 수 있다. 이 시점에서 우리가 기억해야 할 것은 여성들이 통일 과정에 비중 있게 참여하지 못하면 통일 후에도 여성의 삶을 전혀 개선시키지 못했던 독일의 실패를 반복하게 되리라는 점이다. 이를 예방하기 위해서는 남한 인구의 4분의 1을 차지하며 정치·경제·사회·문화

전반에 큰 영향을 미치고 있는 한국 기독교가 지금부터 올바른 여성통일신학의 방향을 제시하여야 할 것이다. 이는 분명히 분단의 시대를 넘어 통일을 준비하는 한국 기독교의 중요한 과제이다.

한국의 여성통일신학이 나아갈 방향을 살펴보기 전에 먼저 한국 기독교가 여성들의 삶에 미친 긍정적인 영향과 부정적인 영향을 두루 살펴보자.

1장

기독교가 한국 여성의 삶에 미친 영향

한국 기독교는 기독교와 유교 전통이 결합해 만들어졌다. 한국 기독교와 유교는 비슷한 여성관을 공유하고 있으며 여성에게 불리한 정치 문화 형성에 기여했다. 또한 노동 분야에서 여성과 남성의 분리를 일으켰고 여성의 정체성을 어머니로 한정 짓는 성 역할의 분리를 강화시켰다. 한국 기독교가 여성들의 삶에 미친 영향을 분석하려면 이런 전제가 바탕이 되어야 한다.

선교사들이 1886년 현대적인 여학생 교육 기관을 설립한 후 많은 학교들이 지어졌다. 교회와 기독교 기관들은 한국의 여성 교육 발전에 앞장섰다. 교회에 출석한다는 것은 곧 여성들을 집안에 가두었던 옛 관습으로부터의 탈출이요, 더 나아가 남성 우월주의 사상으로부터의 탈출을 의미했다. 여성과 남성이 같은 공간(교회)에서 같은 이야기(설교)를 듣는 일은 당시의 관습으로는 수용될 수 없는 일이었기 때문이다.

따라서 교회는 여성의 권리와 지위를 증진시키는 남녀평등의 중심지였으며 여성 교육의 선구자 역할을 했던 곳이다.[1] 1901년에 발행되었던 「그리스도신문」은 다음과 같이 교회가 여성 교육에 기여해야 한다고 강하게 주장했다.

> 오늘날 이 문명국가에서 국가의 흥망 성패는 부녀자들에 대한 교육에 달려 있다. 따라서 부녀자들에 대한 교육은 국가의 첫 번째 가는 일이다. 그러나 한국은 이런 일을 하고 있지 않다. 따라서 그 중요성을 알고 있는 기독교인들이 여성의 교육을 위해서 부지런히 일해야 한다.[2]

당시에는 다른 많은 신문도 가정 또는 국가의 흥망성쇠가 여성 교육에 달려 있다고 목소리를 높였다. 이처럼 한국 기독교는 여성의 삶과 지위에 긍정적인 영향을 주었고 여러 개의 여학교를 설립해 교육 기회를 더욱 풍성히 제공했다. 기독교가 여성의 자존감을 높이고 여성들이 집안에 갇혀 있지 않고 넓은 세상으로 나올 수 있는 길을 열어주었던 것이다.

그러나 한국 기독교는 이와 동시에 여성에 대한 인식과 사회 및 교회 제도에서 부정적인 영향을 드러내기도 했다. 오늘날 한국교회는 괄목할 만한 성장을 이루었으나 기독교의 성장과 확장을 위해 희생하며 헌신했던 여성들에 대한 인식은 미미하다. 또한 교회 사역의 장과 제도 속에 여성들이 설 자리는 좁고 여성의 "소리"는 너무나 작다. 여성들은

1) 이만열, 『한말 기독교와 민족운동』(서울: 평민사, 1980), 20.
2) 「그리스도신문」 5권 9호(1901.2.28). 이만열, 54에서 재인용.

교회 설립에 중요한 역할을 했음에도 아직 한국 기독교의 지도자로 인정받지 못하고 있다. 왜 여성은 교회의 지도자층에서 배제되었을까? 왜 한국 기독교의 지도자들은 아직도 강단에서 여성이 남성에게 순종하는 것이 성서적 질서에 부합한다고 주장하는가? 기독교는 여성을 해방시키는 종교인가, 아니면 여성에 대한 억압을 강화하는 종교인가? 이 같은 질문에 대답하기 위해 지금부터 한국 기독교가 여성들의 삶에 미친 영향과 그 배경을 살펴보고자 한다.

1. 긍정적 영향

1) 교육의 기회 제공

기독교는 19세기 후반에 한국에 소개된 이래 여성에게 교육, 문화, 사회 영역의 문이 열리는 데 중요한 역할을 했다. 초기 선교사들은 교회를 통해 교육 사업을 시행했다. 사람들은 한국어로 번역된 성경과 교회의 교육 프로그램을 이용해 읽기와 쓰기를 배우고 문맹을 탈출할 수 있었다. 이런 교육은 사람들을 계몽시키고 특히 여성들에게 큰 도움을 주었다.

그러나 선교사들이 학교를 세우고 학생들을 모집하는 일은 쉽지 않았다. 특히 집안에 갇혀 지내는 여성들을 학교로 불러들이기는 매우 어려웠다. 한 예로 선교사 메리 스크랜턴(Mary F. Scranton)의 일화를 들 수 있다. 그녀는 어머니들과 짧은 대화를 나누는 것이 고작일 만큼 한국말이 서툴렀다. 그녀가 거리에 나가면 여성들은 급히 문을 닫고 숨어버리기 일쑤였고 어린아이들은 그녀의 이름만 들어도 울기 시작했다고 한다. 이런 상황에서 1886년 북감리교회가 최초의 여학교인 이화학당을 설립했기에 반응은 매우 저조하고 회의적이었다. 선교사들은 집집마다 방문하며 학생을 모집했지만 관심을 보이는 사람은 소수에 불과했다. 그래서 초기 학생들 가운데는 모집이 용이했던 고아나 첩들을 종종 볼 수 있었다. 그러나 시간이 지나 선교사들에 대한 신뢰가 생겨나자 여성의 교육에 대한 관심도 증가하기 시작했다.[3]

여성들을 위해 교회가 제공하는 주일학교, 성경 공부, 성경 학교와 같은 교육 프로그램들은 큰 흥미를 불러일으켰으며 여성 교인 수가 늘어나는 요인이 되기도 했다. 이에 해당하는 대표적인 예로는 "상동교회", "동대문 교회", "배화학당"을 들 수 있다.[4]

서광선에 따르면 여성 선교사들은 여성 교육을 통해 한국 사회에 도전을 주었다. 그 결과 여성에 대한 사회적 인식이 개선되고 여성의 지위가 서서히 향상되기 시작했다. 따라서 초기 여성 선교사들의 비전과 사명은 교육받지 못하고 억압된 여성들에게 교육의 기회를 제공하며 여성해방의 기초를 다지는 것이었다.[5]

---

3) 주선애, "초기 한국교회의 여성운동에 관한 연구", 「교회와 신학」 10권(장로회신학대학교, 1978), 71-72.

4) 장병욱, 『한국 감리교 여성사』(서울: 성광문화사, 1979), 137; 곽안전, 『한국교회사』(서울: 대한기독교서회, 1973), 112.

5) 서광선, "한국 여성과 종교", 『한국여성사』 2(서울: 이화여자대학교 출판부, 1972), 504-505.

2) 여성의 자아 정체성 개선

여성에게 교육의 기회가 주어지면서 여성의 정체성도 개선되었다. 당시 유교 사상 때문에 한국 여성의 자아 정체성은 매우 저급한 상태였다. 그러나 기독교와 동학운동은 한국 여성들의 자아상에도 영향을 미쳤고 기독교의 영향으로 점차 자리를 넓힌 여성 교육기관들은 여성에게 성평등에 대해 생각해볼 수 있는 기회를 제공했다. 즉 모든 사람이 하나님의 형상대로 만들어졌으며 따라서 하나님 앞에서는 모두가 평등하다는 것이다(갈 3:28). 이 같은 생각을 바탕으로 양성평등 사상이 등장했고 여성들은 자신이 독립적인 존재이며 전통과 억압에 매일 필요가 없다는 사실을 이해하기 시작했다. 즉 성서에 바탕을 둔 평등사상은 여성들이 열등한 존재로 취급당하는 현실 속에서도 자신이 남성과 동등한 사람이라는 인식을 일깨운 것이다. 당시로서는 "여성이 남성보다 열등하기에 무시당하고 사는 것이 당연하다"는 생각에서 "여성도 남성과 동등하며 하나님의 형상으로 지어진 존귀한 존재다"라는 자아 인식으로의 변화는 매우 큰 사고의 전환이었다.

3) 여성 중심 공동체 및 여성이 재능을 활용할 수 있는 공간 제공[6]

앞서 언급했듯이 기독교가 전래될 당시 한국 여성들은 전통적인 규율에 의해 바깥일 참여에 제약을 받았고 삶의 영역이 가정으로 한정된 삶의 영역 가운데 있었다. 그러나 교회는 여성들을 위한 여성 중심 공동

---

6) Kelly H. Chong, "In Search of Healing: Evangelical Conversion of Women in Contemporary South Korea," in *Christianity in Korea*, ed. Robert E. Buswell Jr., Timothy S. Lee(Honolulu: University of Hawaii Press, 2006), 360-362.

체, 즉 가정을 벗어난 중요한 만남을 제공했다. 여성들은 소그룹 모임, 성경 공부 모임, 저녁 기도회, 교회학교 활동을 중심으로 일주일에 여러 번 만났다. 이 같은 모임은 여성들에게 남성 지배적이고 억압적인 사회와 가정으로부터 떨어진 "휴식의 공간"을 제공했다.[7] 여성들은 이런 모임을 통해 공동체를 형성하고 우정을 나눌 수 있는 인적 네트워크를 구축함으로써 개인적인 어려움을 해결하고 좋은 정보를 나누었다.

또한 교회는 여성들이 재능을 활용할 수 있는 공간으로 기능했다. 여성들은 교회의 부엌에서만 일한 것이 아니라 주일학교 교사, 성가대원, 음악가, 소그룹 리더 등으로 봉사하면서 가정 밖에서 성취감을 맛보았다. 이를 통해 여성들은 스스로의 재능을 발견하고 지혜를 사용하며 리더십을 개발할 수 있었다.

2. 부정적 영향

기독교는 한국 여성의 정체성 개선과 지위 향상에 많은 기회들을 제공했지만 한편으로는 부정적인 영향도 미쳤다. 한국의 개신교와 로마 가톨릭은 매우 보수적인 성격을 띠며 여성을 남성과 동등하게 여기지 않는 문화에 동조했다. 그 결과 교회는 여성에게 지도자의 자리를 허락하지 않았다. 그 원인 중 하나는 초기에 교회 지도자들이 복음을 단순화시켰기 때문이었다. 선교사들은 주로 한국의 아녀자들과 노동자 계급

7) 같은 자료, 361.

을 대상으로 복음을 선포했는데 이때 기독교 교리를 매우 보수적인 관점에서 가르쳤다. 신학교 역시 같은 방식의 교육을 실시해 보수적인 목회자들을 배출했다.[8] 교회는 여성들에게 교육의 기회를 제공하며 여성의 정체성을 바로잡아주었지만 신앙과 교리 교육 면에서는 성차별적 입장을 벗어나지 못했으며 문자적 성서 해석을 통해 여성을 보조자의 자리에 머물게 만들었다. 또한 여성들조차 복음을 억압받는 현실에 대한 도피처로 삼으며 복음을 개인적 구원의 차원에서 받아들였다.[9] 이와 관련해 박순경은 한국 그리스도인 여성들의 신앙이 샤머니즘의 경계를 완전히 벗어나지 못했다고 비판한다.[10] 기독교 선교는 한국 여성들이 그들을 가로막는 한계에서 벗어날 수 있는 길을 열어주었지만 실제로는 제한적인 목표를 가지고 있었다. 그 구체적인 사항들을 이제부터 살펴보겠다.

1) 여성의 독립과 리더십을 돕는 데 있어 저지른 실수

장병욱은 선교사들이 한국 여성들의 개인적 독립을 돕는 과정에서 실수를 저질렀다고 지적한다. 그에 따르면 선교사들이 여성을 지도자로 임명하는 것을 원하지 않았기에 여성들은 교회의 활동을 계획하고 조직하는 일에서 배제되었다. 또한 여성들은 선교사들의 허락 없이는 어떠한 선교나 활동도 할 수 없었다. 이는 한국 여성들의 자주성을 억압

8) 서광선, 504-505.

9) 같은 자료, 520, 526-531.

10) 박순경, "한국 민족과 신학의 과제", 『세계 속의 한국감리교회』(서울: 웨슬리 출판사, 1984), 231.

하는 조치로서 여성들을 교회 안에서 수동적이고 의존적인 사람들로 만드는 데 일조했다.[11]

그 결과 초기 한국교회에는 여성 지도자가 없었다. 그나마 초기 한국교회의 여성 지도자라고 하면 "전도부인"이 떠오른다. "전도부인"은 집집마다 찾아다니며 여성들을 만나 복음을 전하고 성경을 통해 문맹인 여성들에게 글을 가르친 사역자들이었다. 이들이 폐쇄적인 한국 사회에서 여성들을 교회로 이끌어내고 한국 개신교의 확장에 공헌했다는 사실은 최근 들어 주목을 받았다. 그러나 한편으로 "전도부인" 제도는 많은 문제점을 가지고 있었다. 전도부인은 대부분 과부나 혼기가 지난 여성이었는데 이들의 교육을 위한 체계적인 제도나 기회가 마땅치 않아 단기간 훈련 후에 현장으로 파견되는 경우가 대부분이었다. 따라서 그들은 선교사들의 단기적 보조자일 뿐, 장기적이고 전문적인 사역자라고 보기는 힘들었다. 또한 이들에게는 남성에게 설교를 하거나 남성을 가르치는 역할이 허락되지 않았다. 이 말은 곧 여성이 교회의 지도자로 세워질 수 없었다는 뜻이다. 교회의 지도자들은 주로 설교와 교육을 맡았기 때문이다.

2) 여성 사역자들에 대한 잘못된 이미지와 불평등한 제도의 생산

현재 여성 사역자에 대한 한국교회의 인식은 앞에 언급한 "전도부인"의 이미지와 유사하다. 그 결과 오늘날 한국교회는 여성 사역자에 대한 처우, 즉 지위나 역할 및 사례 등에 있어 많은 문제를 가지고 있다. 보통

11) 장병욱, 382-383.

교회는 여성 사역자들에게 지적이거나 전문적인 자격보다는 "전도부인" 하면 연상되는 직업의식, 강한 믿음, 봉사 정신을 기대한다. 1983년 한국 갤럽의 조사 결과를 보면 여성 목사에 대한 이미지가 왜곡되어 있음을 알 수 있다. 상당수 응답자가 여성 목사를 생각하면 독신 또는 과부의 이미지를 가장 먼저 떠올렸다. 또한 교회 구성원들이 여성 사역자에게 기대하는 항목은 겸손, 성실, 인내, 순종이며 신학교 남학생 가운데 여성 목사는 성서적으로 문제가 있다고 답한 사람도 상당수였다.[12]

실제로 수많은 여성 교역자가 교인 돌보기, 전도, 상담을 주로 담당하면서 심방을 다니고 교인들의 문제를 해결해준다. 남자 목사를 보조하면서 지난 주일에 누가 교회에 결석했는지 파악해 담임 목사의 방문 일정을 잡기도 한다. 여성들은 교인들의 상황과 문제들을 속속들이 알고 있는데도 교회의 정책을 결정하는 모임에는 참석하지 못하고 보조자의 지위에 머물며 교회 일에 침묵해야 한다. 그렇기에 많은 교회가 젊은 미혼 여성보다는 중년이나 그 이상의 나이든 여성을 교역자로 선호한다.[13] 오늘날 한국교회에는 아직도 여성 안수를 허락하지 않는 기독교 교단들이 있으며 이러한 분위기에서 유능한 여성 담임 목사가 탄생하기를 기대하는 것은 매우 힘든 일이다.[14] 교회 내의 이 같은 성차별적 이미지는 성경에 대한 잘못된 해석과 여성 교역자들의 잘못된 자아 정체성이라는 문제들을 낳을 수 있다.[15]

---

12) "민족, 민주, 민중과 함께 사는 새로운 길을 향하여", 21(http://blog.daum.net/jesus, Korea Christian Women 100 years Footsteps[2010.3.1. 접속]).

13) 같은 자료, 23.

14) 손성희, "한국교회의 여성 교역자의 이미지에 대한 연구", 「논총」, 36(1980), 97-98.

15) 김은주, 「한국교회의 여성 교육의 역사와 문제에 대한 연구」(서울: 이화여자대학교

여성 교역자에 대한 잘못된 이미지가 확산되고 그들 스스로도 낮은 자아 정체감을 가지게 되면서 한국 교회 안에는 여성들에게 불평등한 제도가 공고히 자리 잡은 듯하다. 교회 구성원들의 절반 이상이 여성인데도 교회 운영과 주요 결정은 남성들이 도맡아 하고 있으며 여성들은 교회의 권력 구조에서 밀려나 있다. 여성들은 보조자와 봉사자로 불리며 힘들고 난이도가 낮은 영역의 일들을 이름 없이 감당해왔기에 중요한 결정을 하는 자리나 지도자의 위치에서 배제되어왔다. "여성 안수의 문제"는 한국 교회의 여성에 대한 태도를 잘 보여준다. 대한예수교장로회(통합)의 경우 1996년까지 신학교를 졸업한 여학생들은 목사 안수를 받을 수 없었다. 졸업 후 여성 교역자들은 부교역자로 머물 것인지 아니면 남성 교역자들이 기피하는 외진 시골 사역지로 갈 것인지를 결정해야 했다. 또한 여성 교역자들은 기존 교회에서 일을 하게 될 경우 나이가 어리고 경력도 적은 후배 남성 교역자들을 보조해야 했다. 여성 교역자가 남성들이 가기를 꺼려하는 낙후한 지역에 들어가서 교회를 개척해 건물을 짓고 어느 정도 자리를 잡게 되면 교인들이 남성 교역자를 청빙해오는 경우도 흔했다. 여성 교역자들은 성찬과 세례를 집례할 수 없기에 교회가 안정되면 그 역할을 할 수 있는 남성 교역자가 필요해졌던 것이다. 그런 경우 여성 교역자들은 눈물과 땀으로 일군 교회를 떠날 것을 요구받으며 아픈 가슴을 안고 물러날 수밖에 없었다. 여성 안수가 허락되지 않았기에 성례를 집행하거나 당회를 구성할 수 없었기 때문이다.

교육대학원, 석사학위논문, 1984), 40.

3) 여성 안수의 과거와 현재: 대한예수교장로회(통합)의 최근 상황

대한예수교장로회(통합)의 여성 안수 합법화 과정을 간략하게 살펴보면 1994년 9월에 여성 안수를 허락하는 법을 통과시키고 1995년 총회의 결의안을 확정했다. 이렇게 하여 1933년에 제기된 여성 안수 허용 안건이 60년이라는 세월이 흐른 뒤에 통과되었다. 나는 신학대학원 재학 당시부터 "여교역자협의회"(예장 통합)에서 주최하는 여성 안수를 위한 모임에 참석했다. 뜻을 같이하는 여교역자들과 여학생들은 함께 모여 여성 안수의 당위성을 연구하고 실천 방안을 논의하며 기도했다. 매해 교단 총회가 열릴 때면 방청객으로 참여해 여성 안수 상정 건을 다루는 과정을 지켜보기도 했다. 우리는 여성 안수를 위해 기도하고 시위를 벌였다. 총회 장소에서 왜 여성들은 목사와 장로가 될 수 없는지 묻자 교회 대표인 목사들과 장로들은 이렇게 대답했다. "성경이 이를 허락하지 않는다"는 것이었다. 여러 해 동안의 기도와 시위, 설득을 통해 우리는 이 일에 공감하는 많은 남성 목사와 장로들로부터 협력을 이끌어낼 수 있었다. 그리하여 1993년 총회에서는 여러 사람이 여성 안수 건이 통과되리라는 기대를 걸었다. 여성 교역자들과 신학생들은 이번 총회가 역사적인 순간이 될 것이라는 기대를 가지고 총회 장소에 모였다. 그러나 단 몇 표 차이로 또다시 부결되자 50년 묵은 "한"이 풀릴 것이라는 기대에 부풀었던 여교역자들과 신학생들은 크게 실망할 수밖에 없었다. 여성 교역자들과 신학생들은 슬프고 고통스러운 심정으로 총회가 열리고 있는 교회의 한쪽 방에 모여 함께 기도하기 시작했다. 이 슬픔 가운데서도 희망을 잃지 않도록 성령께서 도우시기를 간구했다. 「기독교신문」은 연신 눈물을 흘리며 기도하는 여성 교역자들과 신학생들의 모습을 집중 보도했다. 여교역자들과 신학생들로서는 교단 안의 넘어서기 어려운 장벽을 또다시 느끼는 순간이었다. 그러나 하나님이 여성들의 울음소리를 들으셨는지 이듬해 총회에서 여성 안수 허용 건이 어렵지 않게 통과되었다. 그 후 나도 하나님의 은혜로 1997년에 목사 안수를 받을 수 있었다. 신학대학원을 졸업한 지 5년 만에 받는 안수인지라 50년을 기다려온 선배 여교역자들을 보면서 미안한 마음을 떨칠 수가 없었다.

그렇다면 2014년으로 여성 안수 20주년을 맞이하는 대한예수교장로회(통합) 여교역자들의 상황은 어떠한가?[16] 해당 교단 여교역자회의 2014년 통계에 의하면 여성 목사는 1,477명으로 전체 목사의 8.5%를 차지했다. 하지만 여성 목사의 위상을 측정할 수 있는 대표적인 통계 중 하나인 여성 위임목사의 비율은 1.6%(23명)이며 교단의 중요사안들을 결정하는 총대가 된 비율은 0.93%(14명)에 불과하다.[17] 이 같은 통계는 국회와 고위 공직의 30%를 여성에게 할당하고 50%를 목표로 하는 시대의 흐름에 크게 뒤쳐진 것이다. 또한 교회 구성원의 60%가 여성임을 감안할 때 여성들이 얼마나 교회의 결정 과정과 지도층 구성에서 배제되어 있는가를 여실히 보여주는 수치들이다.

여교역자는 담임 목사가 된다 해도 사역지를 찾는 데 어려움을 겪는다. 여성 담임 목사의 비율이 2001년 7.2%에서 2013년 32.7%로 4배 이상 증가했지만 이들의 43.3%가 미조직교회(당회가 구성되지 않은 교

16) 대한예수교장로회(통합) 여교역자들이 한국교회의 평균보다 나은 상황일 것이라고 추측한다.

17) 여성 총대 비율은 다음과 같다. 2006년: 0.67%, 2012년: 0.9%, 2014년: 1%.

회)와 기도처에서 사역하고 있다. 또한 그들이 시무하는 교회 중 42.3%가 50명 이하의 작은 교회다. 안수받고 담임 목회를 하는 여성 사역자들이 늘어났는데도 교회 안에서 여성의 지도력은 아직도 큰 변화가 없는 것으로 보인다.

왜 여성은 이 장벽들을 깨뜨릴 수 없는 것일까? 가장 큰 이유 한 가지는 여성을 보조자로 보는 한국 사회와 교회의 고정 관념이 변하지 않기 때문이다. 심지어 교회의 여성들도 교회 지도자는 예수님처럼 남성이어야 하며 사회 지도층 남성이라면 교회에서도 지도자가 될 자격이 있다고 생각한다. 따라서 여성을 포함한 교회의 구성원들은 여성 목사를 담임 목사로 청빙하는 것을 꺼린다. 아니, 상상조차 하지 못한다. 최근의 대한예수교장로회(통합)의 여교역자 실태 조사에 따르면 북미와 유럽 교단에서 놀라운 활약을 보이는 많은 여성 목회자의 뒤에는 제도적·법적 뒷받침이 있다. 여성 장로의 경우도 마찬가지다. 여성 목사 안수 합법화 이후 여성 장로도 승인되었으나 실제로 배출된 여성 장로의 수는 매우 적다. 일선 교회에서는 교육 수준이 높고 사회적 지위와 경제적 능력을 갖춘 소수의 여성만이 장로로 선출된다. 이는 한국 교회의 지도력이 여성과 남성에게 공평하게 주어지지 않는다는 사실을 보여준다.

예전의 "전도부인"과 달리 최근에는 여교역자들이 전문화, 고학력화되는 경향이 있다. 예를 들어 대한예수교장로회(통합)의 2013년 통계를 보면 여교역자 중 46.3%가 신학대학원을 졸업했으며 77.4%가 대졸 이상의 학력을 가지고 있다. 그러나 여성들은 충분한 자질을 갖추고도 현장에서는 남성들에 비해 상대적으로 열악한 처우를 받는다. 예를 들어 2012년 조사 결과 무보수로 사역하는 여교역자의 비율이 15.4%였다. 이는 2001년(10%), 1992년(3.2%), 1988년(2.9%)에 비해 늘어난 수치다. 또한 월 사례금 200만원 미만인 경우가 전체의 79.9%에 이른다. 장로회신학대학교 김은혜 교수는 2013년 여교역자 실태 조사 결과 여교역자의 "양적 성장이 질적 변화를 가져오지 못했음"을 지적하며 여교역자들의 정체성과 성숙한 소명 의식 확립, 교단 차원의 여성 목회 지원과 제도적 개선의 필요성을 강조했다. 더 나아가 교회 현장에서 남성 목회자들과 여성 평신도들의 양성평등 의식을 이끌어낼 수 있는 교육 내용과 프로그램의 개발이 절실히 요구된다.[18]

3. 한국 기독교 속의 성차별주의

1) 가부장적 사고와 유교적 문화 위에 세워진 기독교 신학

초기 한국 기독교의 영향을 받은 여성들은 가부장적이고 유교적인 문화의 지배에서 벗어나고자 노력했다. 여성들은 누군가의 아내 또는 어머니로 불리기를 거부하고 스스로의 정체성을 찾고자 집을 나와 성경 공부, 부흥회에 참석하고 기독교 학교에 다녔다. 이때 여성들에게도 고등교육의 기회가 열리기도 했다.

이처럼 기독교가 여성해방의 길을 제시하기는 했지만 서구의 가부장적 문화 위에 세워진 종교라는 점 때문에 여성들은 그 안에서 한계

18) 김은혜, "여교역자연합회와 교단 총회에 대한 제언", 「여교역자 실태 조사 보고서」(서울: 대한예수교장로회 전국여교역자연합회, 2013), 106-107.

를 느낄 수밖에 없었다. 모든 사람이 평등하다는 기독교 교리와 달리 교회는 여전히 여성들에게 남성에게 순종하라고 가르치며 수직적인 위계질서를 제시할 뿐이었다. 기독교의 본질에 위배되는 가부장적 교리는 진정한 여성해방에 공헌하지 못했고 결국 기독교 여성운동은 개인적인 계몽 수준에 머물 수밖에 없었다.

더 나아가 유교적 바탕 위에 세워진 한국 기독교의 교리는 유교적이고 보수적인 입장의 여성관을 가졌기에 여성이 교회와 가정에서 수동적인 존재로 자리매김하고 교회 내에 여성 지도자가 세워지지 못하는 요인이 되었다.

2) 남성 중심적으로 쓰이고 해석된 성서

성경은 40여 명의 저자에 의해 1,000년 이상의 시간을 거쳐 기록되었고 기원후 397년 카르타고 공의회에서 최종 66권의 성서가 정경으로 확정되었다. 칼뱅(Jean Calvin, 1509-1564)이 설명했듯이 성서는 성령에 의해 구술되었고 성령의 내적 증거로 확인되는 "하나님의 영감으로 주어진 하나님의 말씀"(웨스트민스터 신앙고백, 1647)임이 분명하다. 그런데도 루터(Martin Luther, 1483-1546)와 칼뱅 모두 성서를 연구하는 과정에서 여러 가지 오류를 발견했고 성서가 신적인 요소와 인간적인 요소를 동시에 지니고 있음을 인정했다. 칼뱅의 전통을 계승한 웨스트민스터 신앙고백은 성서에 대해 다음과 같이 말한다.

> 성서는 인간의 말로 기록된 하나님의 말씀이다. 따라서 거기에는 인간적 요소와 신적 요소가 함께 있다. 그러나 하나님은 저자가 지니고 있던

시대적이며 문화적인 배경 등 인간적 요소들을 그의 섭리를 성취하기 위하여 사용했으므로 성서는 전적으로 하나님의 말씀이다.[19]

따라서 성서를 바르게 이해하기 위해서는 해석 작업이 필요하다. 성서에 "일점일획의 오류"도 없다는 식의 문자적 해석 방법으로 성서를 대하는 것은 올바른 자세가 아니다. 성서는 쓰인 시간, 장소, 목적, 저자와 관련 공동체의 관심사를 배경으로 그 시대의 용어로 표현된 기록이기에 당시의 역사와 사회와 문화를 고려해 본문의 배경을 파악할 때에만 성서가 전달하고자 하는 뜻을 제대로 발견할 수 있다.

"성서는 힘을 가진 문서다."[20] 여성들은 바울과 같이 "사망이나 생명이나 천사들이나 권세자들이나 현재 일이나 장래 일이나 능력이나 높음이나 깊음이나 다른 어떤 피조물이라도 우리를 우리 주 그리스도 예수 안에 있는 하나님의 사랑에서 끊을 수 없으리라"(롬 8:38-39)고 고백한다. 그러나 또한 성서가 남성에게 권위를 부여하고 남성들의 경험과 규범에 의해 쓰였음을 간과하면 안 된다. 성서는 여성을 해방시키면서도 여성에 대한 억압과 종속화를 정당화하는 근거가 되었다. 성서는 성차별과 가부장적 이데올로기를 배경으로 생성되었고 사회와 가정 내에서 남여의 상하 관계를 유지시키는 제도, 가치 기준, 철학과 법체계의 근본으로 활용되었다. "성서에 나오는 여성들의 침묵, 그리고 강요된 침묵—여성들이 받은 멸시와 폭력—은 많은 여성이 처한 삶의 현실

---

19) 총회헌법개정위원회, 『헌법』(1992), 159; 대한예수교장로회신앙고백서 제1장 3항.

20) 캐롤 A. 뉴섬 지음, 샤론 H. 린지 엮음, 『여성들을 위한 성서 주석 신약편』(서울: 대한기독교서회, 2012), 32.

을 반영한다."[21] 이런 상황에서 여성들은 목소리를 높이지 못하고 마치 스스로에 대한 차별과 종속이 자연적 질서인 것처럼 순종하며 살았다. 그러나 현대사회에서는 다양한 이데올로기의 발전과 더불어 남성과 여성의 관계성을 깨뜨리는 가부장주의와 남성 중심주의가 "죄"라는 사실을 인식하게 되었다. 19세기 이후 자유주의 페미니즘, 마르크스주의 페미니즘, 사회주의 페미니즘, 진보적 페미니즘과 같은 여성해방 사상이 발전하기 시작했고 또한 여성신학(feminist theology)의 태동은 기독교의 전통을 재구성하며 여성의 존엄성을 추구하게 하는 계기가 되었다.

그런데도 한국교회는 여전히 여성신학의 각성과 외침의 소리를 들으려 하지 않는다. 오늘날 소위 "믿음이 좋다는 것"은 교회 지도자들의 가르침과 방향을 받아들이고 성서의 내용을 문자 그대로 받아들이며 거기에 순종한다는 의미일 뿐이다. 이런 상황들을 고려할 때 성차별 문제 해결은 올바른 "성서 해석"으로부터 시작되는 것이 분명하다. 한국교회의 기독교 학자들과 남성 목회자들은 여성의 소리를 진지하게 듣고, 더 나아가 성서의 본질적인 의미를 다시 깨달아 모든 인간의 존엄함을 선포하며 교회 안의 여성 인권 문제를 다시 생각해야 할 것이다.

3) 바른 성서 해석에 기초를 두는 여성통일신학

오늘날의 학자들은 성서에 다양한 해석학적 접근을 하고 있다. 브라운(Raymond E. Brown)과 슈나이더스(Sandra M. Schneiders)는 『해석학』

---

21) 같은 자료, 33.

에서 오늘날 학자들이 많이 사용하는 구조주의, 해체, 상황주의, 수사학적 비평, 사회학적 비평, 현상학적 비판과 같은 해석학적 입장들을 소개한다. 이처럼 다양한 접근법은 성서 해석 시 유효한 방법이 될 것이다.[22] 앞서 살펴보았듯이 한국 기독교의 여성 억압이 문자적 성서 해석에 기인했음을 고려할 때 바른 성서 해석은 여성통일신학의 기초가 될 것이다.

여기서는 카(Anne E. Carr), 쉬슬러 피오렌자(Elizabeth Schüssler Fiorenza), 스텔(Drorah Setel), 류터(Rosemary Ruether), 오지엑(Carolyn Osiek), 배현주의 페미니스트 해석학을 중심으로 여성통일신학의 기초적 성서 해석 방법들을 살펴보고자 한다.

여성신학은 해방신학을 기반으로 형성되었다. 보프(Clodovis Boff)와 소브리노(Jon Sobrino) 같은 해방신학자들과 존 마이어(John P. Meier)의 사상을 통해 여성신학적 성서 해석법들은 더 확대될 수 있을 것이다.[23] 그러나 독보적인 성서 해석법을 제공한 그들조차 한국의 통일신학자들과 마찬가지로 사회와 교회에서 여성에게 주어지는 역할에 대해서는 문제를 제기하지 않았다. 여성으로서 억압받은 경험이 없는 남성 신학자들로서는 사회에 만연한 성차별을 인식하기 어려운 것 같다. 따라서 이 장에서는 앞서 언급한 여성 신학자들의 이론을 중심으로

---

22) Raymond E. Brown, Joseph A. Fitzmyer, Roland E. Murphy ed., *The New Jerome Biblical Commentary*(New Jersey: Prentice Hall, 1990), 1158-1160.

23) Clodovis Boff, *Theology and Praxis: Epistemological Foundations*(New York: Orbis Books, 1987); Jon Sobrino, *Jesus the Liberator*(Maryknoll, New York; Orbis, 1993); John Meier, *A Marginal Jew*(New York; Doubleday, v.1, 1991, v.2, 1994, v.3, 2001, and v.4, 2009).

한국의 통일 과정에서 여성이 맡아야 할 역할을 집중 조명하려고 한다.

먼저 독일 통일 후 심화된 성차별의 근본 원인이었던 여성관, 즉 여성의 일차적 책임은 아내이자 어머니, 남성의 보조자라는 역할 규정이 어디에서부터 비롯되었는지 살펴보자. 교회 역사에서 기독교가 행한 오류들—여성 억압, 노예 억압, 고착된 교리에 기반한 다른 입장 억압, 제국주의적·침략적 선교—은 잘못된 성서 해석에서 비롯되었다. 이번 장에서는 그중에서도 수 세기 동안 가부장제, 남성 중심주의, 성차별주의를 극복하지 못한 교회가 인간 해방에 도움을 주지 못하고 여성을 억압했다는 점에 초점을 맞추고자 한다.

여성신학자들은 "성서"를 여성의 해방과 구원을 위한 책으로 이해하는 동시에 "성서"가 여성을 억압하는 도구로 사용되었음을 깨달았다.[24] 카(Anne E. Carr)는 성서가 공적·사회적 삶에서 여성과 남성이 불공평한 관계를 이룰 것을 주장하기 때문에 여성의 자아실현을 불가능하게 했다고 비판한다. 그 대표적인 예가 여성의 생리에 대한 부정적인 묘사, 인류를 타락으로 이끈 근본 원인이 "여성의 죄"(창세기) 때문이라고 보는 관점 등이다. 성서 속 여성이 열등하다는 규정과 설명은 여성을 남편 또는 남성과의 관계에서 종속적인 존재로 이해하도록 했으며 바울 서신 중 여성의 교회 사역 참여를 제한하는 몇몇 구절들은 여성의 안수를 포함해 교회의 전체 사역에서 여성의 참여를 거부하는 근거로 쓰이기도 했다.[25] 더 나아가 쉬슬러 피오렌자는 이것이 성서 "해석"만의 문제가

24) Schüssler Fiorenza, *In Memory of Her: A Feminist Theological Reconstruction of Christian Origins*(New York: Crossroad, 1983), 36.

25) Anne E. Carr, *Transforming Grace: Christian Tradition and Women's*

아니라 성서 자체가 남성 중심(male-centered)으로 기술되어 있기 때문이라고 지적한다.

그런데도 기독교인들이 성서를 포기할 수 없는 이유는 성서가 남성과 여성 모두에게 "계시의 근원"이기 때문이다. 쉬슬러 피오렌자에게 성서는 종교적 힘의 토대임과 동시에 여성에 대한 종교적 억압의 토대다. 또한 와스코(Arthur Waskow)는 우리가 성서적 전통을 쉽게 수용하거나 거부할 수 없었다고 고백한다. 그에 따르면 우리는 전통과 싸울 필요가 있으나 그와 동시에 사랑을 가지고 투쟁하면서 앞으로 나아가 전통을 포용하는 삶을 받아들여야 한다.[26]

그렇다면 여성통일신학자들은 어떻게 성서를 읽고 해석해야 하는가? 쉬슬러 피오렌자는 성서를 "신화적 원형"(the mythical archetype)이 아닌 하나의 "역사적 원형"(a historical prototype)으로 보아야 한다고 말한다. 성서를 신화적 원형으로 보는 사람은 성서를 고풍스러운 신화로 여기면서 지속적인 질서와 종교 안에서 형성된 "성서적" 입장을 유지하려고 한다. 또한 불변하는 존재적 형틀을 상정해 인간 행동과 공동생활을 위한 확정된 모델을 제시한다.[27] 즉 역사적으로 제한된 경험에 기반한 본문으로 구성되었다 할지라도 성서는 불변의 진리인 하나님의 말씀이기 때문에 시간과 문화를 초월한 권위를 가지며 기준이 된

Experience(San Francisco: Harper and Row, 1988), 95.

26) Drorah Setel, "Feminist Insights and the Question of Method," ed., Adela Yarbro Collins, *Feminist Perspectives on Biblical Scholarship*(Atlanta: Scholars, 1995), 42.

27) Schüssler Fiorenza, *Bread not Stone: The Challenge of Feminist biblical Interpretation*(Boston, Peacon Press, 1984), 10.

다는 것이다.[28] 반대로 성서를 역사적 원형, 즉 믿음과 삶을 형성하는 근원적 모델로 보는 사람은 성서에 대한 비판적 평가를 받아들인다.[29] 그래서 그들은 성서의 성차별적 본문들이 일점일획도 변할 수 없다고 보지 않고 그 대신 가부장적이고 남성지배적인 생각과 문화가 반영된 결과물이라고 선언한다. 따라서 기존에 여성의 종속과 억압을 조장했던 성서 구절들이 아닌, 예수의 삶에서 발견되고 초기 교회 공동체에서 확인할 수 있는 평등한 삶이 오늘날의 신앙적 모델이 된다. 이에 대한 쉬슬러 피오렌자는 질문을 제기한다. 즉 어떻게 역사·문화·정치적 상황이 지금과는 다른 시기에 수집되어 과거의 역사와 초기 공동체의 신앙을 반영하는 문서들(documents)이 오늘날의 신앙생활을 위한 표준과 규범이 될 수 있는가?[30] 이는 문자적 접근을 통해 여성의 종속을 조장하고 인간의 동등성을 거부하는 성서 해석의 오류를 지적하는 질문이다. 우리는 성서는 불변의 문자적 진리가 아닌, 그 시대의 역사적·정치적·문화적 상황 속에서 쓰여진 "계시"라고 하는 점을 살펴볼 필요가 있다.

한편 류터는 성서에 여성에게 적대적인 구절이 수없이 많더라도 성서를 페미니즘 자료로 활용할 수 있다고 말한다. 류터는 성서를 보고 이해할 때 성서의 바탕이 되는 가부장제 사회의 상황을 믿음의 조건으로 보지 않는다. 이처럼 페미니스트의 성서 읽기는 비판적이어야 하며 가부장적인 이데올로기를 거부하고 예언자적 전통을 재발견할 수 있

28) 같은 자료, 8-12.
29) 같은 자료, 14.
30) 같은 자료, 8-12, 127.

어야 한다. 즉 예언자적 메시지의 문자적 의미를 넘어서 여성을 위한 예언자적 "해방의 원칙"을 강조하는 것이다. 더 나아가 류터에게 성서 읽기의 표준은 곧 "믿음의 예언자적 전통"이다.[31] 따라서 성서의 규범적인 전통은 비판 속에서 새로워져야 한다. 예언자적 전통은 성차별주의를 비판하며 "개인적인 죄"를 넘어서 "사회적 죄"까지 문제시한다. 종교적 정당성을 가지고 메시아적 비전을 확대하는 것이다.[32] 예언자적 메시아 전통은 하나님을 해방자로 보며, 성서 본문들은 여성해방을 지지한다.

반면 쉬슬러 피오렌자는 신약신학자답게 류터의 예언자적 전통을 통한 여성해방 지지가 분석적이지 못할 뿐 아니라 현명한 해석법이 아니라고 비판한다. 쉬슬러 피오렌자는 하나님의 거룩한 말씀인 성서의 권위에 의존해 여성해방을 지지하는 본문들을 찾으면서 한편으로는 성차별적 본문들을 비판한다. 그녀는 성서의 성차별적 성격을 드러내며 이에 권위를 부여할 것을 거부하는 4가지 성경 해석법, 즉 의심의 해석학, 선포의 해석학, 기억과 역사적 재건설의 해석학, 재이용(reutilization) 및 축하와 창조적 현실화의 해석학을 제안한다.

첫째, "의심의 해석학"은 여성신학적 해석학의 첫 번째 요소이자 출발점이다. 한국 보수주의 신학은 전통적 가르침에 대한 무조건적인 믿음을 강조하기에 "의심"의 눈을 가지고 성서를 보는 것 자체가 경건하지 못하다고 생각한다. 그러나 기독교 신앙을 파괴하는 불경한 "의심"과 쉬슬러 피오렌자가 주장하는 "의심"은 그 의미와 목적 자체가 다르

31) Ruether, *Sexism and God-Talk*(Boston: Beacon Press, 1983), 23-24.
32) 같은 자료, 22-24.

다. 2천 년 동안 기독교 신학이 남성들, 특히 유럽 남성들에 의해 전개되었음을 전제할 때 그들의 이해와 해석에 "의심"을 품는 것은 당연한 일이다. 따라서 "의심의 해석학"은 성서의 모든 본문에 가부장적 사회구조와 남성 중심의 언어가 사용되었다고 규정하면서 여성의 입장에서 의심의 눈으로 성서를 보는 것이다. 성서는 남성 저자들에 의해 쓰였고 성서의 해석 역시 남성들에 의해 이루어졌으므로 페미니스트적 성격과 진리를 전제하지 않는다. 성서가 오랜 세월 동안 남성들에 의해 정경화되고 해석되고 선포되었기에 가부장적 문화, 종교, 사회의 영향을 벗어날 수 없는 것이다. 그렇기에 쉬슬러 피오렌자는 의심의 여지없이 "성서는 남성의 책"[33]이라고 규정한다. 그러므로 "의심의 해석학"을 통해 잃어버린 여성의 전통과 해방의 비전을 찾아야 한다.[34]

둘째, "선포의 해석학"이다. 의심의 눈으로 발견한 성서의 여성해방적 요소들이 단지 학문의 영역에만 남아 있어서는 안 된다. 의심의 해석학을 통해 발견한 해방의 비전은 다른 사람들이 알 수 있도록 선포되어야 한다.[35] 이 같은 "선포의 해석학"에 대해 장로회신학대학교 윤철호 교수는 다음과 같이 설명한다.

> 그러므로 선포의 해석학은 성차별적이거나 남성 중심적인 것으로 판명된 모든 본문은 하나님의 말씀으로 받아들여지거나 교회에서 사용되는

---

33) Elisabeth Schüssler Fiorenza, *Discipleship of Equals: A Critical Feminist Ekklesia-logy of Liberation*(New York: Crossroad, 1993), 23.

34) Schüssler Fiorenza(1984), 15-17.

35) 같은 자료, 19.

성구집에 포함될 수 없다고 주장한다. 반면 가부장적 상황을 초월하고 인간의 자유와 통전성에 대한 해방적 비전을 기술하고 있는 본문들은 예배와 가르침에 있어 적절한 자리를 부여받아야 한다. 비판적인 페미니스트 해석은 특수한 문화적 상황 속에서의 성서 본문의 억압적이거나 해방적인 영향력을 보기 위한 조심스러운 신학적 평가에 의해 보완되어야 한다.[36]

셋째, "기억의 해석학"이다. 류터가 주장하듯 단순히 성서에서 여성 해방적 근거를 찾아내는 데 그치는 것이 아니라 성서에서 여성의 역사를 재구성해야 한다. 남성 중심적 본문과 가부장적 전통을 성서에서 제거하는 작업이 아니라 그런 본문과 전통 속에서도 아직 남아 있는 여성들의 고난과 소망을 기억하는 것에 집중해야 한다.[37] 즉 초기 기독교 운동에서처럼 여성들이 기독교 공동체의 중심에 있던 모든 성서적 전통을 재발견하며 재선언하자는 것이다. 그 안에서 여성들은 동등한 제자들로서 리더십을 발휘하고 헌신할 수 있었다. 성령의 능력을 힘입어 복음을 위해 분투하고 지도력을 행사했던 여성들의 기억은 역사와 신학 안에서 재구성되어야만 한다.[38] 또한 성서와 기독교 역사 속의 해방적 사건들을 기억하고 더 나아가 우리의 삶 속에 새롭게 재구성해 낼 수 있는 "기억의 해석학"이 요청된다.

넷째, "창조적 현실화의 해석학"이다. 이는 여성들이 미래를 위해 활

---

36) 윤철호, 『기독교 인식론과 해석학』(서울: 한국장로교출판사, 2013), 459.

37) 손승희, 『여성신학의 이해』(서울: 한국신학연구소, 1989), 108.

38) Schüssler Fiorenza(1984), 19-20.

발히 참여하면서 "여성의 성서적 역사 재건설"을 이루어야 한다는 의미다. 의심의 해석학을 통해 성서에서 여성해방적인 자료들을 발견하고 그것의 의미를 선포하고 기록할 뿐 아니라 여성의 역사를 재구성해야 한다. 이에 대해 윤철호 교수는 다음과 같이 말한다.

> 성서 본문에 대한 이런 페미니즘적인 창조적 현실화는 이야기들을 항상 새로운 형상과 상징 속에서 다시 이야기하려고 시도한다. 그럼으로써 창조적 현실화의 해석학은 옛날과 마찬가지로 오늘날의 신앙 공동체 안의 여성을 위한 예수의 중요성과 성서의 하나님을 다시 명명하려고 한다. 여성 신학자들은 이런 일이 오직 성서 본문의 억압적인, 또는 능력을 부여하는 부분들을 분명히 규정하는 비판적인 해석의 과정을 통해서만 이루어질 수 있다고 믿는다.[39]

결국 창조적 현실화의 해석학은 가부장적 기도자들(patriarchal prayers)의 개혁 및 페미니스트적 예식(rituals)과 하나님 이름의 재명명(renaming)을 요청한다. 이를 위해 가부장적 종교로부터의 전환을 추구하며 모든 억압으로부터 해방하는 비전을 제공하는 자료로서의 진정한 성서 이야기의 증거들을 찾는다.[40]

따라서 쉬슬러 피오렌자는 기억을 재구성하고, 해방을 위해 투쟁하는 과거, 현재, 미래의 여성들이 연대해야 한다고 강조한다. 쉬슬러 피오렌자는 다음과 같이 말한다.

---

39) 윤철호, 463.

40) 같은 자료, 21-22.

우리는 가부장제의 억압에 대항하고 이로부터 살아남기 위해, 그리고 자유롭기 위해 선조 자매들과 함께 같은 투쟁에 참여한다. 우리는 똑같은 해방의 비전을 나누며 성서의 선조 어머니들처럼 헌신한다. 우리는 단지 그들의 투쟁과 희망을 강조하거나 동일시하기 위해 부름을 받은 것이 아니라 그들과의 연대 속에서 우리의 투쟁을 계속하기 위해 부름을 받았다. 그들의 기억과 재기억되고 재발견된, 그리고 역사적 재건을 통해 살아 유지되고 있는, 그리고 예식에서 실현되는 것들은 그들과의 역사적 연대 속에서 계속하여 투쟁하도록 우리를 격려한다.…그리고 위의 것들은 우리를 사회와 교회 안에 있는 가부장제에 대항하여 그들과 연대하여 헌신하도록 우리를 격려한다.[41]

반면 오지엑은 쉬슬러 피오렌자가 계시에 대해 제한적이고 좁은 시야로 접근한다고 비판한다. 쉬슬러 피오렌자가 여성해방에 적합한 본문을 "성서 중의 성서"(scripture in scriptures)로 보았지만 다른 본문에 대해 충분히 고려하지 못했다는 것이다. 더 나아가 오지엑은 쉬슬러 피오렌자를 포함한 서구 페미니스트들이 백인 중산층 여성의 제한된 경험에 갇혀버릴 위험성이 있다고 지적한다. 이는 가난한 제3세계 여성들의 문제를 극복하는 자료가 될 수 있는 성서 속 계시의 넓은 차원을 제한해버릴 수도 있다. 가난한 제3세계 여성들의 문제는 단지 성차별의 문제만이 아니라 계급 차별, 인종차별, 제국주의적 문제들과 연관된다. 따라서 오지엑은 쉬슬러 피오렌자의 해석이 교회와 사회의 성차별

41) 같은 자료, 115.

주의를 비판하고 여성의 관점에서 세상의 변혁을 위한 비전을 제공한다 할지라도 그런 논의에 제3세계 여성과 흑인 여성의 고통, 이중으로 억압받는 상황을 포함시킬 필요가 있다고 주장한다.[42]

또한 곽푸이란(Kwok Pui-lan)도 쉬슬러 피오렌자의 해석 모델이 다중적 억압 구조, 즉 신식민주의, 제국주의, 인종차별, 군사주의와 같은 다중적 억압으로부터의 해방을 위해 아시아 여성의 투쟁을 통합하기에 충분한지를 질문한다.[43] 더 나아가 곽푸이란은 여성신학이 아시아 여성의 유산을 포함해야 한다고 주장한다. 그녀는 "아시아의 문화유산을 뒤로하고 기독교의 공동체에 합류하기 위해 서구의 "모"(mother) 교회가 가진 예배 방식과 교회 제도를 그대로 따라 하도록 권장되어온 것 역시 억압적인 언어의 의미를 가지는 것"[44]이라고 말한다.

배현주는 오지엑과 폴라스키(Sandra Hack Polaski)의 이론에 따라 성서의 변환자적 해석(transformationist interpretation)을 소개한다.[45] 이는 성서의 권위 및 미래를 위한 창의적 책임을 중요하게 생각하면서도 문자적이고 권위주의적인 해석은 거부하는 접근법이다. 그들은 성서를 하나님과 하나님의 사람들 사이의 관계를 통해 만들어진 살아 있

---

42) 배현주, "여성신학적 성서 해석이란 무엇인가", 「데오빌로」 15권(부산: 부산장신대학교, 2008), 64-65.

43) Kwok, "The Feminist hermeneutics of Elisabeth Schüssler Fiorenza: an Asian feminist response," *East Asia Journal of theology*, Vol. 3, Issue 2(1985), 151.

44) 같은 자료, 152.

45) Osiek, "The Feminist and the Bible: Hemenuetical Alternatives," in *Feminist Perspectives on Biblical Scholarship*, ed. Adela Yarbro Collins(Atlanta: Scholars Press, 1985); Sandra Hack Polaski, *A Feminist Introduction to Paul*(St. Louis Missouri: Chalice Press, 2005).

는 전통으로 이해하며 스스로를 살아 있는 전통 공동체의 구성원으로 여긴다. 여기서 살아 있는 전통이란 불변의 것이 아니라 책임감 있고 주체적인 존재들이 끊임없이 대화하며 창조하고 형성하는 전통이다. 따라서 변환자적 성서 읽기는 저자의 의도와 문화적·역사적 제한점보다는 믿음의 내용과 특정 시기에 성서의 인물들이 증언하려 했던 "신앙의 비전"을 존중한다. 변환자적 성서 읽기는 비판적이고 책임 있는 자세로 오늘날의 비전을 완성하고자 시도하는 것이다.[46]

이런 변환자적 성서 해석은 여성통일신학적 성서 읽기의 예를 보여준다. 여성통일신학은 쉬슬러 피오렌자와 유사한 방식의 접근법으로서, 성서를 계시의 기초로 여김과 동시에 문자적이고 권위주의적인 해석을 거부한다. 여성통일신학은 성서에서 하나님의 뜻을 찾으며 분단과 성차별의 현실 속에서 우리의 책임이 무엇인가를 탐색한다. 우리는 이런 책임감을 가지고 세상을 만들고 새롭게 하시는 성령의 힘을 통해 하나님의 뜻을 이룰 것을 기도한다. 이 같은 여성통일신학적 방식으로 성서를 읽음으로써 부패한 세상을 변화시킬 수 있는 힘, 교회가 새로운 공동체를 형성할 수 있는 힘을 얻을 수 있다. 이런 해석은 주님의 기도처럼 우리를 하나로 결합시킨다. "나라가 임하시오며 뜻이 하늘에서 이루어진 것 같이 땅에서도 이루어지이다"(마 6:10).

46) 배현주, 66.

2장

평화와 평등 공동체를 추구하는 여성통일신학적 모델

여성통일신학은 통일된 한국에서 평등한 공동체를 세울 수 있기를 바란다. 한민족 모두에게 열린 새로운 세상이 또 다시 기득권층과 권력을 노리는 자들의 잔치판이 되지 않도록 모든 사람이 신분이나 상황에 따라 규정되거나 차별받지 않는 세상, 성(性)과 출신(남쪽, 북쪽), 빈부의 차이, 건강의 유무를 뛰어넘어 인권을 존중받으면서 하나님의 형상으로 살아갈 수 있는 공동체의 비전을 품는다. 이런 공동체를 세우기 위해서는 어떤 조건이 필요할까? 무엇보다 가장 먼저 고려할 것은 소외된 사람들에 대한 관심이다. 소외된 자가 누구이고 억압당하는 자가 누구인지 분별하는 것이 그 첫 단계다. 쉬슬러 피오렌자는 예수가 사역할 때 "소외된 사람들"[1]을 부르셔서 공동체를 만드신 것을 상기시킨다. 예

1) Rita Nakashima Brock, *Journeys by heart: A Christology of Erotic Power*(New York: The Crossroad, 1998), 67.

수 공동체는 마음이 상한 자를 해방시키고 치유한다. 또한 갈라디아서 3:28에 나타나는 이상적인 사회적·정치적 목표를 지향한다.[2] 즉 종교, 신분, 성별에 상관없이 모든 사람이 평등하다고 선언한다. 이는 통일 한국의 새로운 사회 건설에 있어 기본적인 원칙이 되어야 한다.

따라서 여성통일신학은 교회와 사회의 효과적인 변화를 추구한다. 쉬슬러 피오렌자, 이사시 디아즈(Ada Maria Isasi Diaz), 민경석의 공동체 모델은 효과적인 사회 변화를 이끌어내고 평등 공동체를 세우는 데 필요한 주요 원칙들을 제공해줄 것이다.

1. 쉬슬러 피오렌자의 "하나님 나라"(*Basileia* of God)

쉬슬러 피오렌자는 포용성과 전체성에 중점을 두고 하나님의 공동체를 새롭게 이해한다. 이 공동체는 소외된 사람들을 위한 투쟁을 목적으로 연대하며 하나님 나라를 재건하는 데 깊은 관심을 둔다.

쉬슬러 피오렌자는 신약신학 논의에서 "하나님 나라"를 표현할 때 "왕국"(kingdom)이라는 단어 대신 그리스어 "바실레이아"(*Basileia*)를 사용했다.[3] 승리한 왕과 영토의 이미지를 담은 "왕국"을 구약을 위한 개념으로 남겨둔 것이다. 대안으로 사용된 "바실레이아"는 그 의미가 좀 더 포괄적이며 "해방자가 가까이 왔다"는 암시를 주는 말로 메시아의

2) 너희는 유대인이나 헬라인이나 종이나 자유인이나 남자나 여자나 다 그리스도 예수 안에서 하나이니라(갈 3:28).

3) Schüssler Fiorenza(1983), 118.

통치를 나타내기에 적합한 이미지를 가지고 있다. 쉬슬러 피오렌자는 이 단어를 사용함으로써 평등의 제자도 개념을 느끼게 한다.[4]

따라서 예수의 "바실레이아"라는 비전은 포용적인 전체성을 가리킨다. 예수가 주기도문에서 말한 "나라가 임하시오며"라는 기도는 이스라엘이 이방인의 통치를 받는 시대의 영토나 주권이 아니라 사람들의 전체성, 즉 포용적 전체성을 고려하는 새로운 의식에 강조점이 있다.[5] 결국 예수에게 "바실레이아"의 선언과 회복은 성전과 토라의 지평을 넘어선다.[6] 예수는 그리스-로마의 통치하에 있던 팔레스타인의 바리새파와 사두개파 사람들이 집중했던 특유의 도덕적 엄격성이나 예식적 순수성에는 전혀 관심이 없었다. 예수의 바실레이아는 그의 사역과 설교 및 예화 가운데서 드러났다. 바실레이아는 모든 사람, 즉 남자와 여자, 건강한 사람과 병든 자, 좋은 사람과 나쁜 사람, 부자와 가난한 자를 포용한다. 또한 예수의 바실레이아 비전은 눈먼 자, 병든 자, 창녀, 세리, 가난한 사람까지 받아들인다(눅 7:22). 예수가 눈먼 자와 귀먹은 자, 아픈 사람들을 고치시고 나병 환자를 깨끗하게 하시며 좋은 소식을 선포하는 것은 바로 "전체성"(wholeness)을 경험할 기회다. 쉬슬러 피오렌자가 지적한 대로 대망의 미래는 "하나님의 나라는 너희 안에 있느니라"(눅 17:21)라는 예수의 말씀에서 드러나듯이 그와 같은 경험 안에서, 그 경험을 통해 현재 속에 실현되는 것이다.[7]

---

4) 같은 자료, 103.
5) 같은 자료, 113.
6) 같은 자료, 119.
7) 같은 자료.

쉬슬러 피오렌자에 따르면 예수는 연회 이미지를 제의적 성전이나 토라와 연결된 지평에서 사용한 것이 아니다. 예수와 바실레이아의 비전을 상징적으로 실체화하는 데 사용한 핵심적인 장치는 제의적 식사가 아니라 왕국의 연회나 혼인 잔치였다.[8] 이는 아마도 예수 운동과 바리새 운동 사이의 주요 갈등 지점이었을 것이다. 예수는 제의적 성전이나 토라에서 드러나는 하나님의 능력과 임재의 중요성을 강조하는 대신[9] 모든 사람이 참여하는 잔치 자리를 하나님의 바실레이아를 묘사하는 중심 이미지로 삼았다. 그의 잔칫상은 포용적 상징으로서 그 누구도 배제하지 않는다.[10]

누구를 위해 이 바실레이아가 선포되는가? 쉬슬러 피오렌자는 예수 시대에 새로운 희망을 필요로 했던 세 그룹을 지적한다.[11] 첫째 그룹은 "가난한 자들"이었다. 쉬슬러 피오렌자는 가난을 개인적 차원에서가 아니라 사회적 "부정의"의 결과로 이해한다. 그녀는 가난하고 소외된 사람들을 다음과 같은 방식으로 규정한다. "하나님의 바실레이아가 가진 힘은 가난하고 죄인 된 자들과 세리 및 창녀들과 함께하는 예수의 식탁 공동체에서 실현된다. 그들은 모두 "거룩한 사람들"에 속하지 못한 자들이다. 그들은 의로운 사람들의 눈에는 부족해 보인다."[12] 그들은 거룩한 사람에 속하지 못했지만 의롭다고 부르심을 받았으며 하나님의 바실레이아의 주체가 될 수 있는 자리로 초대되었다.

---

8) Schüssler Fiorenza(1983), 119.
9) 같은 자료, 120.
10) 같은 자료, 121.
11) 같은 자료, 122.
12) 같은 자료, 121.

둘째 그룹은 "치료를 필요로 하는 사람들"이다. 쉬슬러 피오렌자는 "사탄", "바알세불", "귀신"을 비인간화하는 힘과 억압하는 힘으로 이해한다. 비인간화의 힘이 사람들의 삶에서 사회적 관계를 파괴하는 원인이기 때문이다. 따라서 예수가 귀신을 쫓아내는 일은 비인간화된 힘을 치료하고 "전체성"(wholeness)을 부여하는 것이다. 예를 들어 일곱 귀신이 들린 여인과 열두 해 동안 혈루병으로 고생한 여인은 가족과 사회와 종교 예식으로부터 분리되어 있었다. 치료를 필요로 했던 이들은 먼저 소외로부터 회복되어야 하고 온전한 삶(whole life)을 되찾기 위해 새로운 관계를 만들어야만 했다. 질병이나 음식의 부족은 인간을 비인간화시키는 주요인이기 때문에 쉬슬러 피오렌자는 치유와 식사가 인간 삶의 기본임을 지적한다. 결국 바실레이아의 비전은 잔칫상에서 음식을 먹고 치유됨으로써 이루어지는 회복을 말한다. 쉬슬러 피오렌자는 다음과 같이 주장한다.

> "일상성"(everydayness)은 "계시"가 될 수 있다. 그리고 모든 인간은 하나님의 신성한 완전함(wholeness)의 힘을 경험할 수 있다.[13]

따라서 여성통일신학은 사회적·정치적 구조에서 인간을 비인간화하는 모든 힘으로부터의 해방을 선언한다. 그리고 관계의 분리를 가져오는 모든 악마적 힘을 거부한다. 더 나아가 전체성이 갖추어진 삶으로의 회복과, 초월적 계시를 넘어서는 "일상성 속에 드러나는 하나님의

---

13) 같은 자료, 120.

계시"를 실현하는 것을 추구한다.

셋째 그룹은 "도덕적 측면에서 비난을 받는 세리, 죄인, 창녀와 같은 자들"이다. 이들은 거룩하지 않은 것은 물론이고 사회적으로 곤경 속에 있는 사람들로서[14] 사회의 도덕적 기준과 이데올로기에 의해 분류된 결과 공동체에 합류할 수 없던 사람들이다. 그러나 예수는 이런 죄인들을 불러 공동체적 식탁에 초대하셨다. 그리고 선언하기를 "세리들과 창녀들이 너희보다 먼저 하나님의 나라에 들어가리라"(마 21:31)고 하셨다. 부모가 신분, 도덕성, 건강 상태, 성별에 상관없이 자녀를 받아들이듯이 예수는 이들을 하나님의 자녀로 부르고 받아들이신다. 따라서 예수에게 바실레이아의 비전은 평등한 권리를 위한 "해방자적 실천" 안에 관계성을 두는, 평등의 제자도를 향해 투쟁하는 전체성(wholeness)을 뜻한다.[15]

마찬가지로 여성통일신학은 하나님 나라의 의미를 염두에 두고 사회 속에서 포용성과 전체성을 추구한다. 하나님의 바실레이아가 사람들을 종교, 신분, 도덕성, 건강 상태 또는 성별에 따라 차별하지 않는 것처럼 여성통일신학은 모든 사람을 포함하는 공동체를 추구하며 가부장적 종교와 사회제도에 대항해 자유를 위한 투쟁에 참여할 것을 선언한다.

2. 이사시 디아즈의 "공동체로서의 하나님 나라"

이사시 디아즈는 연대와 상호 관계에 기초해 정의를 추구하는 공동체

14) 같은 자료, 126.
15) 같은 자료, 103.

를 추구한다. 이는 그녀의 저서 『무헤리스타 신학』(*Mujerista Theology*)의 주제이기도 하다. 쉬슬러 피오렌자와 마찬가지로 이사시 디아즈 역시 많은 영어권 작가들이 하나님 나라(왕국)를 표현할 때 쓰는 영어 "킹덤"(kingdom)을 대체할 새로운 단어를 제안한다. 왜냐하면 그녀에게 "하나님의 왕국"(Kingdom of God)이란 위계적이고 귀족적이며 지배 엘리트적인 느낌을 주는 동시에 하나님을 남성으로 지칭하는 성차별적인 단어이기 때문이다. 하나님 나라는 위계적인 사회질서에 지배받지 않으며 성차별로 인한 구분과 억압이 없는 곳이다. 하나님 나라는 하나님의 사랑과 정의가 임하는 곳이요, 모든 사람들이 하나님의 자녀로서 정의와 평화를 누리는 곳이다. 그래서 이사시 디아즈는 프란체스코 수도회의 윌슨(Georgine Wilson) 수녀로부터 "킨덤"(kin-dom)의 개념을 빌려와 "kin-dom of God"이라는 단어를 통해 하나님 나라에 대한 소망을 표현했다.[16]

"kin-dom of God"이라는 용어에는 "가족"을 중요시하는 라틴아메리카의 문화가 잘 녹아 있다. "가족의 중요성"과 "확대된 가족"의 의미를 강조하는 이 단어는 그녀가 마태복음 25장을 읽는 동안 영감을 받아 탄생했다고 한다. 이사시 디아즈는 "너희가 여기 내 형제 중에 지극히 작은 자 하나에게 한 것이 곧 내게 한 것이니라 하시고"(마 25:40)라는 구절을 통해 "하나님의 가족"을 생각하게 되었다. 여기에서 "가족"이란 전통적인 가족의 범위와 의미가 아닌, 혈연관계를 넘어서서 하나님의 자녀들로 새롭게 형성되는 공동체라는 좀 더 포괄적인 뜻을 가진

16) Ada Maria Isasi Diaz, *Mujerista Theology*(New York: Orbis Books, 2004), 83. 영어 kin은 친척, 민족, 동족을 가리키는 말이다.

다. 특히 사회의 약자, 소외된 자가 하나님의 가족에 포함된다. 따라서 하나님의 "킨덤" 이미지는 배고픈 자, 감옥에 갇힌 자, 헐벗은 자를 포용한다. 이에 대해 김태연은 다음과 같이 평가한다. "현실의 권력관계가 그대로 투사되는 하나님 나라가 아니라 현실의 권력관계가 전적으로 해체되고 새로운 하나님의 가족 안에서 생명을 누리는 "kin-dom of God"은 매우 의미 있는 언어적·현실적 작업일 것이다."[17]

이사시 디아즈는 혈족 관계(kinship)로서의 하나님 나라를 바라본다.[18] 하나님의 본성과 뜻이 적용되는 곳, 일상의 삶 속에서 정의와 평화를 실현하는 곳이 바로 이사시 디아즈가 추구하는 하나님 나라(kin-dom of God)다. 그녀는 다음과 같이 말한다.

> 오늘날 세상에서 왕국은 위계적이고 엘리트적인 개념이다. 이는 내가 "세상의 왕국"이라는 단어를 사용하지 않는 이유이기도 하다. "킨덤"이라는 단어는 하나님의 풍성함이 온 세상의 일상적 현실이 될 때 우리가 자매와 형제, 서로의 혈족이 된다는 것을 분명하게 드러낸다.[19]

이처럼 "킨덤"은 좀 더 즉각적이며 "킹덤"보다 확대된 가족의 개념을 가지고 있다.

"우정"(friendship)은 "킨덤"의 의미를 이해하는 핵심이다. 이사시 디

---

17) 김태연, "아다 마리아 이사시 디아즈 무헤리스타 신학: 해방과 구원을 행한 라티나들의 연대", 「여성신학 논집」 9권(서울: 이화여자대학교 여성신학연구소, 2013), 106.

18) Verna Elias, *From Kingdom to Kin-Dom: three Feminist Interpretation of the Kingdom of God*(University of Manitoba, 2001), 83.

19) 같은 자료.

아즈는 "우정"을 통해 인격(personhood)과 하나님 나라(kin-dom of God)의 길을 본다. 우정은 여성을 상품으로 보지 않으며, 개개인의 가치는 깊은 우정을 통해 확인된다. 한 사람의 경험, 비전, 희망은 인격의 중요한 요소다. 이사시 디아즈는 라틴아메리카계 여성들이 하나님의 가족으로서 우정을 통해 하나님 나라에 참여할 수 있으며 이는 세상을 변화시킬 만한 긍정적인 힘이 될 수 있다고 강조한다. 따라서 인격의 가치는 우정을 통해 경험되고 해방되며 구원받는다.[20] 또한 "우정"은 각 사람의 가치를 존중하고 인정하며 서로 연대하게끔 하는 힘이 될 수 있다. 이사시 디아즈는 우리가 우정을 통해 미래를 향한 희망 안에서 충만하게 살 수 있으며 그 희망 때문에 미래를 위한 길을 찾고 동기를 부여받게 된다고 말한다.[21]

이사시 디아즈의 하나님 나라에 대한 비전은 새로운 남북 공동체를 건설하는 데 중요한 의미가 있다. 그녀가 언급했다시피 사람들이 서로를 가족과 친구 및 혈족으로 생각할 때 계급, 차별, 폭력과 같은 사회문제들은 사라지게 될 것이다. 그런 공동체는 주체와 객체를 규정하지 않으며 성별이나 신분에 따라 특정한 일을 강요하지 않는다. 친구는 자신의 견해를 다른 친구에게 강요하지 않고 대화하며 자신의 생각을 나눈다. 예를 들어 여성들을 단지 집에 머무르거나 돌봄 노동을 하는 보조자로 여기지 않는다. 하나님 나라에서는 누구나 친구다. 그래서 모든 사람이 중요한 존재로 여겨지며 각자의 관심과 재능을 표현하고 발전

20) Elias, 101.

21) Ada Maria Isasi Diaz, "Defining Our Proyecto," *Feminist Studies in Religion*, Vol. 9, No. 1(1993), 17.

시킬 수 있다. 또한 하나님 나라에서는 굶주린 자가 먹을 것이며 목마른 자가 마실 것이며 나그네 된 자가 영접받을 것이다. 이 공동체는 자매들과 형제들의 필요를 채워준다. 따라서 이곳에는 대단한 부자도 없고 절대적 빈자도 없으며 모든 이가 삶 속에서 충만함을 경험할 수 있다. 이처럼 공동체 안에서 우정으로 세워가며 가족이 되는 하나님 나라의 비전은 새로운 남북 공동체 형성에 있어 매우 중요한 요소다. 높고 낮음이 없으며 다르다는 이유로 차별하지 않으며 연약함이 서로를 돌볼 이유가 되는 가족 같은 민족 공동체는 이상에 그치지 않고 반드시 실현되어야 할 것이다.

3. 민경석의 "타자들의 연대"(Solidarity of Others)

민경석은 삼위일체 하나님 안에서 공동체의 원리를 발견한다. 민경석은 몰트만(Jürgen Moltmann)의 "사회적 삼위일체론"을 통해 성부, 성자, 성령이 하나의 공동체를 이루며 존재 전체(totality)를 함께 나누는 모습을 고찰한다. 하나님은 하나의 독단적인 주체(subject)가 아니라 세 개의 신성한 주체가 관계성 속에 있는 분이다. 아버지와 아들은 스스로를 드러낼 수 없다. 단지 아들이 아버지를 드러내며 아버지가 아들을 드러낸다. 그래서 성서에 나타나는 예수의 역사는 상호보완적이며 가변적이다. 성서의 예수는 아버지와 아들, 성령의 관계성 안에서 산다. 아들의 사명은 "삼위일체의 틀"을 가진다. 아버지는 성령을 통해 아들을 세상에 보내며, 아들은 성령의 힘을 통해 아버지로부터 세상에 온다. 성령은 아버지와 아들의 교제 속에서 사람들을 부른다.[22] 따라서 삼위일체의 원리는 세상에서 이루어지는 연대의 신학적 기초와[23] 공동체를 이루는 근거를 제공한다. 또한 연대를 통한 공동체 생성은 삼위일체의 진정한 의미를 회복시키는 일이다. 삼위일체 하나님은 각기 다른 세 위격(three persons)임과 동시에 한 본질로서 공동체를 형성한다. 공동체를 이루는 것은 나와 전적으로 다른 사람과의 연대로부터 시작될 수 있다. 여럿이 하나가 된다고 해서 나를 잃어버리는 것이 아니라 삼위일체 하나님처럼 서로 다른 사람들끼리 자기 존재의 전체를 나누면서 하나를 이루는 것이다.[24]

따라서 하나님의 삼위일체는 하나님의 관계적 존재를 드러내는데 이는 다른 사람들과 자신의 존재 전체를 나눔으로써 그 존재의 진정한 의미를 만들어낼 수 있는 "삼위일체의 힘"(Power of the Trinity)을 보여준다. 민경석은 삼위일체의 관계적 힘이 드러나는 구체적 모습을 "타자들의 근본적인 연대"(primordial solidarity of others)라고 말한다.

삼위일체적 공동체가 지닌 특성은 각 위격을 통해 설명될 수 있다. 판넨베르크(Wolfhart Pannenberg)는 삼위일체 안에서 "아버지"의 역할을 다음과 같이 설명한다. 아버지는 단지 아들을 낳기만 하는 것이 아니라 자신의 나라를 아들에게 넘겨주고 다시 아들로부터 돌려받는

---

22) Min, *The Solidarity of Others in A Divided World*(New York: T&T Clark International, 2004), 260.

23) 같은 자료, 65.

24) Min, "The Division and Reunification of a Nation: Theological Reflection on the Destiny of the Korean people," *Christianity in Korea*, ed., Robert E. Buswell Jr., Timothy S. Lee(Honolulu: University of Hawaii Press, 2006), 259.

다. 성령은 성부와 성자로부터 나오실 뿐만 아니라 아들을 채우며 아버지에게 순종하는 아들을 영화롭게 함으로써 아버지 역시 영화롭게 한다.

삼위일체 안에서 "아들"은 모든 창조, 구속, 재창조, 아버지와 아들 사이에 존재하는 사랑의 모범적인 기초가 된다. 또한 아들은 성육신을 가능케 하며 예수의 삶, 사역, 죽음, 부활과 같은 신학의 근본적인 자료를 제공한다. 그는 희생을 통하여 모든 피조물을 이기적 속성으로부터 해방시키고 하나님과 아들 안에서 다른 피조물과 화해시키는 역할을 한다.[25]

히브리어 성경에 따르면 "성령"은 신성한 힘으로서 창조하고 모든 피조물을 새롭게 하며 개인과 국가의 삶을 새롭게 변화시킨다.[26] 따라서 성령은 우리로 하여금 정의와 평화가 통치하는 공동체를 만들도록 이끌며 해방의 삶으로 인도한다. 또한 신약성서에서 성령 즉 "하나님의 영"은 "예수님의 영"(행 16:7), "그리스도의 영"(롬 8:9; 벧전 1:11), "주의 영"(고후 3:17; 행 5:9), "예수 그리스도의 성령"(빌 1:19), "그 아들의 영"(갈 4:6)으로 불린다.[27] 이는 성령의 일이 예수 그리스도와 관계가 있으며 예수 그리스도의 역할은 하나님 아버지와 관계가 있음을 보여준다. 따라서 "모든 피조물보다 먼저 나신 이"(골 1:15), "많은 형제 중에서 맏아들"(롬 8:29)이 되시는 "아들"은 하나님의 자녀가 모든 피조물의 단

25) 같은 자료, 260.

26) Min(2004), 95. 창 1:2, 시 33:6과 104:29-30, 욥 33:4과 34:14-15를 보라.

27) 같은 자료, 96.

절을 극복하고 적대로부터 회복할 수 있게 하는 사명을 가졌다.[28] 보프(Leonardo Boff)는 성령의 삼위일체적 역할을 다음과 같이 설명한다.

> 성령의 사명은 아들 되시는 하나님이 그의 변화와 더불어 역사 속에서 임하심으로써 거룩한 역사를 만드시고 축복된 삼위일체의 역사를 만들어나가시는 과정을 통해 성육신의 의미를 영구적으로 실재화하는 것이다.[29]

성령은 관계와 연대의 영이므로 모든 소외되고 분리된 존재들을 재결합시킨다. 성령이 일할 때마다 여성과 남성, 민족과 민족 사이에 회복과 재결합이 일어난다. 성령의 열매인 평화와 사랑은 모든 사람을 예수 그리스도 안에서 하나로 만든다. 따라서 성령은 소외되고 분리되었던 사람들의 회복을 통해 드러나는 "관계와 연대의 영"이다.[30] 그리고 성령의 이 같은 특성은 모든 그리스도인이 삼위일체 하나님 안에서 연대를 위한 증인으로 살아가야 함을 가르친다.[31] 민경석은 인간의 정체성이 개인이나 특정한 그룹에 의해 만들어지는 것이 아님을 강조한다. "인간의 깊은 정체성과 운명은 고립되고 개인적인 것, 또는 특정한 씨족, 지역, 성, 계급, 국가 혹은 종교의 회원이 되는 것을 통해서가 아니라 같은 아버지의 자녀가 됨으로써, 성령을 통해 다른 사람들과 연대하

28) 같은 자료.
29) 같은 자료, 97.
30) 같은 자료.
31) Min(2006), 272.

게 하시는 아들 안에서 형제자매가 되면서 갖게 되는 것이다."[32]

공동체란 특정한 그룹에 의해 만들어지는 것이 아니고 특정 개인에 의해 만들어지는 것도 아니라는 민경석의 지적은 매우 중요하다. 오히려 공동체의 형성은 특정 그룹의 이해관계를 벗어나는 데서 시작된다. 특정한 사람과 그룹에게 혜택이 돌아가면 필연적으로 다른 누군가는 배제될 수밖에 없다. 이런 의미에서 여성신학자들도 여성들의 이익만을 추구하지 않는다. 대신 그들은 자신들의 역사와 삶 속에서 "잃어버린 부분들"을 찾으려고 한다. 인간은 자신과 비슷하고 자신을 이해해 주는 사람과 함께 사랑하며 조화를 이룰 수 있다. 그러나 민경석이 지적하듯이 진정한 연대는 나와 다른 사람, 친숙하지 않은 사람, 이방인, 더 나아가 내가 싫어하는 사람들과 함께 공동체를 만들어가는 것이다. 따라서 우리는 연대에 대한 일시적인 관심을 넘어서서 그 범위를 보다 우주적으로 확대할 필요가 있다.[33]

그렇다면 어떻게 서로 다른 사람들이 함께 살 수 있을까? 공공 수단(public means), 즉 관용 및 증오 범죄에 대한 처벌을 강화하는 정책과 법을 마련함으로써 가능하다.[34] 개인의 성숙과 의지적 결단으로 차별을 넘어 포용과 연대를 이루어가는 것만큼 좋은 방법은 없을 것이다. 그러나 개인의 도덕적·종교적 성숙을 통해 이룰 수 없는 부분들은 공적이고 법적인 장치를 통해 다루어야 한다. 사회 속에서 차별과 증오로 인한 범죄가 일어나지 않도록 하는 것도 하나의 방법이 될 것이다. 예를

32) 같은 자료, 271.

33) 같은 자료.

34) Min(2004), 70

들어 미국이 다른 나라에 비해 성차별과 인종차별 방지, 어린이 보호를 위한 사회적 장치들을 잘 갖추고 있는 것은 정책을 통해 법을 세우고 시행하기 때문이다. "공공선"을 위한 장치를 통해 사회 속에서 차별 극복의 길이 마련되어야 한다는 것이다.[35]

더 나아가 민경석은 특히 "타자들의 연대"(solidarity *of* others)를 "타자들과의 연대"(solidarity *with* others)와 구분하면서 "연대"의 의미를 더 심화시킨다. "타자들과의 연대"는 연대하고자 하는 타자가 희생자 혹은 도움이 필요한 사람이라고 전제한다. 이때 "도움을 주는 사람"과 "도움을 받는 사람" 사이에는 수평적 관계가 아닌 위계적 관계가 형성된다. 그러나 "타자들의 연대"는 수직적 관계를 거부한다. 어느 누구도 특권을 가지지 않고 동등하게 책임을 나누며 모두가 주체가 되는 것이다.[36] 그러므로 "주는 사람"과 "받는 사람"의 구분은 사라진다. 내가 더 가졌다는 것은 곧 내가 다른 사람의 몫까지 차지하고 있다는 뜻일 뿐이다. 이런 "타자들의 연대"는 사회 활동과 정치적 실천에 있어 중요한 의미를 제공한다. 왜냐하면 억압되고 소외된 타자를 지원하고 돕는 것은 단순히 불쌍한 사람을 돕는 것이 아니라 그들이 지닌 하나님의 형상으로서의 "권리를 회복"시키는 것이기 때문이다. 따라서 우리는 "타자들의 연대"를 이루는 것은 누군가를 돕는 것이 아니라 본래의 몫을 그 주인에게 "돌려주어 회복시키는 것"이라는 점에 주의를 기울일 필요가 있다. 여성과 남성, 북한과 남한 사이의 공동체를 만드는 데도 이 "타자들의 연대" 원리가 적용되어야 한다. 여기서 민경석은

35) 같은 자료.

36) 같은 자료, 82.

"타자들의 연대"란 우리 모두가 하나님의 자녀이며 성령을 통해 우리를 연대하게 만드시는 하나님 안에서 서로 형제와 자매라는 사실을 인식할 때 가능함을 상기시킨다.[37]

37) Min(2006), 271.

3장

이상적인 여성통일신학 공동체의 기초

우리가 어떻게 분단을 넘어 차별이 없고 모든 존재가 존엄성을 부여받는 기독교 공동체를 만들 수 있을까? 어떻게 서로에 대한 원망과 복수심을 내려놓고 남과 북 모두 역사의 희생자였음을 인식하며 새롭게 하시는 삼위일체 하나님의 영에 힘입어 새로운 공동체를 만들어나갈 수 있을까? 이를 위해서는 개인과 공동체의 노력이 모두 필요하다. 역사를 돌이켜보면 정치·경제·문화·세계정세는 개인의 신념 차원의 문제가 아니지만 신념의 공유와 의지적 결단이 세상을 변혁시킬 수 있다. 개인을 넘어 작은 집단들이 모여 사회에 도전을 주고 사람들의 인식에 변화를 가져올 때 민족의 아픈 상처들이 아물고 하나 된 통일 사회가 열릴 수 있다. 성령은 그런 일을 하고자 하는 자들을 도우시며 이끄실 것이다.

1. 상한 마음의 치유

한국의 분단은 남과 북, 남성과 여성 모두의 가슴에 깊은 상처를 주었다. 많은 사람이 부모와 형제, 자매, 자녀는 물론 고향과 재산, 삶의 터전까지 잃어버렸다. 새로운 이데올로기로 인해 남과 북이 서로 대립하고 원수가 되었으며 분단 초기에는 양쪽 모두 무력을 통한 통일을 추구했다. 서로를 이해하거나 받아들일 여유도, 대립과 분단이 민족에게 미칠 여파에 대해 생각할 겨를도 없었다. 북한 사람들은 남한 사람들을 "미국의 꼭두각시"라고 조롱하고 남한 사람들은 북한 사람들을 김일성 숭배에 빠진 불쌍한 사람들이라고 비난했다. 그간에는 대립과 갈등만 팽배했을 뿐 치유와 화해를 위한 노력은 매우 미미했다.

이렇듯 70년이 넘는 세월 동안 갈라져 상처투성이가 된 남한과 북한이 어떻게 다시 하나의 민족 공동체를 이룰 수 있을까? 공동체가 회복되기 위해서는 먼저 깨진 마음이 치유되어야 한다. 이를 위해서는 갈라짐의 원인부터 정확히 살펴볼 필요가 있다. 곧 왜 우리 역사에서 이런 일이 벌어졌는지 볼 수 있어야 한다. 그래야만 속으로 가슴앓이 했던 너와 나의 과거를 받아들일 수 있는 여유가 생긴다. 우리는 역사를 객관적으로 보고 직시해야 한다. 왜 분단이 발생하게 되었으며, 그로 인해 얼마나 심각한 결과가 초래되었는지, 어떻게 남한에 독재 정부가 들어서고 북한에서는 김일성 일가의 강력한 통치가 이루어졌는지를 정확히 보아야 한다. 또한 우리는 다음의 질문들에 대답해야만 한다. 왜 6·25전쟁이 발생했는가? 왜 그것이 양쪽 모두에게 고통스러운 경험으로 남을 수밖에 없었는가? 더 나아가 우리는 우리의 역사에서 어떤 일이 일어났었는지 살펴보고 서로를 원수가 아닌, 냉전으로 인한 갈등과 비인간적인 이데올로기의 피해자인 자매와 형제로 보아야 한다. 그래야만 이 고통이 너와 나의 "개인의 죄"로 인한 것이 아니라 "구조적 죄"로 인한 것임을 알고 우리 모두가 이념 대립과 냉전의 피해자로 살아왔음을 깨달을 수 있을 것이다. 이와 더불어 심각한 빈부 격차와 계층 갈등은 국민을 분열시키고 국력을 약화시킴으로써 외세가 비집고 들어올 틈을 주었음을 기억해야 한다. 남과 북이 서로를 불쌍히 여기는 마음을 가지고 아픔의 역사를 직시하며 서로의 상처를 보듬어 안을 때 상한 마음의 치유가 시작될 것이다.

2. 용서의 표현

다음 단계는 바로 "용서"의 표현이다. 이는 서로에 대한 깊은 공감(compassion)이 있을 때만 가능하다.[1] 쌍방의 증오가 깊고 마음의 장벽이 높다 해도 "용서하려는 의지"가 있다면 평화통일의 길이 열릴 수 있다. 용서를 결심함으로써 다른 사람들의 어려움을 이해하기 시작하고 거기서 서로에 대한 이해의 길이 열리기 때문이다.[2]

그러나 "용서"를 적용할 때 염두에 두어야 할 것은 용서란 단지 "개인적인 차원"에서뿐만 아니라 "공동체적 차원"에서 함께 이루어져야

1) Isabel Carter Heyward, *Saving Jesus from Those Who are Right*(Minneapolis: Fortress Press, 1999), 160.

2) 같은 자료.

한다는 점이다. 카터 헤이워드(Isabel Carter Heyward)는 이에 대해 다음과 같이 말한다.[3]

기독교인들은 종종 상처를 받은 피해자에게 가해자를 용서할 것을 강요하는 방식으로 용서를 오용하거나 폄하하는 경우가 있다. 내가 제안하고 싶은 것은 다음의 사항들을 깨닫지 않고서는 용서의 신성한 힘을 이해할 수 없다는 것이다. 즉 무엇보다도 함께하는 공동체적 삶의 도덕적 기초는 용서다. 용서는 수여되고 지속적으로 수용되는 것으로서 단지 개인적인 차원에서 회개하고 배상하는 것이 아니라 한 걸음 더 나아가 우리의 공동체가 이 치료의 과정을 지원하고 회복시키며 우리가 함께 살아가는 새로운 삶의 방식을 찾아내는 것이다.[4]

민족의 분단으로 인해 깨진 마음의 치유와 용서는 공동체적 차원과 국가적 차원에서도 다루어져야 한다. 카터 헤이워드는 공동체의 치유를 위해 서로 용서하고 용서받으려면 5가지를 고려해야 한다고 말한다. 이는 우리 민족에게도 좋은 지침이 될 수 있을 것이다.[5] 첫째는 "연대"다. 앞서도 언급했듯이 개인적 차원과 공동체적 차원의 용서가 요구되며 진정한 용서를 위해서는 공동체를 통한 연대와 우정이 필요하다. 분리된 상황은 저절로 회복될 수 없다. 공동체 전체가 용서에 참여하며 정의와 사랑을 위한 투쟁에 힘을 쏟을 때에만 분리는 극

3) 같은 자료.
4) 같은 자료.
5) 같은 자료, 161.

복될 수 있다. 둘째는 "공감"이다. 용서하고 연대에 참여하려면 공감을 배워야 한다. 공감은 무슨 일이 일어났으며 그 문제의 근본 원인이 무엇이었는지 사실대로 이해하는 것에서 시작된다. 이는 적대자를 이해하는 길이요, 서로에게 해를 끼치지 않겠다는 결심을 돕는다. 왜냐하면 관계가 깨지는 것이 얼마나 고통스러운지 깨닫게 되기 때문이다. 따라서 공감은 우리로 하여금 용서를 통한 치유에 헌신하게 한다. 셋째는 "겸손"이다. 스스로 겸손해질 때 우리의 마음속에 용서할 수 있는 여유가 생길 수 있다. 겸손은 모든 사람이 존엄한 존재이기에 존엄한 삶과 존엄한 죽음의 권리를 가지고 있다는 점을 인정하는 것이다. 우리는 모든 사람이 피부색, 성별, 인종, 계급, 정치 성향에 상관없이 하나님의 형상으로 만들어졌다고 고백한다. 따라서 어떤 이념이나 교리, 상황도 차별의 근거가 될 수 없다. 단지 우리는 모든 사람이 하나님 앞에 주어진 수한을 살아가는 존재라는 점을 직시해야 한다. 넷째는 "정직"이다. 정직은 우리가 했던 일뿐만 아니라 다른 사람들이 우리에게 했던 일을 회개하는 시작점이 된다. 따라서 우리는 과거사를 직면해야 한다. 아무런 핑계나 변명 없이 개인적이고 민족적인 차원에서 서로 상처를 입히고 아픔을 주었던 부분들을 솔직하게 인정하고 고백하며 용서를 구하는 것이 용서와 화해의 문을 여는 통로가 된다. 마지막 다섯째는 해방되고 변화된 상황을 "상상"해보는 것이다. 그럼으로써 우리의 행동과 결정에 힘을 실을 수 있기 때문이다. 카터 헤이워드는 여기에 덧붙여 열심히 기도하고 성서를 묵상하라고 요청한다. 그녀의 지적처럼 기도와 묵상은 우리가 나아갈 방향을 인도하고 우리에게 올바른 일을 할 수 있는 힘을 실어준다.

더욱이 용서를 배우는 데는 비폭력을 익힐 수 있다는 유익이 있다.[6] 용서는 보복을 포기하게 하는 한편 폭력을 사용하지 않도록 결심하게 한다. "비폭력"은 한반도 통일을 이끄는 매우 중요한 요소이자 방법이 되어야 할 것이다. 통일의 최종 목표는 한국의 남성과 여성이 평화롭고 평등한 공동체를 만드는 것이기에 비폭력은 이를 이루는 절대적 수단이 되어야 한다.

3. 타자들의 연대(Solidarity *of* Others)

올바른 연대를 이루기 위해서는 먼저 "타자"(Others)를 바르게 규정해야 한다. 자본주의 사회에서 "타자"는 경쟁자이며, 가부장 사회에서 "타자"는 수직 관계에 있는 사람을 뜻한다. 그러나 공동체를 형성하기 위한 연대에 있어 타자는 자매, 형제, 친구로 규정된다. 형제와 자매가 된다는 것은 자진해서 자매와 형제의 필요를 채워주고, 그가 어떤 문제에 직면했을 때 모든 능력을 동원해 해결을 시도한다는 의미다. 그럼으로써 우리를 죽기까지 사랑하셨던 예수의 모습을 드러낸다.

일방적인(one-sided) 자선도 다른 사람의 필요를 채워주는 하나의 방법이 될 수 있다. 그러나 가난하고 억압된 사람들과 연대하고 사랑을 실천하며 살기 위해서는 자선과 연대가 서로 다르다는 점을 유의해야 한다. 누군가를 돕는 것은 단순히 주는 사람의 만족과 기쁨을 위한 행

---

6) 같은 자료, 160.

위가 아니요, 단지 다른 사람에게 무엇인가를 준다는 것만을 의미하지도 않는다. 주는 사람은 다른 사람의 진짜 필요가 무엇인가를 먼저 생각해보아야 한다. 타인을 단지 도움이 필요한 존재로 여기는 것이 아니라 나의 자매와 형제로 생각할 때 진정한 연대를 이룰 수 있다(마 25장).[7] 더 나아가 연대는 소외된 자와 특권을 누리는 자, 부자와 가난한 자, 억압받는 자와 억압하는 자가 서로 관계를 이루어야만 가능하다. 따라서 "연대는 이해관계의 차원을 떠나서 이타적인 열정으로 다른 사람을 위해 수행하는 행위다. 이는 "공동의 책임과 이익"의 차원을 넘어 절대적으로 함께 공감을 나눔으로써 시작되며 함께 하는 행동을 이끈다."[8] 즉 연대는 인간을 사랑의 관계로 이끈다.

또한 연대와 관련해 우리가 기억해야 할 것은 가난하고 억압된 자들이 "우선적 선택"의 대상이 되어야 한다는 점이다. 왜냐하면 억압된 자들은 고통으로 찢긴 채 새로운 현실을 꿈꾸고 희망을 갈망하며 투쟁하기 때문이다. 소외되어 고통받는 가난한 사람들은 전혀 다른 방식으로 희망을 구상하며 만인을 위한 새롭고 다양한 길을 제시할 수 있다.[9]

민경석이 제안한 가난하고 억압된 사람들을 위한 "타자들의 연대"는 이사시 디아즈의 "우선적 사랑"(preferential love)과 유사하다. 민경석은 연대의 방법을 매우 중요하게 여긴다. 그는 억제되고 소외된 사람을 향한 지원과 도움은 곧 그들의 권리를 회복시키는 일이라는 관점에

7) Isasi Diaz(2004), 87-88.

8) 같은 자료, 89.

9) José Migues Bonino, "Nueva tendencias en teología," *Pasos* no.9(1987), 22. 이는 Isasi Diaz(2004), 91에 근거한다.

서 출발해야 한다고 주장한다. 즉 계층적 관계가 아니라 수평적 관계를 전제해야 한다. 앞서 언급했던 것과 같이 "타자들의 연대"는 각자가 지닌 특권과 무관하게 만인이 동등한 책임을 지며 주체가 되는 것이다.[10] 연대는 주는 자가 누구고 받는 자가 누구인지와 상관이 없다. 그래서 카터 헤이워드와 민경석은 모두 가난하고 억압된 자들과의 연대는 자매와 형제로서 동등한 위치에서 이루어진다고 본다. 또한 민경석이 강조하듯이 하나님의 사랑은 우주적이고 모든 사람에게 제한이 없지만 특히 공감과 돌봄을 필요로 하는 가난하고 억압된 사람들을 위한 하나님의 "우선적 사랑"은 성별, 언어, 정부, 종교, 문화, 계층에 상관없이 부어지는 사랑이다.

4. 사랑과 섬김의 실천

상한 마음이 치유되고 서로 용서를 표현하며 타자들의 연대를 통해 공동체를 만들어가는 일은 사랑의 실천이라고도 할 수 있다. 민경석은 사랑을 4가지로 구분해 설명한다. "넘치는 사랑", "실천적 사랑", "정치적 사랑", "자기 초월적 사랑"이 그것이다. "넘치는 사랑"은 이웃에 대한 보통의 사랑을 넘어서 원수에게까지 미치는 확대된 사랑이다. "실천적 사랑"은 말에 머물지 않고 구체적인 행동으로 표현되는 사랑이며, "정치적 사랑"은 교리적인 가르침에 머물지 않고 자유를 위해 투쟁하며 불

10) Min(2004), 82.

의한 구조들을 변화시키는 사랑이다.[11] 마지막으로 "자기 초월적 사랑"은 아들을 통해 드러난 하나님의 사랑이다.

우리는 그리스도의 "자기 초월적 사랑"에서 공동체를 이루는 사랑의 가장 중요한 요소와 그 사랑이 완성된 모습을 볼 수 있다. 예수는 하나님의 아들이라는 위치와 특권을 내려놓고 인간이 되셨다. 그는 십자가 위에서 죽음을 통해 인류를 위한 하나님의 사랑을 충족시키셨다. 그러나 그의 삶은 죽음과 실패에 머물지 않았다. 그는 성령에 의해 부활하시고 죄와 사망의 짐을 지고 고통받는 사람들을 위해 구원의 길을 열어놓으셨다.[12]

세상을 향해 하나님의 아들이 보여주신 사랑은 공동체를 세워가는 데 필요한 "다른 사람을 향한 섬김"과 "자기 부인"의 원리를 가르쳐준다. 우리가 앞으로 세워가야 할 공동체는 아들(The Son)이 했던 것처럼 다른 사람을 향한 "섬김"과 "자기 부인"을 실천해야 세울 수 있다. 예수가 선언하셨듯이 그는 이 땅에 섬김을 받으러 온 것이 아니라 섬기러 오셨고 우리를 죽기까지 사랑하셨다. 그와 같이 공동체는 예수처럼 서로가 서로를 섬길 때 발전할 수 있다. 성별, 계급, 나이, 부의 차이를 근거로 타인을 지배하면 안 된다. 오히려 우리는 내가 지닌 부와 재능, 능력을 타인을 섬기는 데 어떻게 활용할 수 있는지 자문해야 한다. 다른 사람을 섬기는 것은 단지 내 자부심과 이상을 충족시키기 위함이 아니다. 우리는 진정으로 다른 사람의 필요를 채우며 그가 성공하도록 도와야 한다. 이것이 어떻게 가능할까? 이는 "아들"이 그러했듯이 나를 부

---

11) 같은 자료.

12) 같은 자료.

인하고 이웃을 내 몸과 같이 사랑할 때만 가능한 일이다. 그러나 여기서 중요한 점은 가부장적 질서와 같은, 위로부터 아래로의 일방적인 섬김이 아니라 동등한 위치에서 서로가 서로를 섬겨야 한다는 것이다. 따라서 건강하고 부자이며 많이 배운 사람일수록 더 많이 섬길 책임이 있다. 더 많은 것을 가졌다는 것은 곧 더 많이 나누어야 한다는 의미이기 때문이다. 통일 문제도 마찬가지다. 남과 북의 새로운 공동체가 자신의 이념과 이익을 내려놓고 섬김과 사랑을 실천해나갈 때 아들을 통한 하나님의 평화가 이 땅에도 임하게 될 것이다.

4장

새로운 공동체의 "공동 설립자"로서 여성의 위치

예수는 사역을 시작할 때 가장 먼저 제자들을 부르셨다. 예수는 사역을 혼자서 한 것이 아니라 하나님의 일에 동참할 사람들, 즉 하나님의 공동체를 만드는 일에 참여할 사람들을 부르셨다.[1] 그 공동체는 사회적 지위를 박탈당한 사람, 소외된 사람들에게 열려 있었다. 그 결과 여성들도 예수의 사역에 참여하고 그 첫 번째 공동체의 일원으로서 동역할 수 있었다. 비록 예수의 대표적인 제자 12명 안에는 여성이 포함되지 않았으나 성서 속 여성들은 예수 공동체의 기초 설립자였고 부활의 첫 증인이었으며 "초기 교회의 공동 설립자"였다. 쉬슬러 피오렌자에 따르면 유대 여성들은 예수의 비전과 운동에 포섭되었다. 즉 그들은 정의를 위해 싸웠고 예수의 죽음 이후에는 평등한 기독교 공동체를 창조했는

1) Brock, 66.

데[2] 이는 예수가 여성들을 동등한 제자로 부르셨음을 보여준다.

또한 브록은 마가복음에서 예수가 혼자 기적을 행하신 것은 아니라는 점을 지적한다.

> 5거기서는 아무 권능도 행하실 수 없어 다만 소수의 병자에게 안수하여 고치실 뿐이었고 6그들이 믿지 않음을 이상히 여기셨더라. 이에 모든 촌에 두루 다니시며 가르치시더라. 7열두 제자를 부르사 둘씩 둘씩 보내시며 더러운 귀신을 제어하는 권능을 주시고(막 6:5-7).

예수는 제자들과 더불어 일하셨으며 거기에 수로보니게(Syro-phoenician) 여인과 혈루병 걸린 여인과 같은 이들이 동참함으로써 기대하지 못했던 새로운 사건들이 벌어졌다. 그들이 예수에게 다가가 그 사역에 참여함으로써 그의 새로운 힘을 드러낸 것이다. 이런 새로운 이해는 공동체 구성원들을 서로 연결시키고 공동의 일에 참여하도록 격려한다.[3] 이는 예수가 공동체를 만드신 원리를 드러내는 동시에 예수가 어떻게 여성 및 소외된 사람들을 공동체의 공동 설립자로 부르셨는가를 보여주기 때문이다. 이처럼 예수는 우리에게 공동성과 평등성이 넘치는 공동체의 모델을 제시해주셨다.

---

2) Schüssler Fiorenza(1983), 99-104.

3) Brock, 87.

1. 교회의 공동 지도자로서의 여성

초기 교회의 여성 리더십이 어떠했는가를 알아보려면 다음과 같은 질문을 던져야 한다. 초기 교회에서 여성의 역할은 무엇이었는가? 그 당시에 여성의 리더십은 거부되었는가? 결론부터 이야기하면 초기 교회는 여성 리더십이 활발하게 살아 있는 교회였다. 오늘날의 교회는 그런 모습을 회복할 필요가 있다. 교회에서 여성 지도력이 배제되거나 이단으로 정죄되고 교회가 남성 성직자들의 전유물이 되기 시작한 것은 교회가 제도화되면서부터였다. 이런 경향은 특히 남성 중심의 신학과 교회 기구에 의해 더욱 강화되었다. 가톨릭 교회 안에서 여성 사제가 화두로 떠올랐을 때, 바티칸은 1976년에 발표된 "여성 교역 사제직 불허 선언"(*Declaration on the Question of Admitting Women to the Priesthood*)을 통해 예수가 남자였기 때문에 남자만이 그리스도의 역할을 대리할 수 있다고, 즉 여성의 몸이 남성인 예수의 몸과 닮지 않아서 사제로 받아들일 수 없다고 밝혔다.[4]

그렇다면 가톨릭 교회가 선언하듯이 실제로 여성들은 교회의 리더십에 참여할 자격이 없는가? 클레어몬트 대학원대학교 여성종교학과의 토저슨(Karen Jo Torjesen)은 『여성이 사제였을 때』(*When Women Were Priests*)에서 유대인 공동체와 기독교 공동체의 여성 리더십에 관한 많은 자료를 다루었다. 묘비 및 헌정비의 글귀를 집중 연구한 브루텐(Bermadette Brooten)과 크래머(Ross Kraemer)의 조사 결과를 살펴

4) Karen Jo Torjesen, *When Women Were Priests*(New York: HaperSanFrancisco, 1993), 3.

보면, 기원전 1세기부터 기원후 6세기까지 유대인 공동체의 여성들이 회당장, 장로, 사제와 같은 종교 지도자 역할을 담당했다는 흔적을 찾을 수 있었다.[5] 또한 기원후 1세기부터 3세기까지의 초기 교회에서 여성들은 집사, 사제, 장로, 심지어 감독의 역할까지 했다. 더 나아가 가톨릭이 태동했을 때부터 1,000년 동안 교황들이 보낸 편지와 그들에 대해 기록한 비문에서도 여성이 사제직을 맡았다는 흔적을 발견할 수 있다. 초기 교회 여성들은 특정한 일부 역할에 머무는 것이 아니라 다양한 영역에서 예언자, 교사, 집사, 순교자, 감독의 역할을 해냈다. 특히 기원후 1세기와 2세기의 "가정 교회"에서 그들의 활동은 두드러졌다.[6] 우리는 신약성서, 당시의 편지나 설교, 초기 교회의 신학적 논문과 같은 많은 문헌 자료들을 통해 초기 교회의 여성 지도자들의 모습을 엿볼 수 있다. 특히 빌립보, 고린도, 로마와 같은 고대 지중해의 기독교 도시에는 강력한 여성 지도력이 있었다.[7]

토저슨은 초기 교회 혹은 가톨릭 초기의 여성 감독이나 여성 사제의 예를 로마의 한 성당에 그려진 그림에서 찾는다. 푸덴티아나(Pudentiana)와 프락세데스(Praxedes)라는 두 성인(聖人)에게 헌정된 성당 안에는 4명의 여성을 묘사한 그림이 있다. 그중 3명의 모습은 비교적 보존 상태가 양호하지만 네 번째 그림은 알아보기가 쉽지 않다. 그런데 성당의 비문에는 네 번째 여성이 테오도라 에피스코파(Theodora Episcopa)라고 적혀 있다. 여기서 "에피스코파"(*episcopa*)는

5) 같은 자료, 2.

6) Torjesen, *When Women Were Priests*, 2-5.

7) 같은 자료, 13.

감독(bishop)을 의미하는 남성형 라틴어 "에피스코푸스"(*episcopus*)의 여성형으로서 그림 속의 테오도라라는 여성이 "감독"이었음을 짐작하게 한다. 또한 그리스의 테라(Thera) 섬의 매장지를 고고학적으로 조사한 결과 그곳에 "여성 사제"가 있었다는 증거가 발견되었다. 에피크타스(Epiktas)라는 여성의 묘비는 그녀가 3세기 또는 4세기의 사제였음을 보여주었다.

이런 자료들을 바탕으로 초기 교회의 여성이 어떤 지도력을 행사했는지 좀 더 구체적으로 나누어 논의할 필요가 있다. 첫째, "여성 집사"(deaconess)에 대해 살펴보자. "여성 집사"의 존재 여부에 관해서는 논쟁의 여지가 있다. 특히 디모데전서 3:11이 여성 집사를 말하는지, 단순히 집사의 아내를 말하는지의 문제는 여전히 논쟁이 이어지고 있다. 그 결과 그리스어 성서를 영어로 옮긴 번역본들도 "집사의 아내" 또는 "여성 집사"라는 엇갈린 해석을 보여준다.[8] 그러나 그리스어 성서를 놓고 보면 "그들의 아내들"(their wives)에서 "그들"이 직접 누구를 가리키는지 확정할 수 없다. 그뿐 아니라 바울이 서신을 쓰던 당시의 문화는 가부장적이고 위계적이었음에도 불구하고 디모데전서 2:9-15과 5:9-13을 자세히 살펴보면 전통적 기대와 관습 이상으로 교회에서 여성의

8) 딤전 3: 11에 관한 많은 성서 번역본이 있지만 여기서는 4종류만 소개한다. ① NIV: In the same way, **their wives** are to be women worthy of respect, not malicious talkers but temperate and trustworthy in everything. ② KJV: Even so must **their wives** be grave, not slanderers, sober, faithful in all things. ③ ASV: **Women** in like manner must be grave, not slanderers, temperate, faithful in all things. ④ ESV: **Their wives** likewise must be dignified, not slanderers, but sober-minded, faithful in all things.

역할이 존중받고 있음을 알 수 있다. 게다가 디모데전서 3:8-10은 남성 집사에 관해 다루고 있는데 여기에 이어서 여자들의 자격을 논하는 11절은 여성 집사를 언급하는 병행 구절이라고 볼 수 있다. 물론 12절의 "한 아내의 남편"이라는 표현은 에베소 교회의 집사 대부분이 남성임을 반영한다. 하지만 특별히 언급된 11절이 "여성 집사"를 말하는 것이 아니라고 볼 이유는 없다. 따라서 디모데전서 3:12이 남성 집사의 아내를 언급하고 있다면 11절은 여성 집사에 대한 언급이라고 보는 것이 더 적합할 것이다. 초기 교회에서 장로의 지위는 대부분 남성이 맡았더라도 디모데전서 3:11을 통해 우리는 에베소 교회에서 여성도 집사 역할을 맡았음을 확인할 수 있다.[9] 더 나아가 "여성 집사"의 모습이 드러나는 기록은 비단 디모데전서 3:11만이 아니다. 바울 서신 곳곳에서는 바울의 동역자로 일하면서 초기 교회를 이끌어가고 섬겼던 많은 여성의 이름과 그들을 향한 바울의 칭송이 반복적으로 등장한다.

둘째, "여성 순교자"를 살펴보자. 사도행전 8:1-3은 예루살렘 교회를 향한 박해와 관련해 "사울이 교회를 진멸할새 각 집에 들어가 남녀를 끌어다가 옥에 넘기니라"(행 8:3)라고 묘사한다. 이 구절은 초기 교회의 남성뿐만 아니라 여성들도 신앙 때문에 박해를 받았다는 사실을 분명히 보여준다. 교회사가 유세비우스(Eusebius of Caesarea, 263?-339?)의 기록에 따르면 이때 120명의 남자와 12명의 여자가 순교했다고 한다. 알라드(Paul Allard)는 『디오클레티아누스의 박해』(*La persécution de Dioclétien*)와 『박해의 역사』(*Histoire des persécutions*)

9) Carroll Osburn ed., *Women in the Church*(Texas: ACU Press, 2001), 144-147.

에서 모든 순교자의 이름을 기록하고자 했다. 그의 관찰 결과에 따르면 950명의 순교자 또는 고백자 가운데 여성은 177명이었다. 이처럼 순교는 여성과 남성 모두에게 동등하게 주어진 기회였다.

셋째, "여성 예언자"에 대해 살펴보자. 누가복음의 처음 부분에는 "안나"라는 여성 예언자가 등장한다. 그녀는 이스라엘에서 처음으로 예수의 탄생 소식을 다른 사람들에게 선포한 인물이다. 안나는 84세의 노령에도 성전을 떠나지 않고 금식과 기도로 섬겼다(눅 2:36-37). 그녀는 아기 예수가 성전에 나타나자 하나님께 감사하고 예루살렘의 속량을 바라는 모든 사람에게 예수에 대해 말하기 시작했다. 또한 전도자 빌립의 네 딸도 예언자였는데 그들은 사도 시대에 처음으로 인식되고 기록된 기독교 예언자다(행 21:9). 물론 사도행전 2장에서 사람들이 성령을 받고 방언을 말하며 요엘이 말한 대로 예언을 할 때부터 거기에는 남성과 여성이 모두 있었다. 은사로서 예언의 선물은 남성과 마찬가지로 여성에게도 차별 없이 주어진 것이다.

넷째, "과부직"에 대해 알아보자. 초기 교회에서 특별히 언급되는 여성으로는 "과부"가 있다(행 6:1; 딛 2:3-4; 딤전 5:9-11). 우리는 보통 과부에 대한 구절을 읽을 때 그들이 교회에서 경제적 도움을 받는 자들이라고 이해한다. 그러나 성서, 특히 디모데전서 5:36을 정확히 이해한다면 초기 교회에는 두 종류의 "과부"가 있었음을 알 수 있다. 먼저는 우리가 짐작하는 대로 교회로부터 도움을 받는 과부들이 있다. 디모데전서 5:3-16은 교회가 다른 재원이 없는 과부들을 존중하고 지원해야 한다고 말한다. 한편 그와는 별도로 유급 봉사자들로서 교회 명부에 오른 과부들이 있었다(딤전 5:9-15). 그들은 교회에서 특정 임무를 위해 특별히 섬기는 자로서 지정되었으며[10] 주로 기도, 금식, 아픈 자들을 돌보는 일 등을 맡았다. 히폴리투스(Hippolytus, 170?-236)가 3세기 초 시리아에서 쓴 『사도들의 전승』(*Didascalia Apostolorum*)에 따르면 과부는 안수 없이 임명되었다. 또한 설교를 하거나 성례식을 보조할 수는 없고 남자 감독이나 집사의 지시를 따라야 했다. 하지만 기원후 3세기 중순부터 교회에서 "여성 집사"가 사라지면서부터 "과부"의 역할도 희미해지기 시작했고 4세기 말에 이르러서는 그 직책이 완전히 사라져버렸다.

다른 한편 사도행전 16장에 나타나는 유럽의 첫 번째 개종자 루디아는 초기 교회 여성 리더십의 또 다른 예다(행 16:11-15). 루디아는 자주색 염료 무역 사업을 하는 가장으로서 재정적으로 독립했으며 넓은 인적 관계를 맺고 있었다. 루디아는 "하나님을 공경하는 사람"(god-fearer, 행 16:14)으로 불렸다. 그녀가 기독교로 개종하기로 결심했을 때는 가정 전체, 즉 그녀의 가족뿐만 아니라 노예들까지 함께 세례를 받았다. 바울이 빌립보에 머무는 동안 숙식 및 교육 장소를 제공하는 모습에서 우리는 그녀의 권위와 부(prosperity), 교회에 미쳤던 영향력 등을 짐작해볼 수 있다(행 16:40).[11]

이처럼 여성들은 예수의 사역에서 중요한 역할을 했을 뿐만 아니라 초기 교회의 지도자들로서도 다양한 역할을 감당했다.[12] 그러나 기원후 3세기부터는 다양한 지도력의 산실이었던 가정 교회가 군주와 같은 감독이 지배하는 "제도화된 교회"로 변모하기 시작했고 교회의 지도자는

10) 같은 자료, 303- 304, 363-366.
11) 같은 자료, 15.
12) 같은 자료, 11.

점차 남성으로 규정되었다.

여성이 초기 교회에서 역할과 성취를 잃게 된 또 다른 이유는 기원후 2세기 중엽부터 4세기 초까지 진행된 성서의 정경화 과정에서 발견할 수 있다. 이때 여성의 가르침을 담은 책을 정경으로 선택할 것인지를 놓고 논쟁이 벌어졌기 때문이다. 그리고 여러 가지 이유로 여성 제자들의 활동을 기념한 책(*Act of Thecla*), 여성 예언자들의 말을 담은 책(*Collections of oracles of women prophets*), 예수에 대한 여성의 가르침을 전하는 책(*Gospel of Mary*) 등이 끝내 정경에 포함되지 못했다.[13] 여성의 리더십을 인정할 수 없었던 교회로서는 여성의 가르침을 담은 책들을 정경으로 채택할 수 없었던 것이다. 그 대신 여성들의 리더십과 초기 교회에서의 공헌을 보여주는 이 책들은 많은 교회에서 교인들의 신앙을 훈련하는 용도로 사용되었다.[14]

기원후 1세기에 로마 제국에서 소외된 종교 분파였던 기독교는 어느새 가부장적으로 변모하기 시작했다. 이에 대해 류터는 가부장적인 기독교가 제국적 종교로 채택되었던 것처럼 메시아의 상징은 정치적 힘을 옹호하는 왕권사상(Kingship Ideology)에 통합되었으며 이는 정치적·사회적 계급 조직에 두루 적용되었다고 지적한다.[15] 결국 기독교는 로마 제국의 사회 속에서 계층적인 질서를 만드는 근거가 되었다. 그로 말미암아 특이한 위계질서, 즉 "하나님의 로고스로서 그리스도는

---

13) Karen Jo Torjesen, "Reconstruction of Women's Early Christian History," *Searching The Scriptures: A Feminist Introduction*, ed. Elisabeth Schüssler Fiorenza(New York: Crossroad, 1993), 291.

14) 같은 자료.

15) Ruether, 125.

우주를 다스리고, 로마 황제의 기독교 교회는 정치적 우주를 다스리며, 주인은 노예를 다스리고, 남성은 여성을 다스리며 인간은 자연을 다스린다"는 논리가 성립했다. 이에 따라 여성, 노예, 미개인은 생각이 없는(mindless) 존재로 간주되었다.[16]

또한 중세 스콜라 철학의 반(反)여성적인 기독론은 아리스토텔레스(Aristoteles, 기원전 384-322)의 생물학에 영향을 받았다. 아리스토텔레스는 "형상과 질료" 개념을 통해 여성은 단지 질료일 뿐이고 남성만이 형상의 역할을 할 수 있다고 주장했다. 더 나아가 그는 남성만이 인간종(generic sex)이며 인간 본성의 충만함을 대표한다고 보았다. 즉 남성과 여성의 성적인 결합에 의해 남성의 형상을 물려받은 남자아이가 태어나야 하는데 우연히 남자의 형상이 파괴되어 탄생한 불완전하고 열등한 종이 바로 여성이라는 것이다. 이런 논리에서 여성은 정신적·육체적·도덕적으로 결함이 있는 존재로 규정된다.[17]

대표적 교부 중 한 사람인 아우구스티누스(Aurelius Augustinus, 354-430)는 여자가 죄악에 빠지기 쉬운 열등한 자아를 가지고 있어서 단독으로는 하나님의 형상이 될 수 없고 남편과 함께 있을 때만 하나님의 형상이 될 수 있다고 말했다.[18] 또한 기원후 13세기 중세의 저명한 신학자이며 스콜라 철학자인 토마스 아퀴나스(Thomas Aquinas, 1224-1274)는 여성을 "사생아적 남성"(misbegotten male)이라고 정의한 아리스토텔레스의 입장을 옹호했다. 여성은 자연적으로 열등하기에 지도자

16) 같은 자료.

17) 같은 자료, 125-126.

18) *De Trinitate* 7.7.10.

가 될 수 없다고 단정하고[19] 여성의 "열등성"을 하나님의 질서로 수용해야 한다는 것이다. 그의 관점에서는 불완전한 본성을 지닌 존재로 창조된 여성은 비굴하고 종속적일 수밖에 없다. 게다가 이러한 여성의 불완전성은 하나님의 완벽한 창조 질서에 어긋나는 요소가 되어버린다. 이에 대해 그는 여성이 생식(출산)의 역할을 감당할 때 자연의 "완벽성"에 포함될 수 있다고 설명한다. 즉 그것이 여성이 창조된 이유라는 것이다. 결과적으로 그는 고차원적이며 이성적 능력이 뛰어난 남성이, 이성적 능력이 떨어지고 도덕적 결함을 가진 여성을 지배하는 것은 좋은 질서라고 본다.[20]

종교개혁자 루터도 여성이 남성과의 동등성을 잃어버리게 된 것은 하나님이 타락을 심판한 결과라고 보았다. 그는 다음과 같이 말한다.

> 이러한 처벌 역시 원죄로부터 기인하는 것이다. 여자는 그녀의 육체에 지워진 불편과 고통들을 참아내듯이 마지못해 처벌을 참아내고 있다. 규칙은 남편의 수중에 있으며 아내는 하나님의 명령에 따라 남편에게 복종해야만 한다. 그는 가정과 국가를 통치하고 전쟁을 수행하며 그의 소유물을 방어하고 땅을 일구고 집을 짓고 식량을 지배하는 등등의 일을 한다. 반면에 여자는 벽에 박혀 있는 하나의 못과 같다. 그녀는 집에서 앉아 지낸다.…아내는 바깥일 혹은 국가의 일에 관련된 일들을 처리할 수 있는 능력을 박탈당한 사람으로서 집에서 가정일을 돌본다.…이

19) Torjesen, "Reconstruction of Women"s Early Christian History," 4.
20) 로즈마리 류터 지음, 안상남 옮김, 『성차별과 신학』(서울: 대한기독교출판사), 109.

런 식으로 이브는 벌을 받는 것이다.[21]

칼뱅의 관점은 루터와 조금 다르다. 그는 인간이 타락했다고 해도 여성 역시 남성과 동일하게 하나님의 형상으로 창조되었기에 동등한 존재라고 본다. 그러나 그는 현재 나타나는 여성들의 남성에 의한 종속이 지금과 같은 사회질서를 예정하신 하나님의 뜻에 있다는 생각을 넘어서지는 못했다.

토저슨은 "왜 우리는 기독교의 탄생에 있어서 여성의 드러남 혹은 나타남(prominence)에 대하여 인식하지 못하는 것인가? 왜 이처럼 여성들을 주변화시키는 강력한 오해들이 계몽된 현대의 기독교에서조차 계속되고 있는가?"라고 질문한다.[22] 이는 남한 교회와 여성들의 리더십 문제에도 똑같이 적용되어야 할 것이다. 이에 대해 여성통일신학은 예수의 운동과 초기 교회의 사역에 기초한 여성의 리더십이 회복되어야 한다고 주장한다. 또한 사회의 위계화와 가부장제의 잘못된 인식으로 인해 여성의 참여와 리더십을 가로막은 제도화된 교회의 위계적 체계를 거부하는 대신 남성과 공동으로 교회를 세워가는 여성 리더십을 지지한다.

---

21) Martin Luther, "Lectures on Genesis, Gen. 2:18," *Luther's Works* vol. 1, ed. Jaroslav Pelikan(St. Louis: Concordia Publishing House, 1958), 115. 류터, 110에서 재인용.

22) Torjesen, "Reconstruction of Women"s Early Christian History," 12.

2. 민족의 공동 지로자로서의 여성

민족의 운명과 역사의 여정에서 여성들은 국가의 공동 지도자로서 그 역할을 수행해야 하며 국가와 사회는 이를 위한 여건을 마련해주어야 한다. 여성통일신학자 박순경은 민족의 새로운 공동체 건설에서 여성의 역할이 지닌 중요성을 강조하면서 여성을 "민족의 어머니"[23]라고 일컫는다.

> 민족의 어머니는 자연 직계 가족의 생리적 한계를 넘어서는 보편적인 정신적 주체성, 민족사의 과거·현재·미래에서의 역사적 역할을 담당하는 주체성을 나타내는 칭호다.[24]

"민족의 어머니"는 민족의 역사 속에서 단지 한 가정의 출산이라는 생리적 차원의 어머니를 넘어선다. 또한 가부장적 사회가 부여한 여성의 역할이 아닌 "남성과 여성을 포함하는 인류의 관계와 사회성의 정신적 근원에 뿌리"를 둔다. 따라서 민족 멸망의 위기에서 남편과 자식을 뒷바라지하고 직접 항일운동에 뛰어들기도 했던 역사 속 여성들이 그 뿌리다. 이 여성들은 가족의 틀을 넘어서 민족의 운명 앞에 당당히 맞서며 민족의 멍에를 메고 자리를 지키던 자들이었다. 결국 "민족의 어머니"는 단지 전통적으로 규정하는 한 가정 안에서의 역할과 책임에 매이는 것이 아니라 민족의 역사와 책임 앞에 서는 존재다. 우리는 "민

23) 박순경(1997), 273.
24) 같은 자료, 274.

족의 어머니"를 잘 이해하기 위해서 나랏일과 정치는 바깥사람들, 즉 남성의 영역이라는 생각의 틀을 벗어나 민족의 공동 주체요, 민족의 어머니로서 굳게 섰던 역사 속 여성들에게 주목할 필요가 있다.

앞서 우리는 민족 문제의 해결이 자동적으로 여성 문제 해결을 가져다주는 것은 아니라는 사실을 살펴보았다. 하지만 여성해방의 문제와 민족 문제는 긴밀하게 연결되어 있다. 박순경도 여성의 문제와 민족 통일의 문제가 분리될 수 없음을 지적하며 민족이 세계의 지배 아래에서 분단으로 자주권을 위협당하는 상태에서 어떻게 여성만이 해방될 수 있겠는가를 질문한다. 박순경은 더 나아가 "통일은 계급 해방과 여성해방의 전제조건"[25]이라고 주장한다. 분단의 문제가 해결되지 않는 한 진정한 계급 해방과 여성해방은 가능하지 않다고 보는 것이다. 또한 한국의 남성 지배적인 제도는 한국 사회의 근본적이며 심각한 문제로서 사회적 불평등, 민족 분단과 같은 한국 민족의 역사적·사회적 문제들과 연결되어 있다. 따라서 박순경은 남성 중심적 정치, 문화, 이데올로기를 드러내는 것이 여성해방의 과제라고 지적한다. 또한 민족의 문제를 다룰 때 여성의 문제를 함께 언급하는 이유는 민족 문제의 해결을 위해서다. 남성 지배의 문제는 통일의 과제와 연결된다. 만약 통일의 과정이 남성에 의하여 이루어진다면 새롭게 통일된 한국이 또 다른 남성 중심적인 사회가 되는 일을 피할 수 없다.[26] 따라서 여성해방은 민족의 문제와 분리될 수 없으며, 함께 발전되어야 하고 여성 평등은 민족 공동체의 재건설 과정과 연결되어야 한다.

25) 같은 자료, 272.

26) 같은 자료, 270-276.

세계화 시대의 국제적 관계 속에서 살아가는 우리는 민족 분단의 문제를 국제적 관계 속에서 보지 않을 수 없다. 앞서 살펴보았듯이 한민족의 분단은 자국의 독립적 결정이 아니라 국제사회의 갈등 속에서 일어난 사건이었다. 또한 현재의 분단 상태를 해결하고 통일을 위한 방향을 결정하는 일 역시 남과 북의 의지가 아니라 강대국에 의해 좌우될 수밖에 없는 것이 현실이다. 따라서 여성운동이 남성 지배의 문제에 초점을 둔다고 해도 정치적·군사적·경제적으로 종속된 한국의 상황을 간과해서는 안 된다. 이 같은 상황을 극복하지 않고는 여성해방 역시 요원할 수밖에 없기 때문이다. 그러므로 박순경이 지적하듯 민족 분단과 자주의 문제는 여성해방과 같은 구조와 선상에 있으며 동시에 해결해야 할 문제가 된다.[27] 이처럼 여성운동은 한민족의 가장 큰 과제인 통일의 문제와 분리될 수 없다. 이것이 바로 우리가 통일여성신학을 말하는 이유다.

또한 우리는 북과 남이 "민족 공동체"라는 점을 상기해야 한다. 민경석은 이 용어를 사용하면서 개인이 민족으로부터 분리될 수 없음을 지적한다. 즉 우리는 상호의존적 존재다. 민족은 문화·정치·언어·역사와 함께 분류되는 단위로서 "공동체"라고 불린다. 이스라엘 사람 개개인의 운명이 이스라엘 민족의 운명과 철저하게 얽혀 있는 것처럼 한국인의 운명은 한민족의 운명과 분리될 수 없다.[28] 따라서 민경석은 인종적 민족 정체성의 의미를 발전시켜야 하고, 인종적 민족 정체성의 가치는 기독교적 측면에서 "우주적 인간 공동체"로 확대되어야 한다고 주

---

27) 같은 자료, 280.

28) Min(2006), 262.

장한다.[29] 그 이유는 민족의 정체성을 붙잡는 것이 민족의 분열과 갈등을 해결하는 방법이기는 하지만 이것이 배타적 민족주의로 흘러가서 어떤 민족이 또 다른 민족을 위협하거나 억압하는 것은 경계해야 하기 때문이다. 우리는 "배타적 민족주의"를 넘어서서 "우주적 인간 공동체"를 지향해야 한다.

민경석의 "민족적 공동체"와 박순경의 "민족의 어머니"는 여성이 민족의 공동 지도자로서 역할을 감당해야 하는 이유를 제시한다. 또한 우주적 인간 공동체로서의 민족적 정체성은 우주적이고 영적인 정체성이다. 이는 가족 구성원의 한계를 넘어서서 민족의 현재와 미래의 삶을 이끌 수 있는 정체성이라 부를 만하다. 또한 "민족의 어머니"는 민족의 하나 됨을 위해 역사의 현장에서 싸우며 일하는, 그리고 새로운 민족의 공동체를 세워가는 여성의 전체적인 상징이다.[30] 민족적 공동체를 세워가는 민족의 어머니로서 여성의 역할은 새로운 통일 공동체를 세워가는 한민족에게 절실히 요청되는 시대적인 사명이다. 여성들이 민족의 공동 지도자로 참여할 때 온전한 평화와 평등의 세상이 세워질 수 있을 것이다. 이는 모든 여성에게 요구되는 시대적 사명이요, 모든 사회제도와 구성원들에게 요구되는 변혁의 의무다.

---

29) 같은 자료, 265.

30) 박순경(1997), 275.

/ 결론

이 책은 앞으로 다가올 북한과 남한의 통일 과정에 초점을 두고 있다. 통일을 준비하는 과정에서 남한과 북한의 지도자들은 정치적·경제적·문화적·종교적 과제들을 모두 고려해야 한다. 나는 그중에서 문화적·종교적 요소에 중점을 두고, 남과 북의 재건설에 여성의 관점과 참여가 배제된다면 다가올 통일 사회는 심각한 문제들을 가지게 될 것이라는 점을 지적했다.

이를 위해 제1장에서는 왜 여성의 관점이 우리의 통일 논의에 필요한가를 제시했다. 독일 통일의 예를 보면 통일 후에 많은 여성—특히 동독의 여성—이 사회적 지위와 경제적 기반을 상실했다. 그들의 상황을 염두에 두면 우리의 통일 논의에 여성의 관점이 필수적임을 확인할 수 있다. 한국의 통일은 평화, 민족의 자주, 민족의 번영으로 귀결되어야 한다. 지금 한국의 통일 논의는 진보와 보수로 나뉘어 갈등을 빚고 있다. 진정한 평화의 공동체를 이루기 위해서는 여성통일신학의 문제

제기와 도전에 반드시 귀를 기울여야 한다.

제2장에서는 한국의 대표적인 통일신학자 세 명—함석헌, 노정선, 김용복—에 대해 살펴보았다. 그들은 한국 분단의 상황을 신학적 과제로 여기고 거기에 응답한 신학자들이다. 그들은 모두 분단을 "죄"로 규정하고 한민족이 통일을 통해 민족주의를 넘어서 세계의 평화를 세워가고, 그 과정에서 민중이 중요한 역할을 담당해야 한다고 주장했다. 그러나 이 신학자들은 평화적 통일신학을 세우는 데 많은 공헌을 했음에도 전통적 남성 신학자들과 마찬가지로 여성의 아픔과 고통에 무관심했으며 "여성의 소리"를 배제하는 결과를 초래했다. 또한 그들은 실제 삶에서 한국에 만연한 가부장적 사고를 극복하지 못했다. 그 결과 여성들은 통일신학에서도 또다시 소외되었다.

제3장에서는 독일의 통일이 여성들의 삶에 어떤 영향을 미쳤는가를 자세히 조사했다. 동독과 서독의 여성들 모두가 통일의 과정에서 배제되었다. 그들은 정치·사회·경제뿐만 아니라 가정의 삶 속에서까지 더 심한 차별을 당하게 되었다. 그 가장 큰 원인은 독일 통일의 과정에 여성들이 참여하지 않았다는 것이다. 앞서 제시한 통계들은 다음과 같은 질문을 불러일으킨다. 극심한 여성 실업을 야기한, 여성을 배제하는 태도는 어디에 기인하는가? 물론 이 질문에 대해 단 한 가지 요소가 결정적으로 작용하지는 않을 것이다. 하지만 우리는 직접적인 영향이 없을 것 같은 문화, 정책, 종교라는 요소가 실질적인 삶의 유형과 방식에 근본적으로 영향을 미치고 있다는 사실에 주목해야 한다. 특히 문화와 종교는 인간 삶의 정책 결정에 중요한 영향을 미친다. 더 나아가 종교와 통일 정책의 수립은 밀접한 연관성을 가지고 있다. 즉 종교가 종교

적 신념으로 끝나는 것이 아니라, 통일 정책과 제도 수립에 실제적인 영향을 미친다는 이야기다. 따라서 우리는 사람들의 생각, 신앙과 삶의 방식, 사회제도를 바탕으로 생성된 정치 문화와 가족 정책이 여성의 사회적 지위와 실업률을 결정하고, 종교는 그 근본 요소에 영향력을 발휘한다는 사실을 잊지 말아야 한다.

독일의 사례는 미래의 통일 한국 사회를 위한 경고다. 독일의 경험은 앞으로 한국이 실제적인 통일의 상황에 이르렀을 때 여성들에게 일어나서는 안 될 일들이 무엇인지 가르쳐준다. 따라서 우리는 이를 타산지석 삼아 같은 실수를 반복하지 말아야 할 것이다.

제4장은 "종교는 정치 문화의 주요 요소다"라는 진술로 시작했다. 한국의 문화는 강력한 유교 문화의 영향을 받고 있으며 이는 남성 지배적인 정부 및 남성 중심의 가정생활을 유지시키는 근본이기도 하다. 또한 유교 문화는 여성의 교육, 결혼 생활, 노동, 정치적 지위에 큰 영향을 미친다. 그래서 우리는 유교가 북한과 남한 여성의 삶에 어떤 영향을 미치는가를 살펴보았다. 유교는 아직도 북한 사회에서 큰 영향력을 가지고 있으며 북한 여성의 삶 속에서 구체적 양상으로 실체화되어 나타난다. 그 결과 북한은 사회주의를 지향하며 새로운 제도와 법을 통하여 여성들의 지위와 역할에 많은 변화를 주려고 시도했음에도 실제적인 삶에서는 별다른 변화가 없었다. 남성에 대한 여성의 복종 이데올로기는 아직도 팽배하며 여성의 역할은 아직도 "어머니"와 "남편의 보조자"로 규정된다. 따라서 나는 북한의 사회주의를 "유교 사회주의"라고 규정했다. 북한 사회에서 "유교 사회주의"는 단지 이데올로기나 제도가 아니라 실질 종교의 형태로 나타난다.

남한의 경우 경제적 발전과 더불어 남한 여성의 지위와 역할이 개선되었다고는 하나 유교와 보수적인 기독교 이데올로기는 아직도 강한 힘으로 작용하고 있다. 앞서 언급했듯이 남한은 기적적인 경제 성장을 일으켰고 2010년에는 G20 정상 회의 주최국이 되기까지 했다. 그러나 2014년 유엔이 조사한 남한의 남녀평등지수(GDI)는 148개국 중에서 85위로 여성의 권리 신장이 필요한 하위 그룹에 속한다. 게다가 남녀의 소득 격차는 13년째 OECD 국가 중 1위를 기록하고 있다. 즉 사회 전체가 괄목할 만한 경제적 발전을 이루었으나 그 발전이 여성의 지위 향상과 직결되지는 않았다는 것이다. 오히려 여성들은 노동자와 가정주부의 역할이라는 "이중 부담"을 지게 되었다. 또한 여성에 대한 사회적 지원과 가족 구성원들의 인식 변화 부진은 심각한 "저출산"의 요인으로 작용하고 있다.

제5장에서는 한국 기독교가 여성들의 삶에 어떤 영향을 미쳤는가를 살펴보았다. 한국 기독교는 여성에 대한 인식 변화를 가져왔으며 여성의 사회 참여를 이끄는 데 많은 공헌을 했다. 그러나 가부장제와 유교가 혼합된 남한의 기독교는 여전히 여성에게 지도력을 부여하기를 거부하며 여성을 남성에게 종속된 존재로서 부차적 위치에 두려고 했다. 그 결과 한국 기독교는 교회, 가정, 사회에서 수동적인 여성 이미지를 강화했다.

앞서 살펴보았듯이 독일 사회의 불평등한 상황과 제도는 단지 정치적 차원의 문제가 아니라 강한 종교적 기초를 가지고 있었다. 독일 기독교는 통일을 위해 많은 기여를 했음에도 평등한 공동체를 세워가는 데는 미미한 역할을 했다. 북한과 남한은 이제 통일을 준비하는 단계에 있다. 만약 한국 통일의 과정에 여성이 참여하지 못하고, 종교적 공동체가 여성의 평등성을 지원하지 않는다면 한국은 실패한 독일 통일의 전철을 밟게 될 것이다.

여성과 남성이 평등한 공동체를 세워나가기 위해서는 여성통일신학의 요청들을 재확인하고 발전시킬 필요가 있다. 여성통일신학이 성서의 올바른 해석에 기초해야 함을 강조하는 이유는 가부장적·남성 중심적·성차별주의적 기독교를 극복하기 위해서다. 따라서 성서의 문자적·권위주의적 해석을 거부하며 우리를 향한 하나님의 진정한 뜻을 찾아내려는 노력이 지속되어야 한다. 여성통일신학은 "공동체"를 세워가는 것을 추구한다. 공동체는 소외되고 억압된 사람들에게 관심을 집중한다. 쉬슬러 피오렌자의 주장처럼 여성통일신학은 "하나님의 바실레이아"의 의미를 포함하기에 사회 안에서의 포용성과 전체성을 추구한다. 또한 이는 우리가 가부장적 종교와 사회적 제도에 대항해 자유를 위한 투쟁에 참여하도록 이끈다. 이사시 디아즈의 "공동체적 하나님 나라"(kin-dom of God)는 여성을 상품으로 여기는 태도를 배격하며 개인이 가지는 깊은 "우정"을 통해 사람들이 그 안에서 진정한 공동체가 되게 한다. 진정한 공동체는 모든 사람이 중요하게 여겨지고 각자의 관심과 재능이 표현되며 충분히 발현되는 공간이다. 우리는 이를 통해 자매와 형제들의 필요를 채울 수 있다. 여기서 다른 사람에 대한 "섬김"과 이기심에 대한 "거부"는 공동체를 창조하는 첫 단계다. 우리는 삼위일체 하나님이 공동체를 이루신 것처럼 함께 공동체를 만들어가야 할 것이다. 성령은 "관계"와 "연대의 영"이다. 성령은 모든 소외되고 분리된 존재를 재결합시키신다. 우리도 삼위일체 하나님 안에서 "타자들의 연대"를 이루어가는 자로 살아야 할 것이다.

이를 위해 먼저 상처 난 마음이 치료되어야 한다. 또한 개인적이고 공동체적인 차원에서 용서가 이루어져야 한다. 그러나 무엇보다도 십자가를 통해 드러난 하나님의 사랑을 실천할 때 이 같은 기적이 일어나게 될 것이다. 이를 바탕으로 사랑이 넘치고 평등한 공동체를 세우기 위해 여성들이 교회와 국가의 공동 설립자가 되어야 한다. 기원후 1세기부터 3세기까지 드러났던 초기 교회에서 활약한 여성 지도자들의 모습은 오늘날 교회가 본질을 회복하는 데 많은 시사점을 제공한다. 집사, 사도, 장로, 선교사, 예언자, 감독으로서 각자의 달란트를 따라 교회를 세워갔던 여성들의 지도력이 다시 평가되어야 한다. 여기서 여성통일신학은 여성의 지도자 역할 회복을 추구하며 민족의 미래를 위해 "민족의 어머니"로서 그 역할을 감당해야 한다고 주장한다.

✱

미래 통일사회를 위한 제안

① 한국 통일신학은 "여성의 소리"를 포함시켜야 한다. 여성 문제는 정치, 경제, 교육을 포함한 모든 영역에서 다루어져야 하며 통일에 대한 논의와 정책에도 여성의 관점이 담겨야 한다. 또한 여성들은 역사 속에서 여성들에게 어떤 일들이 일어났는가를 인식하고 과거의 잘못들이 반복되지 않도록 대비하며 적극적인 자세로 논의에 참여해야 할 것이다.[1] 새로운 사회가 시작되는 지점에서 같은 실수를 반복할 수는 없지 않은가?

② 정치, 군사, 경제 영역에서 여성들의 힘이 더 커져야 한다. 사실 이런 분야에 여성의 참여가 부족한 또 다른 이유는 여성 스스로 정치, 군사, 경제 영역에서 별 힘이 없기 때문이다. 비록 소수의 전문 여성들이 이 영역에 있다고 하더라도 남성 지배적인 분야를 통과하기란 쉽지 않다. 왜냐하면 그곳에 여성에게 힘을 실어줄 그룹이 없기 때문이다.[2] 여성들이 이러한 어려움을 넘어서겠다는 각오로 해당 분야에서 목소리를 내야 사회와 제도의 변화를 불러일으킬 수 있다.

③ 현대 여성학은 한국의 분단과 통일 문제를 더 적극적으로 다루어야 한다. 분단은 한국인, 그중에서도 특히 여성의 삶에 매우

1) 이 책의 148쪽을 보라.
2) 이 책의 150쪽을 보라.

부정적 영향을 미쳐왔기 때문이다. 통일 한국에서 여성의 역할은 이전과 달리 완전히 새로워져야 할 것이다. 여성들이 지금부터 통일을 위해 준비하고 논의에 참여하지 않는다면 다가올 미래의 통일 사회에 여성을 위한 자리는 준비되지 않을 것이다.

④ 여성통일신학은 "평화롭게 함께 살아감"을 추구한다. 여성의 소리를 내는 것은 단지 여성의 이익만을 추구하는 것이 아니다. 이는 균형을 잃어버린 반쪽의 권리를 찾음으로써 평화로운 세상, 평화로운 공존의 삶을 구축하자는 것이다. 남북의 문제에서도 여성과 남성의 평화로운 공존이 필요하다. 통일의 방법도 지금의 흡수통일에서 화해와 협력에 기초한 평화적 공존의 길로 변화되어야 한다. 이제는 대화와 이해 및 협력을 통해 남성과 여성, 남과 북의 관계를 새롭게 정립하고 평화로운 세상, 평등의 세상을 이루어가야 할 시기다.

⑤ 미래 통일 사회에서는 여성과 남성의 고용 균형과 여성의 직업 안정을 위한 사회적 지원 제도가 확보되어야 한다. 우리는 독일의 사례 연구를 통하여 통일 과정과 그 이후에 독일 여성들이 고용, 자녀 양육, 일터에서의 지위, 가정에서 새롭게 발생하는 문제들로 인해 겪는 고통을 살펴보았다. 이는 통일 국가에서 여성과 남성이 고용의 균형을 이루는 방법이 연구되어야 하며 특별히 여성을 위한 사회적 지원 제도가 보장되어야 한다는 사실을 말해준다. 동독 여성들을 새로운 국가의 "낙오자"(losers)로 만든 실수가 미래의 통일 한국에서 반복되지 않기 위한 사회적 지원이 반드시 필요하다.

⑥ 통일여성신학의 확립과 확산이 필요하다. 성에 대한 종교의

관점은 그 사회의 신념이 되고 삶의 방식과 문화 및 사회제도와 정책으로 이어진다. 다른 종교와 마찬가지로 기독교 역시 가부장적이고 남성 중심적인 전통 신학을 넘어서야 할 때다. 우리는 지난 역사의 신학적 해석이 여성을 차별하거나 억압하는 도구로 사용되었음을 비판적으로 고찰하고 여성통일신학을 확립해야 한다. 또한 다양한 방법과 매체를 통해 여성통일신학이 확산되어야 할 것이다.

⑦ 평등과 화해의 공동체를 세워나가야 한다. 어떻게 하면 평등한 공동체를 세워갈 수 있을까? 그리고 우리는 어떻게 화해할 수 있을까? 누가복음의 "잃어버린 아들" 이야기는 우리 민족의 문제를 해결하는 데 참고할 만한 좋은 예가 된다. 동생이 돌아오자 아버지가 그를 환영하며 잔치를 베푼다. 그때 화를 내는 큰아들의 반응은 너무나 당연하다. 큰아들은 집과 재산을 지키고 열심히 일해왔지만 즐거움과 쾌락을 찾아갔던 동생은 전 재산을 탕진하고 돌아왔기 때문이다.

이 같은 상황이 한국전쟁으로 인해 나뉘고 고통받은 한국 사람들에게도 적용될 수 있을까? 한국전쟁의 원인이 어디에 있었는가를 떠나서 한민족은 동족상잔으로 인해 가족과 재산을 잃고 마음에 "한"을 품은 채 살아왔다. 그러나 그로부터 65년이 지난 현재 남한은 경제 대국으로 발전했다. 마음속의 "한"과 원한을 미처 지울 새도 없이 자본주의 경쟁 사회 속에서 시시각각 긴장을 늦추지 못하고 살아가는 남한 사람들이 단지 같은 민족이고 형제라는 이유로 그동안 힘들여 쌓은 부를 북한 사람들과 나눌 수 있을까?

그러나 누가복음의 비유에서 아버지는 작은아들을 벌하는 대신에 그를 위해 잔치를 베푼다. 그러면서 큰아들에게 "네 동생이 죽은 줄 알았는데 살아왔고, 잃어버렸는데 다시 찾았노라"고 말한다. 같은 일을 경험하고도 가족 구성들이 각각 다른 입장을 보이는 것이다. 큰아들이 동생의 "행동"을 보았다면 아버지는 아들의 "존재 자체"를 보았다.[3] 이는 우리에게 매우 중요한 통찰력을 제공해준다. 남북의 국민들은 분단과 전쟁으로 인명과 물질의 큰 손실을 보고 지금까지 그로 인한 긴장과 아픔을 겪고 있다. 그런데도 우리에게는 다음의 질문이 남는다. "그들은 누구인가?" 북한 사람들은 남한 사람들의 형제자매다. 큰아들이 동생의 도덕성을 비판하는 동안 아버지는 아들의 존재를 더 중요하게 보고 그를 받아들였다. 이 점이 바로 예수가 말씀하신 비유의 핵심이며 우리는 이를 통해 화해의 공동체를 세워가는 방법을 배울 수 있다.[4] 여기서 작은아들의 과거는 중요하지 않다. 용서는 과거에 그가 나에게 한 일을 잊는 데서부터 시작된다. 고통스러운 기억을 계속 가지고 있는 것은 이롭지 못할 뿐만 아니라 나 자신의 삶을 더 고통스럽게 만들 뿐이다.

⑧ 여기서 핵심은 형의 "판단"이 아니라 아버지의 "사랑"이다. 이는 모든 기독교인이 따라야 할 하나님 나라의 질서이기도 하다. 만약 타인을 도덕적 관점에서만 판단하려 한다면 우리는 율법주의에 빠지게 되고 상대방을 결코 용서하지 못할 것이다. 이 이야기에서 실존적인 사랑과 행동은 두 아들을 회복으로 이끄는 더욱 강력한 요소임을 볼 수 있다. 이 원리는 남과 북, 두 나라의 회복에도 적

---

3) 정용섭, "칭의와 성화", 정용섭의 신학단상, 대구성서아카데미, dabia.net
4) 같은 자료.

용될 수 있다. 우리는 도덕적 판단을 떠나 남과 북이 형제와 자매라는 것에 초점을 두어야 한다. 또한 우리는 아버지의 사랑과 실천으로부터 진정한 용서의 방법을 배워야 할 것이다. 아버지가 작은 아들을 위해 잔치를 베풀고 그의 손에 반지를 끼워주었던 것처럼, (바라건대) 남한 사람들은 한때 잃어버렸다가 다시 찾은 우리의 형제요 자매인 북한 사람들을 위해 잔치를 준비할 필요가 있다.

/ 참고 문헌 /

단행본

강만길. 『고쳐 쓴 한국 현대사』. 서울: 창비, 2006.

곽안전. 『한국교회사』. 서울: 대한기독교서회, 1973.

국가인권위원회. 『인권백서』. 서울: 국가인권위원회, 2005.

국토통일원. 『조선로동당대회 자료집』 1. 서울: 국토통일원, 1988.

권인숙. 『대한민국은 군대다』. 서울: 청년, 2005.

김귀옥, 김선임, 이경하, 황은주. 『북한 여성들은 어떻게 살고 있을까』. 서울: 당대, 2000.

김석임. "남북여성교류", 『한국여성 평화운동사』. 서울: 한울, 2005.

김석향. "일상생활에서 본 북한의 성평등 실태와 여성 인권의 문제", 『북한의 여성과 가족』. 서울: 경인문화사, 2006.

김용복. "평화와 통일", NCCK 통일위원회 엮음, 『남북교회의 만남과 평화와 통일의 신학』. 서울: 민중출판사, 1990.

______. "민족 분단과 기독교의 대응", 노종호 옮김. 『한국 기독교 사회 운동』. 서울: 로출판, 1986.

______. "세계 에큐메니칼 운동과 희년의 지구적 지평", 『희년 신학과 통일희년 운동』. 서울: 한국신학연구소, 1995.

김일성. 『김일성 저작집 3』. 평양: 조선로동당 출판, 1979.

김현자. "기독교 여성 운동사", 『한국 기독교 교육사』. 서울: 대한기독교교육협회, 1973.

노정선. 『통일신학을 향하여: 제3세계 기독교윤리』. 서울: 한울출판, 1988.

민경배. 『교회와 민족』. 서울: 대한기독교서회, 1992.

박순경. 『통일신학의 미래』. 서울: 사계절, 1997.

_____. "한국 민족과 신학의 과제", 『세계 속의 한국감리교회』. 서울: 웨슬리 출판사, 1984.
박영자. "북한의 양성평등 정책의 형성과 굴절", 『북한의 여성과 가족』. 서울: 경인문화사, 2006.
박완서. 『엄마의 말뚝』. 서울: 세계사, 2002.
박현선. "북한의 가족 정책", 『북한의 여성과 가족』. 서울: 경인문화사, 2006.
심영희, 김엘리 엮음. 『한국여성 평화운동사』. 서울: 한울아카데미, 2005.
여만철 외. 『흰 것도 검다』. 서울: 다나출판, 1996.
윤덕희. "북한의 여성", 김광수 외, 『북한의 이해』. 서울: 집문당, 1996.
윤미량. "북한 여성의 위상과 역할", 『북한의 여성과 가족』. 서울: 경인문화사, 2006.
이만열. 『한말 기독교와 민족운동』. 서울: 평민사, 1980.
이삼열. 『평화의 철학과 통일의 실천』. 서울: 햇빛출판, 1991.
이은선. 『한국 여성조직신학 탐구』. 서울: 대한기독교서회, 2004.
이현숙. 『한국교회 여성 연합회 25년사』. 서울: 한국교회여성연합회, 1992.
임선희. "소설을 통해 본 북한 여성의 삶", 『북한의 여성과 가족』. 서울: 경인문화사, 2006.
임희모. "북한교회의 재건론 문제", 평화와 통일신학연구소, 『평화와 통일신학』 I. 서울: 한들, 2002.
장병욱. 『한국 감리교 여성사』. 서울: 성광문화사, 1979.
통일연구소. 『북한 인권 백서』. 서울: 통일연구소, 2004.
한국기독교역사연구소 북한 교회사 집필 위원회. 『북한교회사』. 서울: 한국기독교역사연구소, 1999.
함석헌. 『생각하는 백성이라야 산다』. 서울: 한길사, 1993.
허명섭. 『해방 이후 한국교회의 재형성 1945-1960: 한국기독교총서 4』. 서울: 서울신학대학교출판부, 2009.
허문영. "기독교 통일 운동", 『민족 통일과 한국 기독교』. 서울: 한국기독학생회출판부, 1994.
홍익표, 진시원. 『남북한 통합의 새로운 이해』. 서울: 오름, 2004.
Borchorst, A. "Welfare State Regimes, Women's interests and the EC," *Gendering Welfare States*. Ed. D. Sainsbury. London: Sage, 1994.
Braun, Anneliese, Gerda Jasper, Ursula Schroter. "Rolling back the gender status of East German women," *German unification: the destruction of an economy*.

Ed. H. Behred. London: Pluto Press, 1995.

Brock, Rita Nakashima. *Journeys by heart: A Christology of Erotic Power*. New York: The Crossroad, 1998.

Brown, Raymond E., Joseph A. Fitzmyer, Roland E. Murphy. Ed. *The New Jerome Biblical Commentary*. New Jersey: Prentice Hall, 1990.

Carr, Anne E. *Transforming Grace: Christian Tradition and Women's Experience*. San Francisco: Harper and Row, 1988.

Chan, Wing-Tsit. *A Source Book in Chinese Philosophy*. New Jersey: Princeton University Press, 1963.

Chong, Kelly H. "In Search of Healing: Evangelical Conversion of Women in Contemporary South Korea," *Christianity in Korea*. Ed. Robert E. Buswell Jr., Timothy S. Lee. Honolulu: University of Hawaii Press, 2006.

Collins, Adela Yarbro. *Feminist Perspectives on Biblical Scholarship*. Atlanta: Scholars Press, 1985.

Cummings, Bruce. *Divided Korea: United Future?* New York: Foreign Policy Association, No. 306. Spring, 1995.

Dettke, Dieter. "The Mellowing of North Korean Power: Lessons of Reconciliation and Unification for Korea from Germany," *Korea Briefing, 2000-2001*. Ed. Kong-Dan Oh, Ralph C. Hassig. Published in cooperation with the Sia Society, 2002.

Deuchler, M. *The Confucian Transformation of Korea*. Cambridge, MA: Harvard University Press, 1992.

Duffy, Ann Doris, Nancy Mandell, Norene Pupo. *Few Choices: Women, Work and Family*. Toronto: Garamond Press, 1989.

Eichler, Margaret. *Family Shifts: Families, Policies and Gender Equality*. Don Mills: Oxford University Press, 1997.

Ford Foundation. *Work and Family Responsibilities: Achieving a Balance*. New York: Ford Foundation, 1989.

Fung, Yu-Lan. *A Short History of Chinese Philosophy*. Trans. Derk Bodde. 2nd ed. Princeton, NJ: Princeton University Press, 1952.

Heineck, Guido. "Does Religion Influence the Labor Supply of Married Women in Germany?" *DIW Berlin*. Berlin: German Institute for Economic Research, 2002.2.

Heyward, Carter. *Saving Jesus from Those Who are Right*. Minneapolis: Fortress Press, 1999.

Hinsch, Bret. "Metaphysics and reality of the feminine in early Neo-Confucian thought," *Women's Studies International Forum*. Vol. 11. No. 6, 1988.

Isasi Diaz, Ada Maria. *Mujerista Theology*. New York: Orbis Books, 2004.

_____. "Solidarity: Love of Neighbor in the 1980s," *Feminist Theological Ethics*. Ed. Lois K. Daly. Louisville: Westminster/John Knox Press, 1994.

Jung, Ji-Seok. *Ham Sok-Hon's Pacifism and the Reunification of Korea: A Quaker Theology of Peace*. Lewiston: The Edwin Mellen Press, 2006.

Kammerman, Sheila B., Alfred J. Kahn. Ed. *Family policy: Government and Families in Fourteen Countries*. New York, NY: Columbia University Press, 1978.

Kim, Yong-Bock. *Minjung theology: People as the subjects of history*. Maryknoll: Orbis Books: CTC-CCA, 1981.

Kitchen, Martin. *A History of Modern Germany 1800-2000*. Malden, MA: Blackwell, 2006.

Kong-Dan Oh, Ralph C. Hassig. *North Korea through the Looking Glass*. Washington D.C.: Brookings Institution Press, 2000.

Konrad, Jarausch. *The Rush to German Unity*. New York: Oxford University Press Inc., 1994.

Kremenak, Ben. *Korea's Road to Unification: Potholes, Detours and Dead Ends*. Center for International and Security Studies at Maryland, School of Public Affairs, University of Maryland at College Park, 1997.

Legge, Ames. Trans. *The Four Books: Confucian Analects, the Great learning, the Doctrine of the Mean, and the Works of Mencius*. New York: Paragon, 1966.

Lobodzinska, Barbara. Ed. *Family, Women and Employment in Central-Eastern Europe*. Westport, Connecticut: Greenwood Press, 1995.

Min, Anselm. *The Solidarity of Others in a Divided World: A Post Modern Theology after Postmodernism*. New York: T&T Clark International, 2004.

_____. "The Division and Reunification of a Nation: Theological Reflection on the Destiny of the Korean people," *Christianity in Korea*. Ed. Robert E. Buswell Jr., Timothy S. Lee. Honolulu: University of Hawaii Press, 2006.

No, Jong-Sun. "Division and Reunification of Korea," *The Third War: Christian Social Ethics*. Seoul: Yonsei University Press, 2000.

Nyitray, Vivian-Lee. "The Real Trouble with Confucianism," *Love, Sex and Gender in the World Religions*. Ed. Joseph Runzo, Nancy M. Martin. Oxford: Oneworld, 2000.

Otte, Carsten. "Chapter 9: Germany," *International Handbook on Social Work Theory and Practice*. Eds. Nazneen Mayadas, Thomas Watts, Doreen Elliott. Westport, Connecticut: Greenwood Press, 1997.

Park, Kyung-Ae. "Women and Revolution in South and North Korea," *Women and Revolution in Africa, Asia, and the New World*. Ed. Mary Ann Tetrreault. Columbia, South Carolina: University of South Carolina Press, 1994.

Polaski, Sandra Hack. *A Feminist Introduction to Paul*. St. Louis, MO: Chalice Press, 2005.

Ruether, Rosemary. *Sexism and God-Talk*. Boston: Beacon Press, 1983.

Schmidt, M. G. "Gender Labor Force participation." Ed. F. G. Castles. *Families of Nations, Patterns of Public Policy in Western Democracies*. Aldershot: Dartmouth Publishing Company Ltd., 1993.

Schüssler Fiorenza, Elisabeth. *In Memory of Her: A Feminist Theological Reconstruction of Christian Origins*. New York: Crossroad, 1983.

_____. *Bread not Stone: The Challenge of Feminist Biblical Interpretation*. Boston: Peacon Press, 1984.

Smith, Gordon. *Politics in Western Europe: A Comparative Analysis*. 3rd ed. New York: Holmes & Meier Publishers, 1980.

Smith, Patricia. *After the Wall: Eastern Germany Since 1989*. Boulder, Colorado: Westview Press. 1998.

Sohn, Bong-Suck. "Women's Political Engagement and Participation in the Republic of Korea," *Women and Politics Worldwide*. Ed. Barbara J. Nelson, Najma Chowdhury. New Haven, CT: Yale University Press, 1994.

Torjesen Karen Jo, *When Women Were Priests*. New York: HaperSanFrancisco, 1993.

_____. "Reconstruction of Women's Early Christian History," *Searching Scriptures: A Feminist Introduction*. Ed. Elisabeth Schüssler Fiorenza. New York: Crossroad, 1993.

Unification Institutue. *North Korea Women's Lives*. Seoul: Unification Training Center, 1986.

기타 자료

강문규. "민족 분단의 역사와 한국 기독교의 자기 반성",「기독교사상」 제363호(1989.3).

강인철. "분단과 평화에 대한 기독교의 역사적 책임", *TC* 438(1995.6).

김경미. "독일 통일과 구 동독 지역의 여성",「국제정치논총」 41(2001.4).

김영란. "북한 여성의 사회복지 정책 연구",「지역학논집」 5권(2001).

김용복. "한국 기독교 통일 운동과 정부의 통일 정책",「기독교사상」 제428호(1994.8).

김은주. "한국교회의 여성교육이 역사와 문제에 대한 연구". 서울: 이화여자대학교 교육대학원, 석사학위 논문(1984).

김일성. "여성은 여성다워야 하오",「조선녀성」 4권(1989).

김정미. "탈북 여성의 정체성 변화에 관한 연구". 서울: 이화여자대학교 대학원, 석사학위 논문(1999).

김태홍, 전기태, 주재선.「2011 한국의 성 평등 보고서」. 서울: 여성가족부(2011).

남우진. "남한/이북의 민족 문학 담론 연구(1945-1962)",「북한연구학회보」 10권 1호(2006).

동국대학교 북한학연구소. "탈북자 증언을 통해서 본 북한인권 실태조사". 서울: 국가인권위원회(2005).

리라순. "행복의 무게",「조선문학」 3(2001).

민경석. "통일은 우리 시대 민족의 지상명령이다". 세미나 미간행물 자료(2009.11).

_____. "한반도 평화와 복지사회 건설",「코리아비전」 1(2011).

박보경. "여성 목회 연장 분석과 여성 사역 전문화를 위한 과제",「장신논단」 제32집(2008).

박상증. "기독교의 시각에서 본 한반도 통일 문제",「선교세계」 2호(1961).

______. “살기 위한 남북통일”, 「기독교사상」 40집 2호(1961).
박의경. “한국에서의 여성, 평화 그리고 통일”, 「대한정치학회」 14권 2호(2006).
박종화. “민족 통일의 성취와 통일신학의 정립”, 「신앙과 신학」 3(1988).
박현선. “현대 북한의 가족제도에 관한 연구”. 서울: 이화여자대학교 대학원, 박사학위 논문(1998).
박홍규. “화해의 복음과 남북의 대화”, 「제3일」 13(1971.10).
손성희. “한국교회의 여성 교역자의 이미지에 대한 연구”, 「논총」 36(1980).
송두율. “북한 사회를 어떻게 볼 것인가?”, 「사회와 사상」(1988.12).
송영희. “조선후기 가족제도의 변화”. 인천: 인제대학교, 석사학위 논문(2005).
심영희. “북한 여성의 인권 실태와 요인”, 「아시아여성연구」 45권 2호(2006).
______. “통일 과정에서의 젠더 관계의 현황과 전망”, 「사회과학연구저널」 25(2006).
안종철. “문명 개화에서 반공으로: 이승만과 개신교의 관계의 변화, 1912-1950”, 「동방학지」 145(2009).
왕려위. “한국 출생성비 불균형 문제 및 개선 방안에 관한 연구”. 서울: 한국외국어대학교 대학원, 석사학위 논문(2007).
윤덕희. “통일 과정에서 여성의 참여 증진 방안”. 민주평통 여성위원회 제55차 회의(2005).
윤민재. “한국 보수세력의 이념과 활동에 대한 정치사회학적 연구”, 한국사회이론학회, 「사회 이론」 26(2004).
이현숙. “남북화해 증진과 여성”, 평화를만드는여성회, 「평화통일 여성 정책 마련을 위한 전문가 포럼—2002 국제정세와 한반도 운명, 여성」(2001).
장지연. “민족통일을 향한 한국교회의 방향과 과제”. 광주광역시: 호남신학대학교 대학원, 석사학위 논문(2003).
전숙희. “통일 준비 여성지도자 교육 프로그램 개발”, 「도산학술논총」 6(1998.9).
정현백. “분단과 여성과 통일 과정”, 「여성평화 아카데미」(2001, 봄).
______. “한국 여성 평화운동의 과제와 전망”, 「여성평화 아카데미」(2000, 봄).
정현철. “삶의 향기”, 「조선문학」 11(1991).
주선애. “초기 한국교회의 여성운동에 관한 연구”, 「교회와 신학」 10권(1978).
최재석. “고려 시대의 혼인제도”. 서울대학교 여성연구소, 1983.
Adams, P. “Family Policy and Labor Migration in East and West Germany,” *Social Service Review*, 63(1989).

Adler, Marina A., April Brayfield. "Gender Regimes and Cultures of Care: Public Support for Maternal Employment in Germany and the United States," *Marriage and Family Review*, Vol. 39, No. 3/4(2006).

Bacon, Margaret. "Ham Sok Hon-an Interview," *Friends Journal*(1979.12.1.).

Bae, Hyun-Ju. "What is women's theological Bible interpretation?" *Theophilus*, Vol. 15(2008).

Chang, Hye-Kyung, Young-Ran Kim. "A Study of the Impact of Unemployment on the Family and the Role of Women," *Women's Studies Forum*, Vol. 16. KWDI Research Reports(2008).

Duggan, Lynn. "Restacking the deck: Family policy and women's fall-back position in Germany before and after unification," *Feminist Economics*, 1:1(1995).

_____. "Production and Reproduction: Family Policy and Gender Inequality in East and West Germany." Ph.D. diss. Amherst: Massachusetts University(1993).

Edwards, Gwyn. "The Impact of Reunification on East German Elderly," *Ageing International*, 17(2)(1990).

Elias, Verna. "From Kingdom to Kin-Dom: three Feminist Interpretation of the Kingdom of God." M.A. diss. University of Manitoba(2001).

Ferree, Myra Marx. "After the wall: Explaining the status of women in the former GDR," *Sociological Focus*, Vol. 28. No.1(1995).

Goetz, Bernhard. "Towards an Understanding of Gendered Networks and Corruption: the distinction between process during recruitment and representation." QOG Working Paper Series. The Quality of Government Institute, University of Gothenburg, Aksel Sundstrom(2011).

Goldberg, G. "Women on the Verge: Winners and Losers in German Unification," *Social Policy*, 22(2)(1991), 35-44.

Ham, Sok-Hon. "Message from Sok-Hun of Seoul Friends Meeting to the Triennial of the Friends World Committee for Consultation." Sydney, Australia(1973.8.18-25).

_____. "Meditation at Pendle Hill, Dialogue," Trans. Kwahk Young-Do, assisted by C. Llyod Bailey. Seoul: Publication of the Seoul Monthly Meeting of the

Religious Society of Friends(1984.2.27).

Han, Young Sang. "What is the Most Extreme Luxury," *Quakers: The Voice of Ham Sok-Hon*. Seoul Monthly Meeting of Society of Friends(1983).

Hohn, Sandra L., Sharon Gennis Deich. "Recent U.S. Child Care and Family Legislation in Comparative Perspective," *Journal of Family Issues*, 15(1994.9).

Isasi Diaz, Ada Maria. "Defining Our Proyecto," *Feminist Studies in Religion*, Vol. 9, No. 1(1993).

Jeong, Gyoung-Ho. "Korean Christian Ethics for Peaceful Tongil between South and North Korea." Ph.D. diss. Union Theological Seminary(2002).

Kang, Nam-Soon. "Confucian Feminism and Its Social/Religious Embodiment in Christianity: Reconsidering the Family Discourse from a Feminist Perspective," *Asia Journal of Theology*(2004).

Kim, Bueng-Guan. "Korean Reunification and Jesus' Ethic: Guidance for Korean Churches." Ph.D. diss. The Southern Baptist Theological Seminary(1997).

Kim, El-Im. "Child Care Leave Systems: Setting A Research and Policy Agenda," *Women's Studies Forum*, Vol. 10. KWDI Research Reports(1994).

Kim, Philo B. "Tasks of South Korean Church for North Korea," *The Bible and Theology* 37(2005).

Kim, Tae-Hong. "An Analysis of Determinants in Female Labor Market Participation," *Women's Studies Forum*, Vol. 17. KWDI Research Reports(2001).

____. "Women's Employment Structure in Korea KWDI," *Women's Studies Forum*, Vol. 9. KWDI Research Reports(1993).

Kim, TaeHong, Yang, Seung-Ju. "The Equal Pay Principles and Related Policy Issues in Korea KWDI," *Women's Studies Forum*, Vol. 10. KWDI Research Reports(1994).

Kim, Young-Ock. "The Unstable Transition of Female Employment and Related Policy Tasks KWDI," *Women's Studies Forum*, Vol. 12. KWDI Research Reports(1996).

Kotiranta, Annu Anne Kovalainen, Petri Rouvinen. "Female Leadership and Firm Profitability," *EVA Analysis*, No. 3(2007).

Kwok, Pui-lan. "The Feminist hermeneutics of Elisabeth Schüssler Fiorenza: an

Asian feminist response," *East Asia* Journal of theology, Vol. 3, Issue 2(1985).

Lee, Sang-Gyu. "The Past and the Present of the Conventions on the Reunification Movement," *The Christian Thought*, Vol. 439(1995.7).

Lehrer, E. L. "The Effects of Religion on the Labor Supply of Married Women," *Social Science Research*, 24(1995).

Lo, Ping-cheung. "Zhu Xi and Confucian Sexual Ethics," *Journal of Chinese Philosophy*, 20(4)(1993).

Ng, Vivien W. "Ideology and Sexuality: Rape Laws in Quing China(1644-1912)," *Journal of Asian Studies*, Vol. 46, No. 1(1987).

Nyitray, Vivian-Lee. "Confusion, Elision and Erasure," *Journal of Feminist Studies in Religion*, Vol. 26(1)(2010).

Paik, Young-Min. "Transforming the Myth of Oneness for Korean Christianity." Ph.D. diss. Northwestern University(2006).

Park, Sam-Kyung. "Toward an Ethics of Korean Reunification." Ph.D. diss. Drew University(2009).

Schulenberg, Jennifer Lina. "Neuenbundeslander: The Effect of State and Policy Reunification on the Women and Families in the Former GDR." M.A. diss. The University of Guelph(2000).

Shim, Young-Hee, "Feminism and the Discourse of Sexuality in Korea: Continuities and Changes," *Human Studies*, Vol. 24(2001).

Sjoberg, Ola. "The Role of Family Institutions in Explaining Gender-Role Attitudes: A Comparative Multilevel Analysis of Thirteen Industrialized Countries," *Journal of European Social Policy*, Vol. 14. No. 2(2004), 107-123.

Spakes, Patricia. "Women, Work and Babies: Family-Labor market Policies in Three European Centuries," *Affilia*, 10(4)(1995), 369-397.

Textor, Martine R. "Youth and Family Welfare Services in Germany," *International Social Work*, 38(4)(1995), 379-386.

Trzcinski, Eileen. "Gender and German Unification," *Affilia*, 13(1)(1998), 69-101.

Yang, Seung-Ju. "A proposal to diversify the Daycare Service Supported by Employers." KWDI Research Reports. Vol. 13(1997.12).

분단과 여성

한반도 여성의 권익과 여성통일신학

1쇄발행_ 2017년 5월 15일

지은이_ 조진성
펴낸이_ 김요한
펴낸곳_ 새물결플러스
편 집_ 왕희광·정인철·최율리·박규준·노재현·한바울·유진·신준호
신안나·정혜인·김태윤
디자인_ 서린나·송미현·이지훈·이재희·김민영
마케팅_ 임성배·박성민
총 무_ 김명화·최혜영
영 상_ 최정호·조용석·곽상원

아카데미_ 유영성·최경환·이윤범

홈페이지 www.hwpbooks.com
이메일 hwpbooks@hwpbooks.com
출판등록 2008년 8월 21일 제2008-24호
주소 (우) 07214 서울특별시 영등포구 양평로11, 4층(당산동5가)
전화 02) 2652-3161
팩스 02) 2652-3191

ISBN 979-11-6129-013-3 03230

책값은 뒤표지에 있습니다.

이 도서의 국립중앙도서관 출판예정도서목록(CIP)은 서지정보유통지원시스템 홈페이지(http://seoji.nl.go.kr)와 국가자료공동목록시스템(http://www.nl.go.kr/kolisnet)에서 이용하실 수 있습니다(CIP제어번호: CIP2017010675).